GERMANISCH-ROMANISCHE
MONATSSCHRIFT

Begründet von Heinrich Schröder
Fortgeführt von Franz Rolf Schröder

Herausgegeben von
CORD-FRIEDRICH BERGHAHN
RENATE STAUF

in Verbindung mit
BERNHARD HUSS
ANSGAR NÜNNING
CORNELIA ORTLIEB
REGINA TOEPFER

GRM-Beiheft 118

Stand, Beruf(ung), Geschlecht

Umbrüche und Transformationsprozesse im gesellschaftlichen und kulturellen Wandel

Herausgegeben von
MICHAELA BILL-MRZIGLOD
SARAH SCHÄFER-ALTHAUS

Universitätsverlag
WINTER
Heidelberg

Bibliografische Information der Deutschen Nationalbibliothek
Die Deutsche Nationalbibliothek verzeichnet diese Publikation
in der Deutschen Nationalbibliografie;
detaillierte bibliografische Daten sind im Internet
über *http://dnb.d-nb.de* abrufbar.

UMSCHLAGBILD:
via iStock.com/ VPanteon

ISBN 978-3-8253-9689-3
ISSN 0178-4390

Der Verlag behält sich das Text- und Data-Mining nach § 44b UrhG vor,
was hiermit Dritten ohne Zustimmung des Verlages untersagt ist.

Dieses Werk einschließlich aller seiner Teile ist urheberrechtlich geschützt.
Jede Verwertung außerhalb der engen Grenzen des Urheberrechtsgesetzes
ist ohne Zustimmung des Verlages unzulässig und strafbar. Das gilt insbesondere für Vervielfältigungen, Übersetzungen, Mikroverfilmungen und
die Einspeicherung und Verarbeitung in elektronischen Systemen.

© 2025 Universitätsverlag Winter GmbH Heidelberg
Imprimé en Allemagne · Printed in Germany
Umschlaggestaltung: Klaus Brecht GmbH, Heidelberg
Druck: Memminger MedienCentrum, 87700 Memmingen

Gedruckt auf umweltfreundlichem, chlorfrei gebleichtem
und alterungsbeständigem Papier

Den Verlag erreichen Sie unter:
Universitätsverlag Winter GmbH Heidelberg
Dossenheimer Landstraße 13, D-69121 Heidelberg
www.winter-verlag.de
gpsr@winter-verlag.de

Inhaltsverzeichnis

Michaela Bill-Mrziglod/Sarah Schäfer-Althaus
Stand, Beruf(ung), Geschlecht. Umbrüche und Transformationsprozesse im
gesellschaftlichen und kulturellen Wandel 7

I   Beruf(ung)s-, Geschlechter- und Standeskonzepte im
    historischen Wandel

Michaela Bill-Mrziglod
Asketisch-religiöse Arbeits-, Standes- und Körperkonzepte als Ausgangspunkt moderner Selbstoptimierungspostulate? Spurenlese in Umbruchspro-
zessen seit dem Spätmittelalter 25

Alessandra Bost
Maria zwischen Transzendenz und Nahbarkeit. Die Dialektik der Mariendar-
stellung in den Schriften der florentinischen Mystikerin Maria Maddalena de'
Pazzi (1566–1607) 43

Stefanie Vochatzer
Erziehung zur Hausfrau und Mutter? Geschlechtsspezifische Umbrüche in
der Mädchenerziehung des 18. Jahrhunderts 61

Mette Bartels
Transformation durch weibliche Partizipation. Der Gärtnerinnenberuf als
Emanzipationskonzept der bürgerlichen Frauenbewegung um 1900 77

Vera-Maria Giehler
Eheberatung als individuelle Hilfe und gesellschaftliche Ordnungsvorstellung
1945–1965 93

II Literatur als Spiegel und impulsgebende Kraft gesellschaft-
    licher Transformationen

Raphael Zähringer
Processes of Transformation in Maria Edgeworth's *Ennui* (1809) 113

CHRISTIAN WILKEN
Hubris as a Vocation. *Frankenstein* and the Century of Biology 133

YVONNE AL-TAIE
Choreographien des Transitorischen. Tanzveranstaltungen als literarische
Figurationen biographischer Umbrüche bei Goethe, Eichendorff und Keller ... 151

JANA KATHARINA DAHM
Progression – Regression – Stagnation. Über die räumliche Konzeption transformativer Prozesse in der Gegenwartsliteratur am Beispiel des Romanwerks
Christoph Ransmayrs 169

MICHAELA BILL-MRZIGLOD / SARAH SCHÄFER-ALTHAUS

Stand, Beruf(ung), Geschlecht. Umbrüche und Transformationsprozesse im gesellschaftlichen und kulturellen Wandel

1   Umbrüche und Transformationen – Einleitende Worte

Der Begriff der ‚Zeitenwende' wurde 2022 von der Gesellschaft für deutsche Sprache zum Wort des Jahres gewählt.[1] Seither steht es in Deutschland für einen Umschwung in politischen Entscheidungsprozessen, spiegelt jedoch zugleich auch eine um sich greifende Zeitwahrnehmung in Europa und anderen Teilen der Welt wider. Faktisch geht die raum-zeitliche Dimension von Umbrüchen und Transformationsprozessen nicht selten mit sprachlichen Wandlungen einher, die Auswirkungen auf Wirtschaft, Gesellschaft, Politik und Kultur haben.

Stand, Beruf(ung), Geschlecht. Umbrüche und Transformationsprozesse im gesellschaftlichen und kulturellen Wandel vereint interdisziplinäre Beiträge zu Umbrüchen und Transformationsprozessen der letzten 500 Jahre. Im Mittelpunkt stehen Stand, Beruf(ung) und Geschlecht – zentrale Ordnungskategorien, die individuell gelebt und kulturell erzählt werden sowie einem dynamischen Deutungsprozess unterliegen. In zwei Sektionen wird ein breites Diskussionsspektrum eröffnet: Der erste Teil untersucht Wandlungsprozesse in Standes-, Berufs- und Geschlechterkonzepten anhand (auto-)biografischer, normativer, politischer und religiös-erbaulicher Quellen, der zweite Teil rückt die Literatur als Spiegel und zugleich impulsgebende Kraft gesellschaftlicher Transformationen in den Fokus. Aus historischer, literarischer und sozialwissenschaftlicher Perspektive zeigen die Beitragenden, wie Umbrüche erlebt, reflektiert und gestaltet werden, wie subtile Veränderungen sowie gesellschaftliche Entwicklungen ineinandergreifen und dabei Biografien sowie kollektive Identitäten prägen. Insbesondere philologisch-komparatistische Ansätze versprechen einen fruchtbaren Zugang, da sowohl historische Quellen als auch literarische Werke aktiv und diskursiv in solche Transformationsprozesse eingreifen. Die den Beiträgen zugrunde liegenden Aspekte Stand, Beruf(ung) und Geschlecht bilden dabei grundlegende soziale und kulturelle Bezugspunkte bedeutsamer Selbst- und Fremdkonstruktionen, die bislang meist separat voneinander erforscht und selten gemeinsam im Zusammenhang mit Wandlungsprozessen betrachtet wurden. Dabei unterliegen sie einem

---

[1] https://gfds.de/wort-des-jahres-2022/ (Abrufdatum 19.08.2025).

Deutungs- und Aushandlungsprozess. Als Zeitzeugnisse geben literarische Texte und historische Quellen direkt oder indirekt Auskunft über und Einblicke in gesellschaftliche Umbruchsprozesse, die wesentliche individuelle und kollektive Transformationen nach sich ziehen.

Ziel des Bandes ist es, in einem epochenübergreifenden Panorama Facetten transformativer Prozesse zu erschließen, die sowohl nach kulturhistorischen Unterschieden fragen als auch Interdependenzen und wiederkehrende Muster konkreter individueller und kollektiver Normen und Entscheidungen in Umbruchszeiten im Blick behalten. Besonders folgende Fragestellungen erscheinen angesichts der genannten Themenbereiche in ihren spezifischen Fokussierungen virulent: Welche transformativen Schwellenräume geschlechts- und standeskonstituierender Identitäten sind historisch greifbar? Woran erkennt man in ihnen Umbruchsphasen? Welche Standes-, Berufs- und Geschlechternarrative oder -deutungsmuster sind im Speziellen in diesen Transformationsprozessen sichtbar und wie wandeln sie sich? Welche Versuche werden unter Zuhilfenahme neuer oder traditioneller Narrative unternommen, um Umbrüche und Transformationen einerseits aufzuhalten und zu verlangsamen bzw. andererseits zu beschleunigen oder gegebenenfalls auch umzukehren? Die einzelnen Beiträge der beiden Sektionen des Sammelbandes bieten im Rahmen dieser Fragestellungen das Potenzial der philologisch-komparativen Vergleichbarkeit.

Die Zusammenschau von Stand, Beruf(ung) und Geschlecht verspricht neue Erkenntnisse über drei eng miteinander verbundene Lebensbereiche, die die Biografie eines Menschen in seinen sozialen Rollen nachhaltig prägen. Umso überraschender ist die Absenz dieses dreifachen Fokus, insbesondere in religionsgeschichtlichen und literaturwissenschaftlichen Studien. Hier ist ein Blick in die Soziologie notwendig, um Konzepte von Stand, Klasse, sozialer Rolle, Beruf(ung) und Geschlecht in ihrem Zusammenhang historiografisch und literarisch besser erfassen zu können und kulturelle Umbrüche sichtbar zu machen. Während Claudia Opitz-Belakhal den Anstoß zur gemeinsamen Betrachtung von Geschlecht und Klasse/Stand als „analytischen ‚Doppelpack[]'"[2] gab, sind wir der Überzeugung, dass ‚aller guten Dinge drei' sind. Daher ist uns an einer Erweiterung um den Begriff des ‚Berufes', der aus der ‚Berufung' entsprungen ist, gelegen, da er im Zusammenspiel mit den anderen beiden Begriffen die zentralen Kategorien sozialer Ordnungen darstellt. Natürlich kann auch diese Trias nicht die gesamte Komplexität von Gesellschaften und Kulturen und den darin handelnden Individuen erfassen. Historisch zeigt sich jedoch, dass sich ihre Verflechtung besonders in Phasen sozialer, wirtschaftlicher oder politischer Umbrüche, in denen bestehende Ordnungen hinterfragt oder neu definiert werden, manifestiert. So bildet sich im mittelalterlichen Europa ein starres religiöses und gesellschaftliches Ständesystem aus,

---

[2] Opitz-Belakhal, Claudia: *Geschlechtergeschichte* (Historische Einführungen), 2., aktual. Aufl., Frankfurt a.M. 2018, S. 73.

das mit einem ständespezifischen Zugang etwa zu Bildung und Eigentum verknüpft war und auch gesellschaftliche Arbeitsteilung widerspiegelte.³ Nach der Französischen Revolution (1789–1799) setzte sich allmählich das Klassensystem durch, wobei der Zugang zu Berufung und Beruf durch Klasse und Geschlecht begrenzt blieb – mit Nachwirkungen bis in die Gegenwart. Die Industrialisierung brachte schließlich eine neue Arbeiterklasse hervor und veränderte zugleich Geschlechterordnungen in der Arbeitswelt.

Schon Émile Durkheim (1858–1917), Max Weber (1864–1920) sowie feministische Denkerinnen speziell der ersten Welle der Frauenbewegung wie Harriet Taylor Mill (1807–1858) und Hedwig Dohm (1831–1919) thematisierten den Zusammenhang von Stand/Klasse, Beruf(ung) und Geschlecht. Für Pierre Bourdieu (1930–2002) hingegen waren die drei Kategorien keine geschlossene Trias, jedoch führte er sie in seinem Modell der symbolischen Ordnungen, der sozialstrukturellen Positionen und der körperlich-geschlechtlichen Dispositionen (‚Habitus') zusammen.⁴ Dem folgten zahlreiche Studien auf dem Gebiet der Sozialgeschichte und historischen Soziologie, der Gender Studies und auch der Postcolonial Studies. In den Religionswissenschaften, Theologien wie auch den Literaturwissenschaften spielt der Zusammenhang in unterschiedlichen thematischen Gewichtungen zwar ebenfalls eine Rolle, wird aber in der triadischen Verknüpfung bisher nirgends systematisch als theoretisches Modell behandelt. Vor diesem Hintergrund sind interdisziplinäre Studien wünschenswert, die diese Verknüpfungen explizit in den Blick nehmen und sichtbar werden lassen. Genau an diesem Punkt setzt der vorliegende Sammelband an. Er nähert sich in exemplarischen Fallstudien dem Spannungsfeld von Stand, Beruf(ung) und Geschlecht und liefert so eine inhaltlich vielfach synchronisierte Analyse mit Blick auf Zeiten gesellschaftlicher Umbrüche und Transformationsprozesse. Damit leistet der Band einen wichtigen Beitrag zur theoretischen und empirischen Weiterentwicklung eines bisher nur unzureichend verknüpften Forschungsfelds.

Zahlreiche Forschungen der letzten Jahre tragen die Termini ‚Umbruch' und ‚Transformation' im Titel. Dazu gehören Studien zu Literatur- und Sprachwissenschaft, Biografien, Anthropologie, Religionsphilosophie und -wissenschaft, Psychologie, Ökonomie/Politik/Gesellschaft, Kulturwissenschaft genauso wie Studien zu epochalen Transformationen und zu Umbrüchen in Folge der

---

³ Vgl. zur historisch engen Verbindung von Beruf, christlichem Berufungsgedanken, Arbeit, Stand, Klasse, Schicht und Biografie (sowie am Rande auch Geschlecht) die hier in prägnanter Zusammenfassung verwendete ausführliche Studie von Sailmann, Gerald: *Der Beruf. Eine Begriffsgeschichte*, Bielefeld 2018.
⁴ Zu Klasse/Stand vgl. Bourdieu, Pierre: *La Distinction. Critique sociale du jugement*, Paris 1979; zu Beruf/Berufung vgl. Ders.: *Homo academicus*, Paris 1984; zu Geschlecht vgl. Ders.: *La domination masculine*, Paris 1998.

Digitalisierung.⁵ In der quantitativ vielfach gewählten Begrifflichkeit ist gleichzeitig eine qualitative definitorische Unschärfe sowohl des Umbruchs- als auch des Transformationsbegriffs auszumachen. Nur wenige Studien bieten mehr oder weniger klar umrissene Forschungsbegriffe an. Weiterhin ist das Forschungsfeld derart vielschichtig, dass ein allgemeingültiges Theoriekonzept auch nicht Aufgabe dieses interdisziplinären Sammelbandes sein kann. Dennoch ist eine gewisse Begriffsschärfung auf der Grundlage bisheriger Definitionsentwürfe vonnöten, die zumindest grundlegende Konsense der historisch-hermeneutischen und philologisch-komparatistischen Herangehensweisen widerspiegeln. Als nützliche Konzepte erweisen sich etwa die Transformations-Definitionen Hartmut Böhmes und Rolf Reißigs sowie die Umbruchs-Definitionen Franz-Josef Holznagels, Bernhard

---

⁵ In Auswahl sowie vornehmlich neuere Studien beachtend: Barthel, Katja (Hg.): *Dynamiken historischer Schreibszenen. Diachrone Perspektiven vom Spätmittelalter bis zur klassischen Moderne* (Untersuchungen zur deutschen Literaturgeschichte 168), Berlin/Boston 2022; Bauerfeld, Daniel/Clemens, Lukas (Hg.): *Gesellschaftliche Umbrüche und religiöse Netzwerke. Analysen von der Antike bis zur Gegenwart*, Bielefeld 2023; Bertelsmeier-Kierst, Christa u.a. (Hg.): *Eine Epoche im Umbruch. Volkssprachliche Literalität 1200–1300. Cambridger Symposium 2001*, Berlin 2003; Böhme, Hartmut u.a. (Hg.): *Transformation. Ein Konzept zur Erforschung kulturellen Wandels*, Leiden 2011; Carstensen, Tanja u.a. (Hg.): *Digitale Subjekte. Praktiken der Subjektivierung im Medienumbruch der Gegenwart* (Kultur- und Medientheorie), Bielefeld 2013; Düllo, Thomas: *Kultur als Transformation. Eine Kulturwissenschaft des Performativen und des Crossover* (Cultural Studies 37), Bielefeld 2014; Hansen, Sebastian/Victor, Oliver (Hg.): *Europa – Herkunft und Zukunft. Momente kultureller Transformation vom Mittelalter bis zur Gegenwart*, Berlin 2023; Haug, Walter (Hg.): *Mittelalter und Frühe Neuzeit. Übergänge, Umbrüche und Neuansätze* (Fortuna Vitrea. Arbeiten zur literarischen Tradition zwischen dem 13. und 16. Jahrhundert 16), Tübingen 1999; Helmrath, Johannes u.a. (Hg.): *Antike als Transformation. Konzepte zur Beschreibung kulturellen Wandels* (Transformationen der Antike 49), Berlin 2017; Hermle, Siegfried u.a. (Hg.): *Umbrüche. Der deutsche Protestantismus und die sozialen Bewegungen in den 1960er und 70er Jahren*, Göttingen 2007; Kallabis, Anna: *Katholizismus im Umbruch. Diskurse der Elite im (Erz-)Bistum Trier zwischen Aufklärung und französischer Herrschaft* (Ancien Régime. Aufklärung und Revolution 46), Berlin/Boston 2020; Kühtreiber, Thomas/Schichta, Gabriele (Hg.): *Kontinuitäten, Umbrüche, Zäsuren. Die Konstruktion von Epochen in Mittelalter und Früher Neuzeit in interdisziplinärer Sichtung*, Heidelberg 2016; Meyer-Lenz, Johanna u.a. (Hg.): *Hamburg in der Novemberrevolution von 1918/19. Dynamiken der politischen und gesellschaftlichen Transformation in der urbanen Metropole* (Gender, Diversity and Culture in History and Politics 2), Bielefeld 2022; Reitmeyer, Morten/Schlemmer, Thomas (Hg.): *Die Anfänge der Gegenwart. Umbrüche in Westeuropa nach dem Boom* (Zeitgeschichte im Gespräch 17), München 2014; Richarz, Bernhard: *Körperlicher Umbruch. Über das Erleben chronischer Krankheit und spät erworbener Behinderung* (Medical Humanities 11), Bielefeld 2023; Saal, Christina: *Der Mensch in Zeiten des Umbruchs. Paul Tillich und Rollo May im interdisziplinären Gespräch* (Tillich Research 24), Berlin/Boston 2023; Szill, Rike/Bihrer, Andreas (Hg.): *Eroberte im Mittelalter. Umbruchssituationen erleben, bewältigen, gestalten* (Europa im Mittelalter 39), Berlin/Boston 2023.

Richarz', Horst Grünerts und Ruth Reihers. Während Richarz den Umbruch als (Lebens-)Ereignis mit einem „klar zu unterscheidende[n] Vorher und Nachher"[6] versteht, betont Holznagel, dass es sich beim Umbruch um ein „Schwellenphänomen"[7] handele. Diese Formulierungen ermöglichen Anknüpfungspunkte an sozial- und ritualraumtheoretische Konzepte der Liminalität[8] und der ‚Zwischen-Räume' zwischen einem Nicht-mehr-und-noch-nicht, das ein raum-zeitliches Vorher von einem Nachher mit zwischenzeitlichen Verbindungslinien zwischen beiden Punkten markiert, die abreißen oder auch in transformierter Form fortgeführt werden können. Reiher[9] und Grünert[10] machten bereits auf den zentralen Zusammenhang von gesellschaftlichen Entwicklungen und sprachlichen Wandlungsprozessen aufmerksam, die sie mit Eliten- und Machtdiskursen gekoppelt sehen, jedoch anders als Böhme nicht auf Historiker:innen, sondern auf die Agent:innen der je eigenen Epoche beziehen: „Wenn neue Herrschaft das regulative Sprachspiel übernimmt, hat das sprachliche Konsequenzen. [...] Herrschaftswechsel ist mit Symbolwechsel verbunden".[11] Sprachliche Wandlungen „übernehmen gerade in Zeiten totaler gesellschaftlicher Umbruchssituationen eine mobilisierende und dynamisierende Funktion".[12]

Während es für den englischen Sprachraum keinen äquivalenten Forschungsterminus zum Umbruchsbegriff zu geben scheint, bietet sich die Hinzuziehung des verwandten, wenn auch nicht identischen Transformationsbegriffs (engl. *transformation*) zur besseren Vergleichbarkeit an. Obwohl es zwar noch immer an

---

[6] Richarz: *Körperlicher Umbruch*, S. 9.
[7] Holznagel, Franz-Josef: *Verserzählung – Rede – Bîspel. Zur Typologie kleinerer Reimpaardichtungen des 13. Jahrhunderts*, in: *Eine Epoche im Umbruch. Volkssprachliche Literalität 1200–1300. Cambridger Symposium 2001*, hg. v. Christa Bertelsmeier-Kierst/Christopher Young/Bettina Bildhauer, Berlin 2003, S. 291–306, hier: S. 303.
[8] Vgl. Turner, Victor: *Betwixt and Between. The Liminal Period in Rites de Passage*, in: *Symposium on New Approaches to the Study of Religion. Proceedings of the 1964 Annual Spring Meeting of the American Ethnological Association* (Proceedings of the Annual Spring Meeting of the American Ethnological Society), hg. v. June Helm, Seattle WA 1964, S. 4–20; Ders.: *Das Ritual. Struktur und Anti-Struktur*, aus dem Engl. und mit einem Nachwort von Sylvia M. Schomburg-Scherf, Neuaufl., Frankfurt/New York 2005.
[9] Vgl. Reiher, Ruth: *„Wir sind das Volk". Sprachwissenschaftliche Überlegungen zu den Losungen des Herbstes 1989*, in: *Sprache im Umbruch. Politischer Wandel im Zeichen von „Wende" und „Vereinigung"* (Sprache, Politik, Öffentlichkeit 1), hg. v. Arnim Burkhardt/K. Peter Fritzsche, Berlin 1992, S. 43–57.
[10] Vgl. Grünert, Horst: *Politische Geschichte und Sprachgeschichte. Überlegungen zum Zusammenhang von Politik und Sprachgebrauch in Geschichte und Gegenwart*, in: *Sprache und Literatur in Wissenschaft und Unterricht* 14.52 (1983), S. 43–58.
[11] Ebd., S. 53.
[12] Reiher: *„Wir sind das Volk"*, S. 43.

Transformationsbegriffen und -theorien mangelt,¹³ haben sich dennoch brauchbare Konzepte entwickelt. Eines davon ist Reißigs gesellschaftsanalytisches Transformationskonzept, das er folgendermaßen umreißt:

> Der Begriff „Transformation" erfüllt nur dann seinen Sinn, wenn er als Synonym für *„Übergänge", „Umformungen", „Wechsel", „Umgestaltung"* von Gesellschafts-, Ordnungs- und Entwicklungsmodellen, gesellschaftlichen resp. sozialen Formationen – „Trans" und „Formation" als die beiden Metaphern der Kategorie „Transformation" – gedacht wird. Transformation als Umformung und Wechsel bezieht sich sowohl auf den politischen wie den wirtschaftlichen als auch den kulturellen Bereich. Der Transformationsbegriff reflektiert damit einen eigenen spezifischen, besonderen Typ sozialen (gesellschaftlichen) Wandels, eben einen Wandel, der vor allem durch einen Prozess eingreifender Änderungen und Umformungen wesentlicher Institutionen, Strukturen, Ordnungsmuster, gesellschaftlicher Parameter und der Neu-Konstitution und -Konstruktion von Gesellschaftsmodellen und -formen gekennzeichnet ist. Das unterscheidet ihn zugleich von Begriffen wie „Sozialer Wandel", „Modernisierung", „Innovation", […] zur Charakterisierung (durchaus auch tief greifender) gesellschaftlicher Wandlungsprozesse innerhalb eines Ordnungsparadigma[s].¹⁴

Böhmes historisches Verständnis von Transformation hingegen fokussiert auf performative Akte und die Konstruktion jener, die mittels sprachlicher Narrative eine

---

¹³ Vgl. Rogga, Sebastian: *Zwischen Kolchose, Kapitalismus und kultureller Autonomie. Wandel und Persistenzen im Transformationsprozess des Deutschen Nationales Rayons (Altai)* (Praxis Kultur- und Sozialgeographie 53), Potsdam 2011, S. 15.
¹⁴ Reißig, Rolf: *Gesellschafts-Transformation im 21. Jahrhundert. Ein neues Konzept sozialen Wandels,* Wiesbaden 2009, S. 34 (Hervorhebungen im Original). In leicht verändertem Wortlaut erscheint das Zitat erneut 2014: Reißig, Rolf: *Transformation – ein spezifischer Typ sozialen Wandels. Ein analytischer und sozialtheoretischer Entwurf,* in: *Futuring. Perspektiven der Transformation im Kapitalismus über ihn hinaus,* hg. v. Michael Brie, Münster 2014, S. 50–100, hier: S. 53f. (Hervorhebungen im Original): „Der Begriff Transformation erfüllt nur dann seinen Sinn, wenn er als Synonym für *Umformungen, Übergänge, Wechsel, Umgestaltung* von Gesellschafts-, Ordnungs- und Entwicklungsmodellen, gesellschaftlichen respektive sozialen Formationen – ‚Trans' und ‚Formation' als die beiden Metaphern der Kategorie Transformation – gedacht wird. Transformation als Umformung und Wechsel bezieht sich sowohl auf den politischen, den wirtschaftlichen als auch auf den sozialen und kulturellen Bereich. Der Transformationsbegriff reflektiert damit einen eigenen und spezifischen Typ sozialen Wandels, eben einen Wandel, der vor allem durch einen Prozess tief greifender gesellschaftlicher Änderungen, durch Änderungen und Umformungen wesentlicher Prozessstrukturen, Institutionen, Kultur- und Ordnungsmuster, gesellschaftlicher Lebensweisen und der Neukonstitution und -konstruktion von Gesellschaftstypen und -modellen gekennzeichnet ist. Das unterscheidet ihn zugleich von Begriffen wie sozialer Wandel, Modernisierung, Innovation, […] zur Charakterisierung (durchaus auch tief greifender) gesellschaftlicher Wandlungsprozesse innerhalb eines Ordnungsparadigmas […]."

Phase zur ‚Transformationsphase' erklären. Dadurch werde retrospektiv und allelopoietisch[15] eine historische „*Potenzialität* [...] *kreiert* und es wird *nicht* vordringlich *entdeckt* oder *freigelegt*".[16] „Transformationen", so Böhme, „generieren [...] Dynamiken der kulturellen Produktion, in denen immer auch das verändert wird, was der Transformation voraus liegt, worauf sie sich reflexiv bezieht und was erst im Laufe der Transformation erzeugt und spezifiziert wird. Diese Prozesse sind nicht unilinear, sondern durch Verhältnisse der Interdependenz gekennzeichnet".[17] Damit wird deutlich, dass Umbrüche und Transformationsprozesse zugleich vergangene Bedeutungen umformen, Neues hervorbringen und in komplexen Wechselwirkungen verlaufen, in denen einzelne Elemente sich gegenseitig bedingen.

Als gewinnbringendes Analysewerkzeug stellen sich daher auch Ansätze aus dem Bereich der diskurs-analytischen und wissenssoziologischen Deutungsmusteranalyse heraus, die in allen Beiträgen implizit präsent sind. Kulturelle Deutungsmuster sind „kollektiv geteilte Wissensbestände" mit teils „milieuspezifische[n] Ausprägungen",[18] die beim Individuum und im Kollektiv – meist unbewusst – handlungsleitend wirken und dabei ein hohes Maß an „Resistenz gegenüber alternativen Deutungsangeboten" aufweisen.[19] Trotz hohen Beharrungsvermögens sind diese Deutungsmuster wandlungsfähig, weshalb gerade in ihnen „Ungleichzeitigkeiten, Gegenläufigkeiten sowie konfliktorische[] Doppeldeutigkeiten [sichtbar werden] [...], wie sie für eine sich wandelnde, pluralisierte Gesellschaft kennzeichnend sind".[20] Sie ändern sich in Situationen, in denen neue Deutungs- und Handlungsroutinen aufgrund veränderter Problemlagen notwendig werden, meist initiiert und geleitet von mächtigen Gruppen oder Einzelpersonen.[21] Deutungsmuster sind demzufolge wichtige Marker von Umbrüchen.

---

[15] Darunter versteht Böhme die Fähigkeit der Historiker:innen, Geschichte aktualisierend zu transformieren, indem sie ‚Bilder' von Geschichte erzeugen, in denen sie sich und ihre Zeit selbst widerspiegeln (vgl. Böhme, Hartmut: *Einladung zur Transformation*, in: *Transformation. Ein Konzept zur Erforschung kulturellen Wandels*, hg. v. Ders. u.a., Leiden 2011, S. 7–37, hier: S. 14f.), also im Kern mehr oder weniger anachronistisch handeln und zu Produzent:innen von Transformationen werden. Dieser Ansatz ist also geeignet, Narrative über Transformationen zu analysieren.
[16] Böhme: *Einladung zur Transformation*, S. 15 (Hervorhebung im Original).
[17] Ebd., S. 11.
[18] Bögelein, Nicole/Vetter, Nicole: *Deutungsmuster als Forschungsinstrument – Grundlegende Perspektiven*, in: *Der Deutungsmusteransatz. Bestandsaufnahme und methodologische Fortentwicklung*, hg. v. Diess., Weinheim/Basel 2019, S. 12–38, hier: S. 14.
[19] Somm, Irene: *Der Beitrag der Narrationsanalyse zur Konkretisierung der Handlungsrelevanz von Deutungsmustern*, in: *Der Deutungsmusteransatz. Bestandsaufnahme und methodologische Fortentwicklung*, hg. v. Nicole Bögelein/Nicole Vetter, Weinheim/Basel 2019, S. 226–246, hier: S. 230.
[20] Ebd.
[21] Vgl. Alemann, Annette von: *Deutungsmuster und Macht. Theoretisch-konzeptionelle Überlegungen zu einem vernachlässigten Zusammenhang*, in: *Der Deutungsmusteransatz.*

Der vorliegende Band greift diese Konzepte auf, erweitert sie jedoch um zusätzliche Schwerpunkte – etwa die Dynamik und Zeitlichkeit von Umbrüchen, ihre gesellschafts- und kulturprägenden Wirkungen, die Wechselspiele von Kontinuität und Bruch, Prozesse der Sinn- und Bedeutungs(neu)konstruktion, Veränderungen in Macht- und Herrschaftsverhältnissen sowie die Rolle sprachlicher und narrativer Formationen. Unter Umbrüchen und Transformationen verstehen wir instabile, hochdynamische und zeitlich begrenzte Phasen, die alle Bereiche des Lebens betreffen, Auswirkungen auf individuelle Biografien haben und gesellschaftsprägende Veränderungen bewirken können. Brüche und Kontinuitäten legen dabei Konflikt- und Konsensdiskurse innerhalb gesellschaftlicher, politischer und religiöser Systeme offen und ziehen nicht selten Neuformierungen sowie ein ‚Neudenken' und ‚Neuerzählen' kultureller Konstruktionen und Ordnungen nach sich. Ob selbst- oder fremdinduziert, freiwillig getragen oder unter Zwang erlitten, Umbrüche werden oftmals als prägende Einschnitte in individuellen Biografien aber auch in ganzen Gesellschaften verstanden und veranschaulichen den schmalen Grat zwischen Fragilität, Vulnerabilität und Anpassungsfähigkeit der Gesellschaft und des Individuums im Laufe der Geschichte. Wie Michel Foucault gezeigt hat, sind gesellschaftliche Umbrüche auch stets mit Verschiebungen in den Konfigurationen von Macht und Wissen verbunden: Sie verändern nicht nur institutionelle Strukturen, sondern auch die diskursiven Bedingungen dessen, was gesagt, gedacht und getan werden kann, und bringen damit neue Machtformen, Ab- und Unabhängigkeiten sowie Formen des Widerstands hervor.[22] Umbrüche und Transformationsprozesse beginnen oft im Kleinen, teilweise auch im Verborgenen, entwickeln sich mal schneller, mal langsamer und nicht selten unkontrolliert bzw. unkontrollierbar bevor sie schließlich an die Oberfläche treten und dann erkennbar als individuelle, gesellschaftliche sowie kulturelle Veränderung, als Wandel oder gar als ‚Zeitenwende' wahrgenommen, definiert und (historisch) dokumentiert werden. Auch die sprachliche Konstruktionsleistung der die Umbrüche miterlebenden Personen bietet einen wertvollen Anknüpfungspunkt der Analyse.

Bestandsaufnahme und methodologische Fortentwicklung, hg. v. Nicole Bögelein/Nicole Vetter, Weinheim/Basel 2019, S. 263–292, hier: S. 263.
[22] Vgl. Foucault, Michel: *Die Ordnung der Dinge. Eine Archäologie der Humanwissenschaften*, Berlin 1974; Ders.: *Überwachen und Strafen. Die Geburt des Gefängnisses*, Berlin 1977; Ders.: *Der Wille zum Wissen. Sexualität und Wahrheit 1*, Berlin 1987; Ders.: *Der Gebrauch der Lüste. Sexualität und Wahrheit 2*, Berlin 1989.

2 Transformationen in Gesellschaft und Literatur

Stand, Beruf(ung), Geschlecht. Umbrüche und Transformationsprozesse im gesellschaftlichen und kulturellen Wandel untersucht, wie sich gesellschaftliche, individuelle und kulturelle Umbrüche vollziehen. Während die erste Sektion (*Beruf(ung)s-, Geschlechter- und Standeskonzepte im historischen Wandel*) die Veränderungen sozialer und geschlechtsspezifischer Ordnungen und individueller Identitäten über fünf Jahrhunderte hinweg nachzeichnet, widmet sich die zweite Sektion (*Literatur als Spiegel und impulsgebende Kraft gesellschaftlicher Transformationen*) den narrativen, ästhetischen und medialen Formen, in denen Transformationen als kulturelle und ästhetische Phänomene reflektiert und konstruiert werden.

Beide Sektionen eint die zentrale Frage, wie Umbrüche nicht nur als historische oder gesellschaftliche Phänomene, sondern auch als subjektiv erlebte, emotional gefärbte und kulturell codierte Prozesse verstanden werden können. Dabei zeigen die Beiträge, dass Transformationen stets auf mehreren Ebenen gleichzeitig stattfinden: Sie sind geprägt von gesellschaftlichen Normen, wirtschaftlichen Strukturen und äußeren Einflüssen, beeinflussen aber auch individuelle Lebenswege und kollektive Identitätskonstruktionen.

Ein zentrales Thema ist die Wechselwirkung zwischen übergeordneten gesellschaftlichen Transformationen und individuellen Lebensentwürfen. Sektion I zeigt dies am Beispiel von Berufs- und Standeskonzepten, die sich im Laufe der Jahrhunderte wandelten: von asketisch-religiösen Arbeitsvorstellungen (BILL-MRZIGLOD) über geschlechterspezifische Bildungsideale (VOCHATZER) bis hin zu weiblicher Partizipation im Erwerbsleben (BARTELS). Auch in Sektion II stehen Figuren im Mittelpunkt, die in einer Spannung zwischen persönlicher Identität und gesellschaftlichen Erwartungen stehen. So verhandelt *Ennui* (ZÄHRINGER) den sozialen Aufstieg eines ehemaligen Aristokraten in einer sich modernisierenden Gesellschaft, während *Frankenstein* (WILKEN) die ethischen Herausforderungen wissenschaftlichen Fortschritts an einem gescheiterten Individuum sichtbar macht.

Umbrüche finden überdies nicht nur in der Realität statt, sondern werden durch Narrative und symbolische Strukturen erst verständlich gemacht oder gar ins Leben gerufen. In der Geschichte wird dies in Selbst- und Fremdwahrnehmungen deutlich, die sich in (auto-)biografischen, normativen oder politischen Quellen manifestieren. Literarische Texte gehen einen Schritt weiter, indem sie Umbrüche selbst inszenieren: sei es durch Gattungswandel, z.B. von *Gothic* zu Realismus (ZÄHRINGER), durch Tanz als Symbol für biografische Übergänge (AL-TAIE) oder durch die räumliche Dimension von Ferne und Nähe in Veränderungsprozessen in der Gegenwartsliteratur (DAHM).

Beachtenswert ist das Spannungsfeld zwischen Fortschritt, Rückschritt und Stagnation. Während die Beiträge der ersten Sektion den Wandel von Berufs- und Geschlechterbildern nachzeichnen, machen sie auch deutlich, dass Veränderung oft mit Normierung und Kontrolle einhergeht. So zeigt sich etwa, dass die Mädchenerziehung des 18. Jahrhunderts einerseits Bildungsfortschritte ermöglichte, andererseits aber tradierte Geschlechterrollen stabilisierte (VOCHATZER). Auch die Eheberatung nach 1945 (GIEHLER) diente sowohl der individuellen Hilfe als auch der gesellschaftlichen Ordnungspolitik. Ähnliche Dynamiken lassen sich in Sektion II finden: Mary Shelleys *Frankenstein* (WILKEN) warnt vor den Schattenseiten des wissenschaftlichen Fortschritts, während Christoph Ransmayr (DAHM) Fortschritt als ambivalenten, oft zerstörerischen Prozess entwirft. Damit wird ersichtlich, dass Transformation nicht linear verläuft, sondern immer auch Elemente der Kontinuität und des Scheiterns in sich trägt.

Ein weiteres zentrales Thema ist die Bedeutung von (sozialem) Raum und Körper für Umbruchsprozesse. Dies wird etwa in der Konstruktion des weiblichen Körpers in religiösen und erzieherischen Diskursen (BOST, VOCHATZER) oder in der Rolle von Beruf(ung)en als identitätsstiftende Orte (BILL-MRZIGLOD, BARTELS) sichtbar. Der Raum dient als metaphorisches Element: Tanzveranstaltungen fungieren als Bühnen biografischer Übergänge (AL-TAIE), während Ransmayr (DAHM) alternative Chronotopoi entwirft, die das Spannungsverhältnis zwischen Bewegung und Stillstand reflektieren.

3 Beruf(ung)s-, Geschlechter- und Standeskonzepte im historischen Wandel

Den Auftakt von Sektion I macht MICHAELA BILL-MRZIGLODS Beitrag zu *Asketisch-religiösen Arbeits-, Standes- und Körperkonzepten als Ausgangspunkt moderner Selbstoptimierungspostulate*. Dieser untersucht die historischen Wurzeln der modernen Selbstoptimierung, insbesondere im Zusammenhang mit religiöser Askese und Arbeitskonzepten. Es zeigt sich, dass Selbstoptimierung kein rein modernes Phänomen, sondern in den Arbeits- und Askesebegriffen des Spätmittelalters und der Frühen Neuzeit bereits verankert ist. Die Reformbewegungen dieser Zeit – etwa die protestantische Ethik oder die katholische Frömmigkeitsbewegung – beeinflussten die Art, wie Individuen sich und ihre Arbeit bewerten. Arbeit diente – auch in religiösem Sinn – als Methode der Selbstdisziplinierung und sozialen Ordnung, bevor sie in die Logiken kapitalistischer Produktivität überging. Der Beitrag argumentiert, dass der Wandel des Arbeitsbegriffs von religiös geprägter Askese zu einer ökonomisch verwertbaren ‚Selbstverbesserung' ein Prozess ist, der sich über Jahrhunderte hinweg vollzog und auch heutige Selbstoptimierungspraktiken beeinflusst.

Im folgenden Kapitel analysiert ALESSANDRA BOST die Mariendarstellung in den Schriften der florentinischen Mystikerin Maria Maddalena de' Pazzi (1566–1607) und beleuchtet deren theologische sowie soziale Implikationen im Kontext der katholischen Reform nach dem Konzil von Trient (1545–1563). Die Studie zeigt, wie Maria zwischen überhöhter, unerreichbarer Reinheit und einer nahbaren, menschlichen Figur schwankt. Während die Kirche Maria als Symbol konfessioneller Identität und weiblicher Tugend inszenierte, ermöglichte die Volksfrömmigkeit eine persönlichere, greifbarere Beziehung zu ihr. De' Pazzi integriert in ihren Schriften beide Perspektiven und vermittelt ein vielschichtiges Marienbild, das den Spannungsbogen zwischen religiöser Normierung und individueller Frömmigkeit verdeutlicht. Das Kapitel trägt damit zur Diskussion bei, wie Frauen in den konfessionellen Umbrüchen der Frühen Neuzeit mit religiösen Rollenbildern umgingen und diese mitprägten.

In *Erziehung zur Hausfrau und Mutter? Geschlechterspezifische Umbrüche in der Mädchenerziehung des 18. Jahrhunderts* untersucht STEFANIE VOCHATZER, inwiefern die Erziehung von Mädchen im 18. Jahrhundert als Mittel der sozialen Kontrolle diente und sich entlang gesellschaftlicher Transformationsprozesse wandelte. Während die frühneuzeitliche Mädchenerziehung von religiösen und moralischen Normen geprägt war, entwickelte sich im Zuge der Aufklärung ein differenzierteres Erziehungsideal, das zwischen weiblicher Bildung und sozialer Disziplinierung oszillierte. Der Beitrag zeigt auf, dass trotz gewisser Fortschritte in der Mädchenbildung tradierte Geschlechterrollen oft nicht aufgebrochen, sondern vielmehr stabilisiert wurden. Dennoch eröffneten sich durch die Debatten über Erziehung und Bildung neue Räume, in denen Frauen zumindest partiell Handlungsspielräume erlangen konnten.

Dem Umbruch im Hinblick auf Geschlechterrollen widmet sich auch der Beitrag von METTE BARTELS, welcher sich mit dem Gärtnerinnenberuf als Beispiel für die sukzessive Öffnung männlich dominierter Berufsfelder für Frauen um 1900 beschäftigt. Während das Bürgertum Frauen vornehmlich in die häusliche Sphäre verwies, bot die Tätigkeit als Gärtnerin eine Möglichkeit, wirtschaftliche Eigenständigkeit zu erlangen. Die Untersuchung zeigt, dass die Gärtnerinnenausbildung einerseits zur Legitimation weiblicher Erwerbsarbeit beitrug, andererseits aber auch geschlechterspezifische Zuschreibungen reproduzierte. Die zunehmende Akzeptanz von Frauen in diesem Berufsfeld spiegelt die sozialen Umbrüche der Zeit wider, in denen traditionelle Standes-, Geschlechter- und Berufsordnungen herausgefordert wurden.

Schließlich thematisiert der Beitrag *Eheberatung als individuelle Hilfe und gesellschaftliche Ordnungsvorstellung 1945–1965* von VERA-MARIA GIEHLER die institutionalisierte Eheberatung, die nach dem Zweiten Weltkrieg sowohl individuelle als auch gesellschaftliche Transformationsprozesse beeinflusste. Während sie einerseits als pragmatische Hilfe für Paare fungierte, diente sie gleichzeitig als Mittel zur Stabilisierung konservativer Familienbilder und eugenischer Sozialhygiene noch nach 1945. In einer Zeit des sozialen Wandels, in der neue Vorstellungen von Ehe und Geschlechterrollen aufkamen, wurde Eheberatung zum Aushandlungsraum zwischen traditionellen Werten und modernen Partnerschaftsidealen. Die Autorin zeigt, wie die Beratung sowohl Anpassung an gesellschaftliche Normen als auch individuelle Emanzipation fördern konnte.

Die erste Sektion widmet sich insgesamt den Transformationen von Beruf(ung)s-, Geschlechter- und Standeskonzepten und zeigt, wie diese im Verlauf der letzten Jahrhunderte tiefgreifenden Umbrüchen unterlagen. Trotz unterschiedlicher historischer Kontexte und thematischer Schwerpunkte lassen sich folgende zentrale Verbindungslinien identifizieren: Alle Beiträge thematisieren, wie übergeordnete gesellschaftliche, wirtschaftliche oder religiöse Veränderungen individuelle Biografien beeinflussen, sei es durch die Veränderung von Arbeits- und Standeskonzepten, die Repräsentation weiblicher Vorbilder oder durch normierende Institutionen wie Schule und Eheberatung. Dadurch werden Spannungsverhältnisse zwischen Normierung und Emanzipation offengelegt. Viele Beiträge verdeutlichen, dass gesellschaftliche Veränderungen zwar neue Handlungsspielräume eröffneten, diese jedoch gleichzeitig durch bestehende Normen begrenzt wurden. Die Mädchenerziehung des 18. Jahrhunderts und die Eheberatung nach 1945 zeigen exemplarisch, wie Maßnahmen zur ‚Förderung' von Frauen letztlich auch Mechanismen der Kontrolle und Disziplinierung beinhalteten.

Auch die Untersuchungen zur Bedeutung von Religion in gesellschaftlichen Wandlungsprozessen belegen, dass sich in religiösen Berufen und Berufungen Identifikations- und Transformationsräume offenbaren. Die asketischen Arbeitskonzepte und die Mariendarstellung in der katholischen Frömmigkeit verdeutlichen, wie religiöse Ideen soziale Ordnungsvorstellungen prägen und sich selbst über Jahrhunderte hinweg in säkularisierter Form wiederfinden. Damit wird Beruf als ökonomischer Faktor sowie als identitätsstiftende Größe diskutiert. So diente auch der Gärtnerinnenberuf als Sprungbrett weiblicher Emanzipation, und Eheberatung beeinflusste die Konstruktion geschlechtsspezifischer Rollenbilder im beruflichen und privaten Bereich. Es wird zudem offenkundig, dass Arbeit und geschlechtlicher Körper eine enge Verbindung als Aushandlungsfeld gesellschaftlicher Ordnung eingehen – vornehmlich in historischen Umbruchsphasen. Die Beiträge der Sektion verdeutlichen, wie eng Stand, Beruf(ung) und Geschlecht als miteinander verflochtene Kategorien soziale Hierarchien stabilisieren, historisch jedoch zugleich Felder gesellschaftlicher Aushandlung und des Wandels waren und bis heute zentrale Schnittstellen von Normierung, Emanzipation und Identitätsbildung markieren.

4   Literatur als Spiegel und impulsgebende Kraft gesellschaftlicher Transformationen

Gesellschaftliche Umbrüche und Transformationen zeichnen sich durch Komplexität und Mehrdimensionalität aus. Literarische Texte fungieren dabei als bedeutende ästhetische Reflexionsmedien, die sowohl die Darstellung als auch die Interpretation solcher Wandlungsprozesse prägen. Die Beiträge dieser Sektion zeigen, dass Literatur nicht nur soziale und individuelle Umbrüche abbildet, sondern auch aktiv an der Konstruktion, Deutung und Wahrnehmung von Transformationsnarrativen beteiligt ist, diese mitgestaltet und durch vielfältige narrative und symbolische Verfahren die Spannung zwischen Tradition und Innovation verhandelt.

RAPHAEL ZÄHRINGER untersucht in seinem Beitrag Maria Edgeworths Roman *Ennui* (1809) im Hinblick auf Transformationen in verschiedenen Bereichen: soziale Klassen, nationale Identität und literarische Gattungen. Die Hauptfigur, der aristokratische Glenthorn, durchläuft eine mehrfache Metamorphose, indem er von einem privilegierten, untätigen Adeligen zu einem aktiven, aufstrebenden Angehörigen der Mittelklasse wird. Seine biografische Wandlung spiegelt die gesellschaftlichen Reformbestrebungen der Zeit wider, insbesondere in Bezug auf Irland und seine soziale Ordnung. Die Analyse zeigt, dass der Roman nicht nur einen individuellen, sondern auch einen kollektiven Transformationsprozess abbildet. Auch stellt er einen Gattungswandel dar: von der *Gothic Novel* zur realistischen Erzählweise. *Ennui* verhandelt somit das Spannungsverhältnis zwischen Tradition und Fortschritt und bietet ein kulturelles Deutungsmuster über soziale Mobilität und Modernisierung.

Literarischen Reflexionen über wissenschaftliche Umbrüche und deren ethischen Implikationen geht auch CHRISTIAN WILKEN anhand von Mary Shelleys *Frankenstein* (1818) nach. Es wird argumentiert, dass der Roman nicht nur ein Werk der *Gothic Fiction*, sondern auch eine frühe Form der *Science-Fiction* ist, die sich mit den Konsequenzen wissenschaftlicher Hybris befasst. Victor Frankensteins Schöpfung steht sinnbildlich für die Entzauberung der Welt (Max Weber) und den Rationalisierungsprozess der Moderne, in dem der Mensch zunehmend Kontrolle über die Natur erlangt, dabei aber ethische und spirituelle Fragen vernachlässigt. Der Beitrag untersucht, wie *Frankenstein* Entwicklungen in der Biologie des 19. Jahrhunderts vorwegnimmt und bis in aktuelle Debatten über Gentechnik und künstliches Leben nachhallt.

YVONNE AL-TAIES *Choreographien des Transitorischen. Tanzveranstaltungen als literarische Figurationen biographischer Umbrüche bei Goethe, Eichendorff und Keller* untersucht in Folge Tanzszenen in literarischen Werken als Inszenierungen biografischer Übergänge. Tanz wird hier als soziales Ritual betrachtet, das gesellschaftliche Konventionen und individuelle Emotionen verbindet. In Johann Wolfgang von Goethes *Werther*, Joseph von Eichendorffs *Das Marmorbild* und Gottfried Kellers *Romeo und Julia auf dem Dorfe* fungiert der Tanz als Katalysator für Umbrüche: Er markiert Übergänge zwischen Lebensphasen, kann aber auch gesellschaftliche Spannungen verschiedener Stände und innere Konflikte symbolisieren. Während Tanzveranstaltungen bei Goethe und Keller tragische Entwicklungen einleiten, stellt Eichendorff eine harmonische Auflösung dar. Al-Taie zeigt, dass literarische Tanzszenen oft als Spiegel gesellschaftlicher Transformationsprozesse dienen und ein zentrales Motiv der Identitätsbildung und Selbstfindung sind.

Abschließend beschäftigt sich JANA KATHARINA DAHM mit *Progression – Regression – Stagnation* in ausgewählten Werken Ransmayrs vor allem hinsichtlich ihrer Darstellung von Transformationen im Spannungsfeld zwischen Fortschritt, Rückschritt und Stillstand. Besonders im Fokus stehen die räumlichen Strukturen der Romane *Die letzte Welt*, *Morbus Kitahara* und *Der Fallmeister*, die Metamorphosen und Umbrüche auf verschiedenen Ebenen – darunter auch Stand, Beruf und Geschlecht – reflektieren. Die Untersuchung zeigt, dass Ransmayrs Romane oft mit einem ambivalenten Fortschrittsbegriff operieren: Während einige Veränderungen als notwendig erscheinen, führt übermäßige Transformation in dystopische Zustände. Durch die Dekonstruktion linearer Zeit- und Raumkonzepte eröffnen die Romane alternative Perspektiven auf Wandel und Kontinuität.

Gemeinsam ist den Beiträgen der zweiten Sektion, dass sie literarische Texte als ästhetische Reflexionsmedien für historische, gesellschaftliche und individuelle Umbrüche verstehen. Sie zeigen auf, wie literarische Werke nicht nur Transformationen abbilden, sondern auch deren Wahrnehmung und Bewertung beeinflussen. Dabei werden immer wieder zentrale Fragen verhandelt: Wie werden Umbrüche narrativ gestaltet? Welche Rolle spielt der Einzelne in Zeiten des Wandels? In welchem Spannungsverhältnis stehen Fortschritt, Rückschritt und Stagnation? Ein besonderes Merkmal der Sektion ist ihre methodische Vielfalt der Herangehensweisen an diese Fragen. Während *Ennui* einen historischen Zugang wählt, reflektiert *Frankenstein* ethisch-technologische Fragen. Die Tanzszenen werden aus kultursoziologischer Perspektive betrachtet, und Ransmayrs Romane eröffnen eine raumtheoretische Sicht auf Transformation. Diese Vielfalt der Ansätze zeigt, dass Umbrüche nicht auf einzelne Disziplinen beschränkt sind, sondern immer mehrere gesellschaftliche, kulturelle und individuelle Dimensionen umfassen.

Literarische Texte dienen als Spiegel gesellschaftlicher Entwicklungen und wirken auch selbst aktiv an der Konstruktion von Umbruchs- und Transformationsnarrativen mit. Umbrüche ‚geschehen' nicht einfach, sondern werden durch Erzählungen konstruiert und gedeutet. Narrative sind dabei zum einen Mittel zur Darstellung von Transformationen und formen gleichzeitig unser Verständnis von Wandel. Edgeworths *Ennui* nutzt den Gattungswechsel von der *Gothic Novel* zum Realismus, um gesellschaftlichen Fortschritt zu reflektieren, während Shelleys *Frankenstein* eine warnende Geschichte über die Folgen unkontrollierter wissenschaftlicher Transformation erzählt. In den Werken von Goethe, Eichendorff und Keller wird der Tanz als literarische Chiffre für biografische Wendepunkte inmitten gesellschaftlicher Wandlungen eingesetzt, während Ransmayr durch die Auflösung traditioneller Raum- und Zeitstrukturen die Ambivalenz von Fortschritt thematisiert.

Hervorzuheben ist das allen behandelten Werken inhärente Spannungsverhältnis zwischen Individuum und Gesellschaft. Die Hauptfiguren befinden sich oft in einer Situation des Übergangs und müssen sich mit äußeren Zwängen auseinandersetzen. In *Ennui* erfährt Glenthorn eine soziale Metamorphose, die ihn aus der aristokratischen Welt in die bürgerliche Ordnung führt. *Frankenstein* zeigt das Scheitern eines Einzelnen an seiner Schöpfung und an der ethischen Verantwortung, die mit wissenschaftlichem Fortschritt einhergeht. In den literarischen Tanzszenen spiegeln sich soziale Normen und emotionale Konflikte, während Ransmayrs Werke die Herausforderungen von Umbrüchen als kollektive und individuelle Erfahrung verhandeln.

Spannungsreich ist auch die Frage nach den Ambivalenzen in Wissenschaft, Technik und Fortschrittsnarrativen. So thematisiert *Frankenstein* die ethischen Grenzen wissenschaftlicher Hybris und das ambivalente Feld zwischen Erkenntnisgewinn und Kontrollverlust, während *Ennui* die Modernisierung Irlands im Kontext sozialer Mobilität reflektiert. Ransmayrs Romane wiederum hinterfragen, ob Fortschritt wirklich ein linearer, positiver Prozess ist oder ob er auch Rückschritte, Stillstand und zerstörerische Elemente beinhalten kann. Transformationen erscheinen dabei sowohl als strukturelle als auch als tief emotionale Prozesse: Tanzszenen inszenieren emotionale Übergänge und innere Kämpfe an der Schwelle zum Erwachsenwerden. In *Ennui* ist Glenthorns Identitätswandel von inneren Konflikten geprägt, die Figuren bei Ransmayr erleben Fortschritt als existentielle Krise, während bei Shelleys Protagonist Schuld, Angst sowie Wahnsinn als Konsequenzen unkontrollierten Fortschritts zutage treten.

Zuletzt spielt auch der Raum als Schwellen- und Transformationszone in den literarischen Darstellungen von Umbrüchen eine zentrale Rolle. Ransmayr nutzt ihn als Medium, um Übergänge zwischen Vergangenheit, Gegenwart und Zukunft zu inszenieren. Auch Tanzszenen fungieren als symbolische Orte des Wandels – sei es der Ballsaal als Bühne gesellschaftlicher Aushandlungen oder die Natur als Raum der Selbstfindung. In *Frankenstein* dagegen werden Räume als Umbruchsorte dargestellt: das Labor als Stätte der Schöpfung und die eisige Wildnis als Sinnbild existenzieller Krise und letztendlich Stagnation und Tod.

Zusammenfassend zeigt sich, dass in allen Beiträgen der Sektion II neben dem Umbruchsfokus auch die Trias von Stand/Klasse, Beruf und Geschlecht präsent ist, vor allem über symbolische und rituelle Codierungen, die alternative Ordnungen ins Spiel bringen und damit nicht nur Spiegel von Wandlungsprozessen sind, sondern gesellschaftliche Transformationen auch als impulsgebende Kräfte begleiten. So erweisen sich literarische Texte nicht nur als Resonanzräume historischer und gesellschaftlicher Umbrüche, sondern die Autor:innen und ihre Figuren werden zu aktiven Akteuren, die durch ihre Erzählungen neue Horizonte für Denken, Fühlen und Handeln eröffnen.

Kulturelle und gesellschaftliche Umbrüche und Transformationsprozesse sind – wie alle Beiträge des Bandes anschaulich verdeutlichen – folglich keineswegs nur strukturelle Veränderungen, sondern besitzen stets auch emotionale, narrative und symbolische Dimensionen. Sie werden individuell wie kollektiv wahrgenommen, sprachlich reflektiert und konstruiert. Damit gewährt der Sammelband Einblick in die Dynamiken von Umbrüchen und Transformationen in den letzten 500

Jahren und macht deutlich, dass jede ‚Zeitenwende' zugleich ein Prozess des Aushandelns, der Erinnerung und der Deutung ist.

I BERUF(UNG)S-, GESCHLECHTER- UND
STANDESKONZEPTE IM HISTORISCHEN WANDEL

Michaela Bill-Mrziglod

Asketisch-religiöse Arbeits-, Standes- und Körperkonzepte als Ausgangspunkt moderner Selbstoptimierungspostulate? Spurenlese in Umbruchsprozessen seit dem Spätmittelalter

1 Einleitung

Die Idee der Selbstoptimierung und das Arbeitsethos der Leistung finden laut Forschung ihre gesellschaftsprägenden Spuren in Ideen der Aufklärung und in ökonomischen Prozessen des ausgehenden 18. Jahrhunderts.[1] Heute sind die sozioökonomischen Prozesse ganz auf Leistungssteigerung ausgerichtet und werden mit beruflichen wie privaten Formen der Selbstverwirklichung verknüpft. Im „Zeitalter der Selbstoptimierung"[2] werden verschiedene Formen des *Neuro-Enhancement* betrieben, die allerdings kontrovers debattiert werden. Das Wort *Enhancement* ist erstmals im späten 13. Jahrhundert belegt. Es stammt vom anglofranzösischen *enhauncer* (größer machen; mästen; fördern; im Ansehen steigern) ab. Im Englischen findet sich seit dem 14. Jahrhundert der Terminus *enhance*, der so viel bedeutete wie „in Stand, Reichtum oder Ruhm erhöhen".[3] Die Verbindung zu Standeskonzepten schwingt in dieser historischen Wortherkunft bereits mit. Es liegt also auf der Hand, sie als einen der möglichen Ausgangspunkte vorliegender ‚Spurenlese' seit dem Mittelalter zu sehen.

Selbstoptimierung hingegen meint im weiteren Sinne „alle von Menschen je ins Auge gefassten Verbesserungen mit allen möglichen Methoden, also sowohl neuste Technologien als auch traditionelle und technikfreie Praktiken wie Bildung, Erziehung, Meditation und Training".[4] Der engere Sinn der Selbstoptimierung be-

---

[1] Vgl. Fenner, Dagmar: *Selbstoptimierung und Enhancement. Ein ethischer Grundriss*, Tübingen 2019, S. 27; Glockentöger, Ilke u.a.: *„Gehirndoping" als legitimes Mittel zur Perfektionierung?*, in: *Jahrbuch für Wissenschaft und Ethik* 17 (2012), S. 71–90, hier: S. 74f.; Röcke, Anja: *Soziologie der Selbstoptimierung* (Suhrkamp taschenbuch wissenschaft 2330), Berlin 2021, S. 80.
[2] Mühlhausen, Corinna/Wippermann, Peter: *Das Zeitalter der Selbstoptimierer* (Healthstyle 2), Hamburg 2013.
[3] Vgl. https://www.etymonline.com/de/word/enhance; letzter Zugriff 13.09.2025.
[4] Fenner: *Selbstoptimierung*, S. 12.

zieht sich auf eine Sonderform des *Enhancement* und meint „lediglich [...] technikbasierte, zumeist biomedizinische oder pharmakologische Methoden",[5] die keine Übung mehr voraussetzen, sondern ein sofortiges Ergebnis bewirken.[6] Bezogen auf die Historie ist der weitere Sinn evident. Es gehört zum Menschsein dazu, sich und die Welt verbessern zu wollen.[7] Jedoch gibt es situativ bedingte Praktiken und spezielle Ausformungen in der Geschichte, darunter asketische Praktiken, die nicht selten dem Zweck der Selbstvervollkommnung dienten. Unter Askese sind wert- und normengebundene Übungstechniken zu verstehen, die auf eine Veränderung bis hin zur Optimierung des Selbst und der Gesellschaft ausgerichtet sind. Dies hat insbesondere Auswirkungen in den Bereichen Beruf, Status und Geschlecht. Nicht selten korrelieren Phasen vermehrter asketischer Lebensentwürfe mit historischen Umbruchsphasen.[8] Hochzeiten der Askese spiegeln „Prozesse, Ereignisse und Kontingenzen des historischen Wandels"[9] wider, die einer näheren Betrachtung wert sind.

Ausgehend vom Begriff der ‚asketischen Arbeit' als übergeordnetem Terminus sind seit dem Mittelalter diskursive Verschiebungen zu beobachten, die in der Reformationszeit ausgebaut werden und mit der Aufklärung vollends zum Durchbruch kommen. Das der Analyse zugrundeliegende Transformationskonzept bezieht sich auf den Wandel dieses Arbeitsbegriffs in Verbindung zum Thema Askese. Dabei geht es mir um ein „Offenhalten des Sinnhorizonts"[10] dessen, was Arbeit und Askese in ihrem wechselseitigen Bezug aufeinander zu verschiedenen Zeiten der westlich-europäischen Geschichte bedeuten. Die Transformation wird daher nicht nur als gesellschaftlich-ökonomischer beziehungsweise religiöser Wandel verstanden, sondern als mentale Leistung einer Neuinterpretation von Arbeit im Zuge des Verhandlungs- und Konstruktionsprozesses neuer Geltungsmaßstäbe.[11]

---

[5] Ebd., S. 13.
[6] Balandis, Oswald/Straub, Jürgen: *Selbstoptimierung und Enhancement. Der sich verbessernde Mensch – ein expandierendes Forschungsfeld*, in: *Journal für Psychologie* 26.1 (2018), S. 131–155, hier: S. 138–142.
[7] Vgl. ebd., S. 131f.; Ernst, Stephan: *Den Menschen verbessern? Enhancement aus theologisch-ethischer Sicht*, in: *Stimmen der Zeit* 138.4 (2013), S. 263–273, hier: S. 263.
[8] Eine solche Umbruchsphase ist etwa die Konstantinische Wende 313 n. Chr., die mit dem Beginn des christlichen Mönchtums zusammenfällt oder auch das 12. Jahrhundert, das von den Armutsbewegungen begleitet wurde.
[9] Böhme, Hartmut: *Einladung zur Transformation*, in: *Transformation. Ein Konzept zur Erforschung kulturellen Wandels*, hg. v. Ders. u.a., München 2011, S. 7–37, hier: S. 10.
[10] Ebd., 19.
[11] Insbesondere die unterschiedlichen Epochalisierungen der Bedeutungsverschiebungen von Arbeit und Askese, wie sie unter 3. vorgestellt werden, deuten bereits an, dass die Wertung historischer Ereignisse als ‚Umbruch' immer auch eine Konstruktionsleistung der die Geschichte rezipierenden Wissenschaftler:innen ist.

Damit ergänzt der folgende Beitrag Studien zum Wandel des Arbeitsverständnisses im Laufe der Neuzeit. Mit besonderer Berücksichtigung religiöser Arbeitskonzepte seit dem Spätmittelalter werden Verbindungen zu vormodernen religiösen Askese- und Selbstoptimierungskonzepten sichtbar gemacht. Analysegrundlage der historischen Transformationen bilden exemplarisch verschiedene Werke aus dem Bereich asketischer Schriften und religiöser Erbauungsbücher seit dem Spätmittelalter, die dem Individuum standes- und geschlechterspezifische Ratschläge zu einem gelingenden Leben in Form asketischer Arbeit erteilen.

2   Vorüberlegungen und Fragestellungen

Ein heute unbekannt gewordenes Modell ist die religiös-asketische Arbeit,[12] die als Übungspraxis jahrhundertelang in engem Zusammenhang mit der monastisch-kontemplativen Spiritualität (lat. *contemplatio*, griech. *theoria*, geistige Arbeit/Betrachtung) stand, die auch Mußekonzepte inkorporierte. Dass dieser asketische Arbeitsbegriff im Zuge von Aufklärung und Industrialisierung ökonomischen und kapitalistischen Deutungen zum Opfer fiel und damit auch geistige Arbeit nicht mehr der Muße (lat. *otium*), sondern der Arbeitsbeschäftigung (*neg-otium*, Nicht-Muße) zugerechnet wurde,[13] geht auf mentalitätsgeschichtliche Umbruchsprozesse der beginnenden Neuzeit zurück. Muße und Kontemplation erfuhren in diesem Transformationsprozess eine Abwertung und wurden in die Nähe des Müßiggangs gerückt. Monastische Askesekonzepte standen im Zuge der Reformation auf dem Prüfstand. In der frühen Aufklärung hatte sich die Einstellung gegenüber der Arbeit in der „entzauberte[n]"[14] Welt bereits grundlegend gegenüber älteren Modellen geändert. Muße und Kontemplation widersprachen zunehmend den neuen und als fortschrittlich angepriesenen marktwirtschaftlichen, profit- und wachstumsorientierten sowie quantifizierbaren Prinzipien. Welchen Beitrag dazu religiöse Konzepte wie die Askese leisteten, wurde von Max Weber (1864–1920) in seiner breit rezipierten Untersuchung zum Zusammenhang von Calvinismus

---

[12] Eine ausführlichere etymologische Einordnung des Terminus ‚Arbeit' erfolgt unter 3.
[13] Berthold, Julia/Oschmiansky, Frank: *Der Arbeitsbegriff im Wandel der Zeiten. 07.02.2020*, in: www.bpb.de/themen/arbeit/arbeitsmarktpolitik/305854/der-arbeitsbegriff-im-wandel-der-zeiten/; letzter Zugriff 26.06.2025.
[14] Hierbei handelt es sich um ein Konzept Webers, der damit den Prozess zunehmender Intellektualisierung und Rationalisierung beschreibt, der metaphysische Konzepte in Frage stellte und dem auch das Judentum und Christentum unterlagen: Max Weber: *Wissenschaft als Beruf (1919)*, in: Ders.: *Schriften 1894–1922*, ausgewählt und hg. v. Dirk Kaesler, Stuttgart 2002, S. 474–513, hier: S. 488.

und Kapitalismus und dem damit zusammenhängenden Konzept einer innerweltlichen Askese offengelegt.[15] Doch auch andere Konfessionen leisteten ihren Beitrag zu diesen krisenbehafteten Umbrüchen.

Gegenwärtig ist der Arbeitsbegriff fundamental neu besetzt und aus jedem religiösen Sinnzusammenhang gerissen. Dies hat auch Konsequenzen für Gesellschafts-, Standes- und Weltkonzepte im Allgemeinen. Arbeit schwankt heute zwischen Fremd- und Selbstausbeutung genauso wie zwischen Entfremdung und Selbstverwirklichung. Die rezente Wiederentdeckung von Meditationspraktiken und der als Erholung verstandenen Muße[16] könnten Anzeichen eines erneuten Sinnumbruchs sein, da sich die ‚Heilsversprechen' moderner Wirtschafts- und Gesellschaftskonzepte mit durchökonomisierten Freizeitkonzepten nur bedingt erfüllt haben und zunehmend fragiler werden. Seit den 1980er Jahren wird dies als „Krise der Arbeitsgesellschaft"[17] wahrgenommen.

Erkenntnisleitende Frage aus religionshistorischer Perspektive ist daher, wie es zu der säkularen Arbeitsaskese im Weber'schen Sinne überhaupt kam, welche Folgen dies für gesellschaftliche wie religiöse Standes- und Beruf(ung)skonzepte hatte und welche Rolle dem (asketischen) Körper vom Medium der religiösen Selbstdisziplinierung hin zum ‚Schaufenster' gelungener Selbstoptimierung[18] zukommt.

3 Historische Arbeits- und Askesebegriffe und die Frage nach dem Zeitpunkt von Bedeutungsverschiebungen

Ursprünglich diente „der Ausdruck ἄσκησις [askesis – Askese] auch als Umschreibung für Beruf oder das, was wir heute ‚Profession' nennen. Dementspre-

---

[15] Vgl. Weber, Max: *Die protestantische Ethik und der „Geist" des Kapitalismus*, in: *Archiv für Sozialwissenschaft und Sozialpolitik* 20 (1904), S. 1–54.

[16] Wegweisend ist die umfassende Muße-Forschung des Freiburger Sonderforschungsbereichs 1015: *Muße. Gesellschaftliche Ressource – Kritisches Potenzial* (https://www.sfb1015.uni-freiburg.de/de; letzter Zugriff 11.03.2025).

[17] Bereits 1982 widmete sich der Bamberger Soziologenkongress der Frage nach der *Krise der Arbeitsgesellschaft?*, festgehalten in einer Sammelschrift gleichnamigen Titels, die 1983 im Auftrag der deutschen Gesellschaft für Soziologie von Joachim Matthes mit dem Campus-Verlag herausgegeben wurde. Seit Hannah Arendt den Begriff ‚Arbeitsgesellschaft' in *Vita activa oder vom tätigen Leben* (1960, S. 11) prägte, reißen die Veröffentlichungen zu diesem Thema nicht ab und intensivieren sich neuerdings in Debatten um ein bedingungsloses Grundeinkommen, *Work-Life-Balance*, 4-Tage-Woche oder Überlegungen zur Zukunft der Arbeit.

[18] Vgl. Röcke: *Soziologie der Selbstoptimierung*, S. 193–207.

chend wird ἀσκητης (askētēs – Asket) seit der Antike der genannt, der als Fachmann dem Laien gegenübergestellt wird".[19] Das griechische Verb *askein* bedeutet „verfertigen, bearbeiten" und „üben".[20] Im Kontext religiöser asketischer Übungspraktiken bezieht es sich auf die Bearbeitung von Körper und Seele genauso wie auf die Handarbeit. Da das christliche Askeseverständnis auf philosophischen Konzepten der Antike aufbaut, ist eine genauere Untersuchung der Funktionen und Ausprägungen von Askese in den Umbruchprozessen seit dem späten Mittelalter vonnöten. Während das in mittelalterlichen Klöstern gebräuchliche *ora et labora* (bete und arbeite) die entscheidende arbeitsasketische Praxis war, entwickelten sich neue Formen der ‚Arbeitsaskese'[21] in Europa seit der Reformation auf konfessionsverschiedenen Wegen:

> Als [...] Meilenstein auf dem Weg zum Reichtum ist das Prinzip der ‚innerweltlichen Askese' anzusehen. Wer als katholischer Gläubiger ein gottgefälliges Leben führen wollte, ging ins Kloster und schuf dort – ‚ad majorem Dei gloriam' – die hervorragendsten Werke. Der Puritaner, der ein gottgefälliges Leben führen wollte, hatte sich im Hier und Jetzt zu quälen, d. h. er hatte seinen Job zu machen, denn Beruf war Berufung.[22]

Diese polare Gegenüberstellung zwischen dem vermeintlichen „Meilenstein" der protestantischen innerweltlichen Askese und der Mönchsaskese der Katholiken ist so natürlich nicht haltbar. Und doch ist es gerade die Form der innerweltlichen Arbeitsaskese calvinistischer Provenienz, die einen deutlichen Beitrag zur gesellschaftlichen Transformation in der Neuzeit leistete.

Durch die christliche Betonung der Armut als Form der Nachfolge Jesu (Mt 19,21) erscheint eine ökonomische Arbeitsfokussierung nicht erst in der Moderne ambivalent. Das Christentum kennt die Abwertung aktiver körperlicher Arbeiten[23]

---

[19] Soeffner, Hans-Georg: *Lust zur Nicht-Lust. Erlösung vom Innerweltlichen und innerweltliche Erlösung – Transformation der Askese*, in: *Askese und Identität in Spätantike, Mittelalter und Früher Neuzeit* (Transformationen der Antike 14), hg. v. Werner Röcke/Julia Weitbrecht, Berlin 2010, S. 19–34, hier: S. 21.

[20] Hauser, Richard: *Art. Askese I (eth.)*, in: *Historisches Wörterbuch der Philosophie online*, hg. v. Joachim Ritter u.a., in: https://tinyurl.com/5n6c2jja; letzter Zugriff 20.08.2025.

[21] Traditionell verbindet sich der Begriff ‚Arbeitsaskese' mit verschiedenen Richtungen des Protestantismus und fokussiert vornehmlich auf säkulare Askeseformen. Ich möchte den Begriff hier ausdrücklich auch auf vorreformatorische und religiöse Askeseformen ausweiten, da Arbeit sich bereits im Mittelalter eng mit asketischen Praktiken vereinigte, die auch bei Laien nicht vom religiösen Verständnis zu trennen waren.

[22] Kuhl, Joachim Siegbert/Krug, Ulrich: *Macht, Leistung, Freundschaft. Motive als Erfolgsfaktoren in Wirtschaft, Politik und Spitzensport*, Stuttgart 2006, S. 80.

[23] Vgl. Bailey, Michael D.: *Religious Poverty, Mendicancy, and Reform in the Late Middle Ages*, in: *Church History* 72.3 (2003), S. 457–483, hier: S. 457. Dies entspricht dem antiken Arbeitsverständnis, wonach körperliche Arbeit der Erlangung höherer menschlicher Le-

und die Aufwertung des passiv empfangenen Geistigen (Maria-Marta-Perikope: Lk 10,42). Gleichzeitig wird Arbeit als notwendige Tätigkeit hervorgehoben (2 Thess 3,7–12). Karitative Tätigkeiten (2 Thess 3,13) sowie die ehrenhafte Handarbeit (1 Thess 4,11), die Reichtum verspricht (Spr 10,4), werden sogar dezidiert wertgeschätzt, anders als in der griechischen Philosophie und römischen Gesellschaft.[24] Die Ursache der als Mühsal verstandenen Arbeit erkennt das Christentum im ‚Sündenfall Adams und Evas', der als geschlechterdifferenzierende Strafe die schweißtreibende Arbeit beim Mann und bei der Frau das Gebären von Kindern unter Schmerzen nach sich gezogen habe (Gen 3,16–17).[25] Zugleich sah das Christentum von Beginn an Handarbeiten als würdevolle Tätigkeiten an.[26] Mit Aufkommen des Mönchtums im 4. Jahrhundert trat das *ora, lege et labora*[27]-Konzept seinen Siegeszug an. Handarbeit und Gebet waren fortan in der Askese der Wüstenväter und -mütter der Antike Kampfmittel gegen ‚Dämonen' (letztere im Sinne der Einflüsterungen von lasterhaften Gedanken durch gottfeindliche Mächte). Dem Müßiggang als Anfang aller Laster/‚Dämonen' sollte durch Arbeit der Garaus gemacht werden. Noch im Hochmittelalter bestand *ar(e)beit* (mhd.) speziell im klösterlichen Umfeld aus zwei Polen: der handwerklichen Tätigkeit und der Kontemplation.[28] Im Spätmittelalter wurde asketische Arbeit dann zunehmend für alle kirchlichen und gesellschaftlichen Stände interessant. Askese trat

---

bensformen (verwirklicht etwa im Bürgertum oder der philosophischen Lebensweise) widersprach. Handarbeit wurde in der *polis* meist von Sklaven geleistet, vgl. Brocker, Manfred: *Von der Verachtung der Arbeit in der Antike zur Produktionseuphorie der Moderne – Aspekte eines Wertewandels*, in: *Zeitschrift für Politik NF* 45.2 (1998), S. 135–158, hier: S. 135f.

[24] Vgl. Brocker: *Verachtung der Arbeit*, S. 135f.

[25] Noch in der Frühen Neuzeit wird der Gebärvorgang als ‚Arbeit' bezeichnet, vgl. *Frühneuhochdeutsches Wörterbuch* 1 (1989), hg. u. bearb. v. Oskar Reichmann/Robert R. Anderson, Berlin/New York 1989, S. 89.

[26] Vgl. Lehmann, Karl Kardinal: *Arbeit als Realisierung der Gottesbeziehung*, in: *Ora et labora. Eine Theologie der Arbeit*, hg. v. Albert Biesinger/Joachim Schmidt, Ostfildern ²2011, S. 13–31, hier: S. 21.

[27] Zur notwendigen Kondensierung des benediktinischen Lebens in *ora, lege et labora* (bete, lese [i.S. des Schriftstudiums] und arbeite) statt der typischen, aber nirgends begrifflich bei Benedikt von Nursia (ca. 480–547) zu findenden Reduktion in *ora et labora*, vgl. Müller, Barbara: *Klosterleben 2.0. Digitalisierung in den benediktinischen Klöstern des deutschen Sprachraums*, Stuttgart 2018, S. 160.

[28] Eder, Daniel/Manuwald, Henrike/Schmidt, Christian: *Vita perfecta? Zum Umgang mit divergierenden Ansprüchen an religiöse Lebensformen in der Vormoderne. Einleitung*, in: *Vita perfecta? Zum Umgang mit divergierenden Ansprüchen an religiöse Lebensformen in der Vormoderne* (Otium. Studien zur Theorie und Kulturgeschichte der Muße 24), hg. v. Diess., Tübingen 2021, S. 1–33, hier: S. 3, sehen darin eine „Strukturparallele" zur heutigen „Polarität von Ruhe und Leistungsorientierung".

somit sukzessive aus dem Kloster heraus und fand als „zumindest partielle Laikalisierung"[29] zwei Ausdrucksformen von Arbeit: die *labor exterior* (äußere Arbeit) zur Lebenssicherung und im Sinne der Werke der Barmherzigkeit sowie die kontemplative *labor interior* (innere Arbeit) als Kampf gegen die Laster auf dem Weg zu Gott und als Vorbedingung der Caritas. Durch das Heraustreten aus dem Kloster verlagerte sich der *otium sanctum* (die heilige Muße) „von der Suche nach göttlicher Wahrheit zu einer auf das Diesseits gerichteten ‚Kontemplation über den Nächsten'. Das ist eine radikale Verschiebung".[30] Nur im betenden Erfassen des Sinns der Arbeit könne sie Früchte für das arbeitende Individuum und für andere tragen.[31] Der Sinnumbruch im Spätmittelalter ist somit markiert. Das Bedeutungsspektrum von Arbeit ist sodann in der beginnenden Neuzeit äußerst breit gefächert, der Bezug zur Askese allerdings noch deutlich sichtbar. Aber auch der Wandel hin zu einer ethischen Wertung des Nichtarbeitens sticht erstmals hervor, was sich aus einer Kritik an den – v.a. bettelnden – Armutsbewegungen des Mittelalters entwickelte. Die Semantik des frühneuzeitlichen Arbeitsbegriffs beinhaltet ebendiese Vielfalt:

> 1. „[…] Mühe, Mühsal, Anstrengungen körperlicher und psychischer Art, die vor allem Menschen erdulden oder zur Erreichung eines Zieles übernehmen"; […]. 3. „Anstrengung und Mühe der Gottsuche, Askese, religiöse Heiligung, Andachtsübung" […]. 6. „[…] anstrengende Tätigkeit insbes. zum Erwerb des Lebensunterhaltes, berufliche, in der Regel körperliche Arbeit auf allen Gebieten […]", mit offenem Übergang zu „Erwerbstätigkeit zur Erzielung von Gewinn", darunter auch zu „Handel", […] „mühevolles geistiges Schaffen, psychische Anstrengungen zur Erreichung eines Ziels"; […]. Die Bedeutung gilt teils in neutralem Sinne (dann bes. für „berufliche Arbeit" vor allem der unteren Schichten), teils mit positiver ethischer Wertung als Gegensatz vorwiegend zu Müßiggang und Lasterhaftigkeit […].[32]

---

[29] Buschbeck, Björn Klaus: *Ein vollkommenes Handwerk des Geistes? Gebet und Andacht als produktive Tätigkeiten im* Alemannischen Marienmantel *und bei Dominikus von Preußen*, in: *Vita perfecta? Zum Umgang mit divergierenden Ansprüchen an religiöse Lebensformen in der Vormoderne* (Otium. Studien zur Theorie und Kulturgeschichte der Muße 24), hg. v. Daniel Eder u.a., Tübingen 2021, S. 245–278, hier: S. 249.

[30] Manuwald, Henrike: *Otium sanctum in einer vita mixta? Stand und Lebensform in* De contemplatione et vita activa *Heinrichs von Bitterfeld*, in: *Vita perfecta? Zum Umgang mit divergierenden Ansprüchen an religiöse Lebensformen in der Vormoderne* (Otium. Studien zur Theorie und Kulturgeschichte der Muße 24), hg. v. Daniel Eder u.a., Tübingen 2021, S. 89–130, hier: S. 124.

[31] Vgl. Mieth, Dietmar: *Wandlungen in der christlichen Spiritualität der Arbeit*, in: *Ora et labora. Eine Theologie der Arbeit*, hg. v. Albert Biesinger/Joachim Schmidt, Ostfildern ²2011, S. 155–184, hier: S. 161.

[32] *Frühneuhochdeutsches Wörterbuch*, S. 89.

Heute haben wir demgegenüber einen deutlich reduzierten Arbeitsbegriff ohne religiösen Zusammenhang, der sich im allgemeinen Sprachgebrauch nahezu ausschließlich auf die „formelle Erwerbsarbeit"[33] bezieht.

Den entscheidenden Wandlungsprozess der Arbeitssemantik macht Wolfgang Haubrichs für die deutsche Sprache im Spätmittelalter in der Formierung eines dynamischen und aktiven Arbeitsverständnisses fest, das erstmals die Kreativität des Individuums im Sinne des ‚Schaffens' würdigt.[34] Einen etwas späteren Zeitpunkt für den Wandel hin zur vornehmlich positiv bewerteten leistungsorientierten modernen Gesellschaft, die Arbeit als unabdingbare Voraussetzung von – eigentlich unverfügbarem – Glück versteht, macht Manfred Brocker am Beginn der Reformation mit der Aufwertung der *vita activa* (aktive Lebensweise) gegenüber der monastischen *vita contemplativa* (weisheitlich-beschauliche Lebensform) fest.[35] De facto ist diese Umformung bereits im 14. Jahrhundert bei Meister Eckhart (ca. 1260–1328) und Johannes Tauler (ca. 1300–1361) erkennbar.[36] Paul Münch setzt diese Entwicklung zur Aufwertung tätigen Lebens dagegen erst im 17./18. Jahrhundert an.[37] Überzeugender ist Axel Michaels Anmerkung, erst die gewandelte Einstellung zur Arbeit durch die – v.a. calvinistischen – Reformatoren, denen Arbeitsunlust als Zeichen fehlender Gnade galt und die den *homo religiosus* (religiöser Mensch) zunehmend mit dem *homo oeconomicus* (rationaler ‚Wirtschaftsmensch') verbanden, führte dazu, dass Arbeit in Verbindung mit Askese zum Selbstzweck wurde.[38] Fest steht, dass Bedeutungsverschiebungen durch neue Narrative rund um das Thema der Arbeit spätestens seit der Frühen Neuzeit einsetzten. Den sprachlichen Spuren wird nun mit Hilfe frühneuzeitlicher asketischer Erbauungsliteratur nachgegangen.

---

[33] Voß, G. Günter: *Was ist Arbeit? Zum Problem eines allgemeinen Arbeitsbegriffs*, in: *Handbuch Arbeitssoziologie*, Bd. 1: *Arbeit, Strukturen und Prozesse*, hg. v. Fritz Böhle u.a., Wiesbaden ²2018, S. 15–84, hier: S. 16.

[34] Vgl. Haubrichs, Wolfgang: *Das Wortfeld von „Arbeit" und „Mühe" im Mittelhochdeutschen*, in: *Arbeit im Mittelalter. Vorstellungen und Wirklichkeiten*, hg. v. Verena Postel, Berlin 2006, S. 91–106.

[35] Vgl. Brocker: *Verachtung der Arbeit*, S. 140.

[36] Vgl. Mieth, Dietmar: *Im Wirken schauen. Die Einheit von vita activa und vita contemplativa bei Meister Eckhart und Johannes Tauler*, Darmstadt 2018, S. 317.

[37] Vgl. Münch, Paul: *Arbeit und Fleiß in der Frühen Neuzeit*, in: *Leistung als Paradigma. Zur Entstehung und Transformation eines pädagogischen Konzepts*, hg. v. Sabine Reh/Norbert Ricken, Wiesbaden 2018, S. 63–111, hier: S. 64.

[38] Vgl. Michaels, Axel: *Die Kunst des einfachen Lebens. Eine Kulturgeschichte der Askese*, München ²2022, S. 53.

4 Religiöse Arbeitsaskese, Stand und Körper – Umbruchsmarker im Spiegel frühneuzeitlicher Erbauungsbücher

Askese steht seit jeher in enger Verbindung zu den Aspekten Arbeit, dem gesellschaftlichen, ökonomischen und religiösen Stand sowie dem Körper. Asketische Arbeit geht daher mit Optimierungstechniken Hand in Hand. Mit den mittelalterlichen Arbeitsdeutungen und -praktiken geht die frühneuzeitliche Theologie und Spiritualität aller Konfessionen weitgehend konform: Arbeit bedeutete ein geordnetes Leben im vorgesehenen Stand, in dem das Lebensnotwendige erwirtschaftet wurde – auch zum Nutzen des Seelenheils.[39] Sie wurde einerseits als notwendige Pflichterfüllung, andererseits als Last aufgrund des Sündenfalls verstanden. Erst der Renaissance-,Humanismus'[40] entdeckte die menschliche Schöpferkraft,[41] wodurch Arbeit von der Last zur Lust avancierte und sich sukzessive aus transzendentalen Zusammenhängen löste. Ablesbar wird dies in einer größeren semantischen Breite der Wortbedeutungen, zu denen auch in der Theologie das entscheidende Lexem des ‚Fleißes' hinzutrat.[42] Unüberschaubar ist die Zahl an Buchveröffentlichungen, die bereits im Titel vermerken, dass die darin enthaltenen Themen ‚mit Fleiß zusammengetragen' wurden.[43]

Im Zuge der reformatorischen Theologie kam es zu einer Neubewertung geistlicher und weltlicher Berufe sowie innerweltlichen Engagements. Obwohl Askesekonzepte konfessionsspezifisch auseinanderdrifteten, wurden calvinistisch-puritanische Tugenden wie Fleiß, Verzicht und Pflichterfüllung zum Fundament des neuen Arbeitsverständnisses, das bis heute wirkt. Martin Luther wandte den einst-

---

[39] Vgl. Schnüffis, Laurentius von: *Mirantisches Flötlein. Oder Geistliche Schäfferey: ...*, Costantz 1682, S. 204; Zimmern, Johann Martin Moritz von: *Ursprung der Kleider: ..., Das II. Cap. Nach Ankleidung soll man Handarbeiten vornehmen den schädlichen Müssiggang zuvermeiden seynd Hand-Arbeiten unter Tags von Geist und Weltlichen Weibs und Mannspersonen zugebrauchen*, Augspurg 1692, S. 83 und 87.
[40] Der lange positiv besetzte Begriff erfährt neuerdings ebenfalls eine Umwertung hin zum Negativen. Es wird kritisch angemerkt, dass die humanistische Bewegung Initiatorin eines eigentlich weltzerstörerischen Blickes auf die Zentralität des Menschen im Weltgefüge gewesen sei, siehe exemplarisch Braidotti, Rosi: *Posthumanismus. Leben jenseits des Menschen*, aus dem Engl. v. Thomas Laugstien, Frankfurt 2014. Da es sich beim Antihumanismus, bezogen auf die gesellschaftspolitischen Konsequenzen, um ein wirkmächtiges Narrativ handelt, wird es zu Recht kritisch hinterfragt, vgl. Fuchs, Thomas: *Verteidigung des Menschen. Grundfragen einer verkörperten Anthropologie*, Berlin 2020.
[41] Greifbar wird dies auch an der verstärkten Rezeption des Prometheus-Mythos in der Renaissance.
[42] Vgl. Brocker: *Verachtung der Arbeit*, S. 139.
[43] Ein Beispiel dafür ist das Werk *Wolcken=durchdringende Gebet=Pfeil / Allerley Gott= und Gebet=liebenden / Christglaubigen Kindern GOttes zu Nutz / In diesen kleinen Köcher mit Fleiß zusammengetragen ...*, Altdorff 1662.

mals innerlich verstandenen Begriff der Berufung nun auf rein weltliche Tätigkeiten an. Pfarrer sein sei keine Berufung, sondern Beruf. Monastische ‚Berufungen' wurden reformatorisch unter den Generalverdacht einer rein veräußerlichten ‚Werksfrömmigkeit' gestellt. „Die etymologische Herkunft des Wortes ‚Beruf' von ‚Berufung' hat hier ihren theologischen Grund".[44] Das Stereotyp der weltüberwindenden Mönchsaskese mit einer zugleich negativen Wertung von Zeiten des Nicht-Arbeitens und des Armutsideals statt des Fleißes und des Gewinnstrebens hält sich bis heute hartnäckig.[45]

Äquivalent zum antiken Verständnis von Lastern als ‚dämonischen Gedanken' entwickelte sich der ‚Faulteufel' als Gegenpol zur Tugend des Fleißes – ein Begriff, der in Erbauungsbücher beider Konfessionen Eingang fand.[46] Auch das Schlaraffenland diente als Negativfolie des Fleißideals, wie Johann Ludwig Hartmann (1640–1680) in seiner ‚Faulteufel-Schrift' ironisch darlegt: „GOtt hat uns alhier in ein Schlaraffenland gesetzt / da man nicht säen / ernden / spinnen / nähen ec. müsse / sondern nur warten biß eine gebratene Taub / ins Maul fliege: Nein nicht also / sondern ora et labora, heißt es / man soll betten und arbeiten".[47]

Auch andere frühneuzeitliche Gattungen reflektieren die sozialen, politischen und ökonomischen Kontexte des Menschen, darunter etwa der satirische Schwankroman *Till Eulenspiegel* (ca. 1510) oder Thomas Morus' *Utopia* (1516). In letztgenanntem Buch wird *otium* nicht mehr wie in den Jahrhunderten zuvor als ‚freies Verweilen in der Zeit' geadelt, sondern erstmals auf den gesellschaftlichen Nutzen hin befragt, diesem untergeordnet und abgewertet.[48] Laut Ralf Konersmann handelt es sich bei diesem frühneuzeitlichen Umbruch, der die Menschen durch stete Tätigkeiten bei gleichzeitig ökonomisch ‚wertloser' werdenden Ruhephasen in zunehmende Unruhe versetzt, um eine „totale Umwertung"[49] des Arbeitsverständnisses, das zusehends ohne notwendige Phasen der Muße und Ruhe gedacht wurde. Daher gingen die aktuellen Narrative der Veränderung, Entwicklung und des Fortschritts keine Verbindung mehr mit Mußevorstellungen ein.[50]

---

[44] Lehmann: *Arbeit als Realisierung der Gottesbegegnung,* S. 22.
[45] Vgl. Michaels: *Kunst des einfachen Lebens,* S. 56; Rosa, Hartmut: *Resonanz. Eine Soziologie der Weltbeziehung,* Berlin ⁵2021, S. 203 und 222.
[46] Münch: *Arbeit und Fleiß,* S. 90.
[47] Hartmann, Johann Ludwig: *Müssiggangs und Faulläntzenden Teuffels Beschaffenheit, Abscheulichkeit, Ausflücht, Nichtigkeit und Vermeidung Nothwendigkeit,* Augspurg 1680, S. 27.
[48] Vgl. Emmelius, Caroline: *Muße – Müßiggang – Nichtsnutzigkeit. Zum Verhältnis von Muße und Arbeit in Morus' Utopia, im Ulenspiegel und im Lalebuch,* in: *Muße und Gesellschaft* (Otium 5), hg. v. Gregor Dobler/Peter Philipp Riedl, Tübingen 2017, S. 141–162, hier: S. 141f.
[49] Konersmann, Ralf: *Die Unruhe der Welt,* Frankfurt a.M. ⁴2015, S. 132.
[50] Vgl. ebd., S. 132f.

In der Forschung wird oft übersehen, dass Fleiß und innerweltliche Arbeitsaskese auch im frühneuzeitlichen Katholizismus an Bedeutung gewannen. Fürstbischof Franz von Sales (1567–1622) propagierte in seiner *Philothea – Anleitung zum frommen Leben* (1609), dass echte Frömmigkeit Beruf und Arbeit, ungeachtet des gesellschaftlichen und kirchlichen Standes, Glanz verleihe: „Die echte Frömmigkeit schadet keinem Beruf und keiner Arbeit; im Gegenteil, sie gibt ihnen Glanz und Frömmigkeit".[51] Arbeit sei zwar mühselig, aber erfüllend,[52] während habgieriges Güterstreben als sündhaft gilt: „Wenn du andauernd, leidenschaftlich und ruhelos Güter anstrebst, die du nicht hast, kannst du noch so sehr behaupten, dass du sie nicht ungerechter Weise haben willst, du bist dennoch habgierig".[53] Zugleich diene Muße der „Erholung"[54] von Körper und Geist und müsse daher ihre Gültigkeit behalten. Der individuelle und gesellschaftliche Nutzen des Zusammenhangs von Muße und Arbeit wiegt im Katholizismus – anders als in protestantischen Gebieten und als Gegenentwurf zum Fortschrittsdenken der Moderne – bis in die Neuzeit nach.[55]

Im Klosterumfeld begann erstmals eine Gleichberechtigung von *ora* und *labora*. Teresa von Ávila (1515–1582) betonte, dass man Gott auch zwischen den Kochtöpfen begegnen könne (*Buch der Gründungen* 5, 8).[56] Die traditionelle Aufwertung der *vita contemplativa* wich zunehmend einem aktiven Apostolat, sodass auch Laiinnen und Laien in weltlichen Tätigkeiten Vollkommenheit beanspruchten. Dies spiegelt sich in zahlreichen Ordensneugründungen, die ein aktives Apostolat in der Welt statt hinter verschlossenen Klostermauern verwirklichen wollten.[57] Es ging um die in geistlichen Kreisen prekäre Frage, ob auch aktives Tätigsein in der Welt zur Vollkommenheit führe, der weltliche Beruf also genauso geheiligt sei wie die geistliche Berufung. Während noch das Mittelalter alleine den Religiosen- und Klerikerstand mit einem Vollkommenheitsgrad beschrieb, beanspruchten frühneuzeitlich auch nicht-geistliche Stände die Vollkommenheit für sich. Dies spiegelt sich im heftig geführten Diskurs über den ‚Stand der Vollkommenheit' wider, der auch durch eine asketisch-praktische Lebensweise statt im

---

[51] Sales, Franz von: *Philothea. Anleitung zum frommen Leben*, Eichstätt 2009, S. 30.
[52] Vgl. ebd., S. 170, 214, 305.
[53] Ebd., S. 182f.
[54] Ebd., S. 243.
[55] Vgl. Hersche, Peter: *Muße und Verschwendung. Europäische Gesellschaft und Kultur im Barockzeitalter*, 2 Bde., Freiburg i.Br. 2006; Ders.: *Katholizismus – schon immer nachhaltiger? Eine historische Spurensuche*, München 2023.
[56] Ávila, Teresa von: *Das Buch der Gründungen. Vollständige Neuübertragung* (Gesammelte Werke 5), hg. v. Ulrich Dobhan/Elisabeth Peeters, Freiburg i.Br. 2007.
[57] Darunter fallen u.a. die Gesellschaft Jesu, Ursulagesellschaften oder die ‚Englischen Fräulein' Mary Wards.

Kloster oder Priesterstand zu erlangen sei.[58] Prägend wurden in diesem Zusammenhang die asketischen ‚Exerzitien' des Ignatius von Loyola (1491–1596). In den darin befindlichen asketischen Übungen war es dem Individuum aufgegeben, den eigenen gesellschaftlichen und kirchlichen Stand zu ‚entdecken' und sein Leben danach auszurichten.[59] Diesen innovativen Impuls nutzten nicht wenige Laiinnen und Laien, um ehemals exklusiv monastische und klerikale Praktiken und Lebensformen in ihr weltliches Leben zu integrieren, normativ gesetzte Standesgrenzen individuell auszuweiten und den eigenen Status aufzuwerten. Zu ihnen gehören welt-geistliche Frauen wie Mary Ward (1585–1645), die sich für Mädchenbildung einsetzten.[60] Damit stand die selbstverständliche Zuordnung des *status perfectionis* (Stand der Vollkommenheit) zum traditionellen Mönchs- und Nonnenstand bzw. Klerikerstand katholischerseits zumindest auf dem Prüfstand. Im Protestantismus war ein Vollkommenheitsstand theologisch grundsätzlich in Frage gestellt und galt nicht mehr als Berufung, sondern als Beruf,[61] der – unabhängig vom Vollkommenheitsbegriff – eine Aufwertung erfuhr.[62] Wohlstand wurde in der Folge speziell im Calvinismus und Puritanismus zum Marker göttlicher Auserwähltheit – was Ulrich Kuhl und Joachim S. Krug als „Zwang zum Reichtum"[63] kritisierten. Da die Prädestination aufs Engste mit einem asketischen Leben des Fleißes, der Arbeitsamkeit und Genügsamkeit verbunden wurde, auch wenn man darin keinesfalls eine Ursache des Wohlstands erkennen wollte, sondern göttliche Fügung, war die Brücke zum modernen Kapitalismus geschlagen. Das asketisch ausgerichtete Glaubensleben orientierte sich also in Zweigen des Protestantismus zunehmend an rational-ökonomischem Kalkül.[64] Der Arbeitsame hatte nicht nur einen hohen gesellschaftlichen Status durch seinen Reichtum inne,

---

[58] Vgl. Bill-Mrziglod, Michaela: *Formen des Diskurses über den Stand der Vollkommenheit semireligioser Frauen in der Frühen Neuzeit*, in: *Rottenburger Jahrbuch für Kirchengeschichte* 35 (2016), S. 105–120.
[59] Vgl. Freylinghausen, Johann Anastasius: *Compendium oder Kurtzer Begriff der gantzen Christlichen Lehre in XXXIV. Articuln: nebst einer Summarischen Vorstellung der Göttlichen Ordnung des Heyls, in Fragen und Antwort ...*, Halle 1735, S. 57; Loyola, Ignatius von: *Brief 124*, in: Ders., Gründungstexte der Gesellschaft Jesu, übers. v. Peter Knauer, Deutsche Werkausgabe I, Würzburg 1993, S. 116; Ders.: *Geistliche Übungen, 135, 2–6*, in: Ders., Gründungstexte der Gesellschaft Jesu, übers. v. Peter Knauer, Deutsche Werkausgabe II, Würzburg 1998, S. 92–269, hier: S. 160f.
[60] Vgl. Bill-Mrziglod: *Formen des Diskurses*.
[61] In allen Konfessionen sind jedoch Umbrüche im Standesdenken zu beobachten.
[62] Vgl. Eberle, Martin: *Von Luthers Berufskonzeption zur innerweltlichen Askese? Calvins Weiterentwicklung des Berufsverständnisses und die umstrittene These Max Webers*, in: *Beruf und Berufung. Wie aktuell ist das reformatorische Berufsverständnis?*, hg. v. Anika Füser u.a., Leipzig 2017, S. 52–70; Otte, Hans: *Die Erfindung des Berufs? Beruf und Berufung bei Martin Luther*, in: *Beruf und Berufung. Wie aktuell ist das reformatorische Berufsverständnis?*, hg. v. Anika Füser u.a., Leipzig 2017, S. 33–51.
[63] Kuhl/Krug: *Macht, Leistung, Freundschaft*, S. 80.
[64] Vgl. ebd.

sondern galt auch als von Gott begünstigt. Mit dem Wegfall des Religiösen in der Moderne mündete diese Arbeitsaskese in innerweltliche, marktorientierte Berufskonzepte. Im 21. Jahrhundert spitzt sich dies im *Job Enhancement* zu, wo technologische Hilfsmittel anstelle von Training zur Effizienzsteigerung eingesetzt werden.[65]

Dies hat und hatte immer auch körperliche Auswirkungen. Es stellt sich die Frage, was das asketische Arbeitsverständnis der Vormoderne mit dem modernen Konzept der körperlichen Selbstoptimierung gemein hat und worin die Unterschiede liegen. Während heute etwa beim Fasten nicht Gott im Fokus steht, sondern die Steigerung der eigenen Gesundheit und Attraktivität,[66] ging es den Menschen vormoderner Zeiten noch nicht um hedonistischen „Selbstkult".[67] „Während die Asket:innen der Frühen Neuzeit eine Zügelung ihrer Begierden und die Selbstbeherrschung zur religiösen Vervollkommnung praktizierten, geht es den modernen Selbstoptimierer:innen darum, ihre körperlich-mentalen Kräfte zu steigern, zu verwerten, erreichte Ziele immer weiter zu überbieten".[68] Weber nannte dies eine „Art von krampfhaftem Sich-wichtig-nehmen".[69] Nicht selten liegt dem Wunsch nach Selbstentfaltung allerdings ein Körper-Geist-Dualismus zugrunde. Der Körper erfährt eine Abwertung gegenüber dem Geist oder wird zum bearbeitbaren ‚Material', das der geistigen Willenskraft unterworfen wird. Die Arbeit am perfekten Ich als Arbeit am perfekten Körper und Geist zum Zwecke der Selbstformung nimmt in der Gegenwart teils extreme Formen an. Radikalstes Beispiel ist sicher der Cyborg, der als „Verschmelzung von bios und techné, Natur und Kultur, Mensch und Maschine" zeigt, „wie radikales, exzessives Enhancement nicht nur auf die Verbesserung von Individuen und ihrer Körper zielt […], sondern ebenso auf den Umbau gesellschaftlicher Verhältnisse und sozialer Beziehungen".[70] Beim Wunsch nach Selbstentfaltung scheint es sich um eine anthropologische Konstante zu handeln, denn ähnlich radikal liest sich in Teilen auch die Geschichte christlicher Askese: Die Arbeit am eigenen Körper und Geist ist eingebunden in eine lange Geschichte der Selbstdisziplin seit der Antike. Mortifikatorische Übungen – auch Abtötungen genannt – zielten im Christentum auf eine performative Wirkung: Das asketische Individuum versinnbildlichte in Praktiken

---

[65] Vgl. Balandis/Straub: *Selbstoptimierung*, S. 138.
[66] Vgl. diesbezüglich einen gleichnamigen Artikel in der FAZ vom 26.02.2020: Scholz, Valerie: *Selbstoptimierung statt Gott*.
[67] Foucault, Michel: *Zur Genealogie der Ethik. Ein Überblick über die laufende Arbeit*, in: Ders., *Schriften in vier Bänden. Dits et Ecrits*, Bd. IV, hg. v. Daniel Defert/François Ewald, Frankfurt a.M. [1984] 2005, S. 747–767, hier: S. 767.
[68] Röcke: *Soziologie der Selbstoptimierung*, S. 176.
[69] Weber, Max: *Gesammelte Aufsätze zur Religionssoziologie*, Bd. 1, Tübingen 1988, S. 204.
[70] Balandis/Straub: *Selbstoptimierung*, S. 142.

der Abtötung des eigenen Leibes eine Analogie zu Jesu Leiden am Kreuz.[71] In der Frühen Neuzeit rückt diese asketische Abtötung des eigenen Körpers semantisch in die Nähe zur beruflichen Tätigkeit wie Ackerarbeit, Handarbeit jeglicher Art oder sogar künstlerisches Schaffen. Als Beispiel dient ein Passus im Erbauungsbuch Marianus Schotts (1639–1707) *Warhafftige Bildtnuß Jesu Christi, Das ist: Kurtz zu Sinn-Legung Wie ein Gottliebende Seel in ihrem sterblichen Leib das Leben Jesu mit lebhafften Farben Der Nachfolgung Christi Durch den Pensel der Wercken solle entwerffen.* Darin setzt er den Prozess des Bleichens von Leinstoff in Analogie zur asketischen Arbeit:

> Also wachset auß der Erden deß Menschlichen Leibs die Anmuthung der Liebe / diese wann sie durch die vnterschiedliche mühsame Arbeit der Mortification / oder Abtötung seiner selbst wird gebrochen; vnnd durch die Forcht=Gottes geschwungen / vnnd gesäuberet von allen irdischen unnützen stinckenden Aglen vnd Stengel / wie auch mit dem Wasser der Göttlichen=Gnad gebleichet / bekombt sie ein Himmlische vnd Englische schneeweiße Farb der Reinigkeit.[72]

Die Arbeitsaskese zeichnet er hier als künstlerischen Schaffensprozess. Von der „Arbeit der Mortifikation"[73] spricht dagegen Jean de Bernières-Louvigny (1602–1659).

In katholischen Reformkreisen wurde die körperliche Askese als Weg zur Selbstvervollkommnung verstanden – ein Ansatz, der auch Laien Anerkennung brachte. Körperaskese und entsprechende Praktiken, z.B. Selbstgeißelungen, galten als nonverbale Repräsentation von Vollkommenheit und stärkten die konfessionelle Identität, auch bei Laien.[74] Zudem offenbarten asketische Praktiken hegemoniale Machtordnungen und ermöglichten marginalisierten Gruppen,

---

[71] Zu den Praktiken zählen etwa das Tragen eines Bußgürtels, das Schlafen auf dem nackten Boden, der Schlafentzug, die Selbstgeißelung, extremes Fasten etc.

[72] Schott, Marianus: *Warhafftige Bildtnuß Jesu Christi, Das ist: Kurtz zu Sinn-Legung Wie ein Gottliebende Seel in ihrem sterblichen Leib das Leben Jesu mit lebhafften Farben Der Nachfolgung Christi Durch den Pensel der Wercken solle entwerffen ...*, 2, Einsidlen 1723, S. 172f.

[73] Argentan, Louis François d' (Hg.)/Bernières Louvigny, Jean de: *Le Chrestien Interieur, Ou La Conformité Interieure Que doivent avoir les Chrestiens avec Jesus-Christ. ...*, 8 Bde., hier: Bd. 2, Paris 1696, S. 387: „travail de la mortification".

[74] Zur Arbeit zählt etwa auch Franz von Sales die Selbstgeißelung und das Tragen des Bußgürtels hinzu, siehe Sales: *Philothea*, S. 130, 214–215, 217.

insbesondere Frauen, durch Vermännlichung [75] Statusverbesserungen. [76] Auch konfessionelle Auseinandersetzungen wurden darüber ausgefochten, indem „verschiedene Körperkonzepte und divergente asketische Praktiken in zunehmendem Maße subtile Trennlinien zwischen Orthodoxie und Häresien [...] etablierten".[77] An der körperlichen Mortifikationspraxis wurde nämlich seitens der Reformatoren schärfste Kritik geübt.[78] Auch hier zeichnet sich ein Umbruch ab, der auf neue Askesekonzepte setzte, die die Traktierung des eigenen Körpers ausschloss. Da Luther den mittelalterlichen Konsens infrage stellte, wonach die monastische Lebensform, bestehend aus Gebet und Askese, die allein vollkommene darstelle, erteilte er auch den körperlichen (nicht jedoch den geistigen) Mortifikationen eine

---

[75] Etwa in Form der Askesepraxis des ‚geistlichen Soldatentums', das ein geschlechterübergreifendes, aber als ‚männlich' deklariertes Ideal darstellte, vgl. Bill-Mrziglod, Michaela: *Die militia Christi. Zu einem Topos des asketischen Kampfes in frühneuzeitlichen Erbauungswerken*, in: *Asketische Selbstbeschränkungen und Entgrenzungsstrategien. Religion – Politik – Geschlecht* (Kulturelle Grundlagen Europas 8), hg. v. Dies., Berlin 2021, S. 93–117.

[76] Vgl. Biernath, Andrea: *Mißverstandene Gleichheit. Die Frau in der frühen Kirche zwischen Charisma und Amt*, Wiesbaden 2005, S. 126; Bill-Mrziglod, Michaela: *Geschlecht als Thema katholischer Leichenpredigten des 17. Jahrhunderts – Das Beispiel des „Sermón fúnebre" zum Tode Luisa de Carvajals (1566–1614)*, in: *Frauenbiografieforschung. Theoretische Diskurse und methodologische Konzepte* (biografiA 9), hg. v. Susanne Blumesberger/Ilse Korotin, Wien 2012, S. 34–50; Dünne, Jörg: *Imagination und Geschlecht in der frühchristlichen Askese. Zur Vita Antonii und zu den Jungfrauenbriefen des Athanasius*, in: *Askese. Geschlecht und Geschichte der Selbstdisziplinierung*, hg. v. Irmela Marei Krüger-Fürhoff/Tanja Nusser, Bielefeld 2005, S. 169–190, hier: S. 184; Hartenstein, Judith: *Weibliche Askese und christliche Identität im 2. Jh. n. Chr.*, in: *Dem Körper eingeschrieben. Verkörperung zwischen Leiberleben und kulturellem Sinn* (Studien zur Interdisziplinären Anthropologie), hg. v. Matthias Jung/Michaela Bauks/Andreas Ackermann, Wiesbaden 2016, S. 213–226, hier: S. 225; Losert, Kerstin: *Überschreitung der Geschlechtergrenzen? Zum Motiv der Frau in Männerkleidern im Dolopathos des Johannes de Alta Silva und anderen literarischen Texten des Mittelalters* (Lateinische Sprache und Literatur des Mittelalters 43), Bern u.a. 2008, S. 41; Schreiber, Julia: *Weiblichkeitsentwürfe im Kontext von Körperoptimierung. Zusammenhänge von Selbstverbesserung, Leiblichkeit und Geschlecht*, in: *Perfekte Körper, perfektes Leben? Selbstoptimierung aus der Perspektive von Geschlecht und Behinderung*, hg. v. Nadine Glade/Christiane Schnell, Bielefeld 2023, S. 41–57, hier: S. 43.

[77] Feichtinger, Barbara: *Einleitung*, in: *Die Christen und der Körper. Aspekte der Körperlichkeit in der christlichen Literatur der Spätantike*, hg. v. Dies./Helmut Seng, München/Leipzig 2004, S. 9–28, hier: S. 23.

[78] Stationen des heftig geführten Konfessionsstreites über die radikal-asketische Selbstgeißelung sind ablesbar im Austausch folgender Streitschriften, die jeweils aufeinander Bezug nahmen: Jakob Gretsers *Disciplinbuch* (1606), Jakob Heilbrunners *Flagellatio Jesuitica* (1607), Conrad Vetters *Lutherisch Disciplin Büchel* (1607) und *Geißlung Procession* (1608).

Absage.⁷⁹ Die Herstellung neuer Askesekonzepte oder das Ausleben bewährter körperlich-asketischer Praktiken dienten der konfessionellen Identitätsvergewisserung und markieren zugleich in den Diskursen über Stand, Beruf(ung) und Geschlecht einen Umbruch kultureller Deutungsmuster.⁸⁰ Hier treffen Beharrlichkeit und langsame Wandlung handlungsleitender Maßstäbe durch die Konfliktsituationen der Frühen Neuzeit aufeinander.

Heutige Körpermodifikationen sind nicht weniger radikal als frühneuzeitliche Selbstdisziplinierungen. Der Übergang zu modernen Selbstoptimierungskonzepten, denen auch destruktive Seiten inhärent erscheinen, wurzelt in Transformationen des asketischen Arbeitsverständnisses. Doch das ehemals religiös-asketische Vollkommenheitsideal mit seinem Statusdenken besetzt nun vornehmlich säkulare Bereiche. Im 21. Jahrhundert gilt: Wer den diesseitigen Anforderungen an Selbstbeherrschung und Körperformung nicht genügt, gilt in der modernen Arbeitsgesellschaft als gescheitert.

5   Fazit

Die Transformation des Arbeitsbegriffs am Beginn der Neuzeit hatte nicht nur weitreichende Konsequenzen für den Bereich der Erwerbsarbeit, sondern auch für die private, religiöse und gesellschaftliche Lebensausrichtung der Menschen. Die Variabilität des Arbeitsbegriffs, der sich noch frühneuzeitlich auf Formen der asketischen Arbeit am eigenen Körper wie auch auf die religiöse Vervollkommnung bezog, ging in diesem Umbruch in seiner Breite verloren. Heute finden wir verwandte und zumeist hochsäkularisierte Konzepte der ökonomisierten Arbeit wie auch der Arbeit an Körper und Geist in allen Bereichen der Gesellschaft, auch in dem, was wir Freizeit nennen. Darüber hat sich die einst enge Verzahnung von Arbeit, Kontemplation und Muße aufgelöst. Wir befinden uns in einem Zeitalter latenter Unruhe, was Konersmann zu der Frage veranlasste:

---

[79] Lührsen, Christian: *Der Begriff der Askese in der Religionssoziologie Max Webers* (Soziologische Schriften 87), Berlin 2022, S. 103.
[80] Vgl. zum Aspekt der Deutungsmuster die Einleitung hiesigen Sammelbandes, spezieller aber die Deutungsmusterkonzepte von Bögelein, Nicole/Vetter, Nicole: *Deutungsmuster als Forschungsinstrument – Grundlegende Perspektiven*, in: *Der Deutungsmusteransatz. Bestandsaufnahme und methodologische Fortentwicklung*, hg. v. Diess., Weinheim/Basel, S. 12–38; Somm, Irene: *Der Beitrag der Narrationsanalyse zur Konkretisierung der Handlungsrelevanz von Deutungsmustern*, in: *Der Deutungsmusteransatz. Bestandsaufnahme und methodologische Fortentwicklung*, hg. v. Nicole Bögelein/Nicole Vetter, Weinheim/Basel 2019, S. 226–246.

> Wie hat die westliche Kultur es angestellt, die Muße, in der sie einmal das Ziel all ihrer Unternehmungen und Einrichtungen erkannt zu haben glaubte, beiseitezuschieben und gegen das Ideal der unabsehbaren Entwicklung und des Fortschritts einzutauschen? Wie ist [...] die Unruhe der Welt *absolut* geworden?[81]

Diese Frage nach den Ursachen des Mentalitätswandels der Verkehrung der Konventionen und der Aushandlung neuer Geltungsmaßstäbe wurde im vorliegenden Beitrag mit Fokus auf religiöse Transformationen schlaglichtartig aufgegriffen und mehrdimensional in noch ergänzungsbedürftigen Linien nachgezeichnet. Insbesondere im Protestantismus kristallisierte sich ein Ethos heraus, das den Weg zu modernen, kapitalistisch geprägten Selbstoptimierungskonzepten ebnete. Gleichzeitig zeigt der katholische Diskurs, wie asketische Praxis auch als Instrument zur Erreichung eines idealisierten Körper- und Seelenzustandes verstanden wurde – ein Ansatz, der den Übergang von monastischen zu innerweltlichen Berufskonzepten begleitete und in Konzepten der Selbstoptimierung und des *Enhancement* bis in die Neuzeit nachwirkt.

Diese historischen Dynamiken liefern einen wertvollen Bezugsrahmen, um die Parallelen und Unterschiede zwischen traditioneller Askese und zeitgenössischen Formen der Selbstoptimierung zu beleuchten und Umbrüche offenzulegen. Der Vergleich offenbart, dass moderne Tendenzen, etwa im Bereich technologischer und pharmakologischer Eingriffe, in gewisser Weise die alten Prinzipien der Selbstdisziplin und Körperformung adaptieren – wenn auch in einem säkularisierten Kontext. Insgesamt unterstreicht die Analyse, wie eng gesellschaftliche, ökonomische und religiöse Dimensionen miteinander verwoben sind und weiterhin die Art und Weise beeinflussen, wie Arbeit, Status und Körper in unserer Zeit konzipiert und bewertet werden.

---

[81] Konersmann: *Unruhe der Welt,* S. 13f. (Hervorhebung im Original).

ALESSANDRA BOST

Maria zwischen Transzendenz und Nahbarkeit. Die Dialektik der Mariendarstellung in den Schriften der florentinischen Mystikerin Maria Maddalena de' Pazzi (1566–1607)

> [...] se infatti Maria non acconsente non si può fare la redenzione e, di conseguenza, il rinnovamento.[1]

1 Umbrüche – Einleitende Worte

„Die Verweltlichung vieler kirchlicher Amtsträger, die Vernachlässigung ihrer geistlichen Aufgaben und die Unfähigkeit der römischen Kurie [zur Durchführung] dringend notwendige[r] Reformen"[2] – bereits im Spätmittelalter wurden Missstände innerhalb der Kirche[3] und deren Unvermögen darauf zu reagieren konkret benannt. Im ausgehenden 16. Jahrhundert entwickelte sich eine „Gesellschaft und Kultur im Übergang",[4] in einer Umbruchsphase.[5] Das Konzil von Trient

---

[1] Pazzi, Santa Maria Maddalena de': *Cantico per l'Amore non amato. I testi in italiano corrente. Tradizione di Elia Monari O. Carm.*, Florenz 2016, S. 1180: „denn wenn Maria nicht zustimmt, kann die Erlösung und damit die Erneuerung nicht stattfinden." [Übers. der Verfasserin hier und nachfolgend, sofern nicht anders angegeben].

[2] Greshake, Gisbert/Weismayer, Josef: *Quellen geistlichen Lebens,* Bd. 3: *Die Neuzeit,* Mainz 1989, S. 10.

[3] Vgl. Conrad, Anne: *Aufbruch der Laien – Aufbruch der Frauen. Überlegungen zu einer Geschlechtergeschichte der Reformation und Katholischen Reform,* in: *„In Christo ist weder man noch weyb". Frauen in der Zeit der Reformation und der katholischen Reform* (Katholisches Leben und Kirchenreform im Zeitalter der Glaubensspaltung 59), hg. v. Dies., Münster 1999, S. 7–22, hier: S. 10.

[4] Secondin, Bruno: *Die Kirche mit liebenden Herzen und mutigen Worten erneuern. Die Aktualität von Maria Maddalena de' Pazzi,* in: *Maria Magdalena von Pazzi. Kommt, um die Liebe zu lieben* (Karmel Paperbacks 1), hg. v. Michael Plattig/Edeldraut Klueting, Münster 2016, S. 79–106, hier: S. 82.

[5] Vgl. ebd.

(1545–1563) war in nachreformatorischer Zeit seitens der ‚altgläubigen' katholischen Kirche der weitgehend erfolgreiche Versuch, sich neu zu positionieren.[6] Dennoch wurde die anhaltende Kritik an Kirche und deren Vertretern Mitte des 16. Jahrhunderts zunehmend als Ausdruck eines „Verfalls des religiösen Lebens"[7] wahrgenommen.[8]

Dem entgegenwirken sollte u.a. die in Trient beschlossene „Klausur für sämtliche religiöse Gemeinschaften [...] und der bisher davon befreiten Klöster".[9] Es sollte eine strenge Trennung zwischen geistlichem und weltlichem Bereich erfolgen, die bei der Umsetzung allerdings zu erheblichem Widerstand führte.[10] Im Zuge der Klausurvorschriften wurden vor allem Frauenklöster reorganisiert.[11] Die Reform (der Kirche) von oben brachte einen gravierenden Umbruch, der eine aktive Teilhabe geistlicher Frauen in der (kirchlichen) Öffentlichkeit nicht länger ermöglichen, die Selbstverwaltung von Frauenklöstern deutlich einschränken[12] und den Handlungsspielraum der Frauen einengen sollte.[13]

Der frühneuzeitliche Katholizismus zeichnete sich aber gerade durch eine hohe „Wandlungsdynamik"[14] aus. Das damit einhergehende wachsende religiöse Selbstvertrauen der Laien und die starken Laienbewegungen, die aus der mittelalterlichen Frömmigkeit hervorgegangen waren, eröffneten – insbesondere für die Frau – neue Handlungsräume außerhalb der Klostermauern.[15] Neuansätze ab dem 15. Jahrhundert und Aufbrüche innerhalb der neuzeitlichen Mystik[16] ließen hierbei die Gottesmutter Maria zunehmend in den Vordergrund rücken, wobei durch die Betonung der engen Verbindung zwischen Maria und ihrem Sohn die für die Zeit

---

[6] Vgl. Wassilowsky, Günther: *Das Konzil von Trient und die katholische Konfessionskultur. Zur Einführung*, in: *Das Konzil von Trient und die katholische Konfessionskultur (1563–2013)*, hg. v. Peter Walter/Günther Wassilowsky, Freiburg i. Br. 2016, S.1–30, hier: S. 22.
[7] Weiß, Dieter: *Katholische Reform und Gegenreformation. Ein Überblick*, Darmstadt 2010, S. 35.
[8] Vgl. ebd., S. 35f.
[9] Ebd., S. 82.
[10] Vgl. ebd.
[11] Vgl. Vasciaveo, Chiara: *Una storia di donne. Il Carmelo Santa Maria degli Angeli e S. M. Maddalena de' Pazzi di Firenze*, Rom 2013, S. 58.
[12] Vgl. Zarri, Gabriella: *Dalla profezia alla disciplina (1450–1650)*, in: *Donne e fede. Santità e vita religiosa in Italia*, hg. v. Lucetta Scaraffia/Gabriella Zarri, Bari 1994, S. 177–226, hier: S. 208, 210.
[13] Vgl. Conrad: *Aufbruch der Laien*, S. 16.
[14] Wassilowsky: *Das Konzil von Trient und die katholische Konfessionskultur*, S. 18.
[15] Vgl. Conrad: *Aufbruch der Laien*, S. 10–14.
[16] Vgl. Plattig, Michael: *Maria Magdalena von Pazzi und ihre Zeit*, in: *Maria Magdalena von Pazzi. Kommt, um die Liebe zu lieben* (Karmel Paperbacks 1), hg. v. Ders./Edeltraut Klueting, Münster 2016, S. 11–47, hier: S. 12.

typische Christozentrik nicht übergangen wurde.¹⁷ Die zunehmende Präsenz Marias in Spätmittelalter und Früher Neuzeit zeigt, dass offenbar eine Leerstelle existierte, die nur durch die Gottesmutter gefüllt werden konnte. In der nachreformatorischen Zeit wurde Maria „im Streit der Konfessionen kontroverstheologisch überhöht und zum Symbol für die katholische Identität",¹⁸ dadurch aber zu einem entscheidenden identifikatorischen Ort – insbesondere für Katholik:innen. Aus Sicht der Protestant:innen wurde die Marienverehrung hingegen zur Irrlehre.¹⁹ Als Konsequenz wurde sie auf beiden Seiten zu einem „Moti[v] der Kritik und des Protests".²⁰

Die Figur der Heiligen Jungfrau führte nicht allein interkonfessionell, sondern auch innerkonfessionell zu Kontroversen. Dem überhöhten und unerreichbaren Idealbild im kirchlich-katholischen Kontext stehen kulturelle Bewegungen und eine Laienfrömmigkeit gegenüber, in der sich seit dem Spätmittelalter ein reiches Spektrum an Formen der Mariendarstellung entwickelt hatte.²¹ Durch die Anpassung an traditionelle populäre liturgische Formen fanden diese breiten Zuspruch in allen Gesellschaftsschichten.²²

Als Kind ihrer Zeit befindet sich etwa die florentinische Mystikerin Maria Maddalena de' Pazzi inmitten dieser gesellschaftlichen und kirchlichen Umbruchsphase, wobei sich mehrere kultur- und kirchenhistorische Stränge überschneiden. Als Nonne ist sie in der nachtridentinischen Zeit zwangsläufig mit der unnachahmlichen Figur der Heiligen Jungfrau konfrontiert. Andererseits ist sie tief verwurzelt im Denken der Renaissance und des Humanismus.²³ In ihrem Marienbild verschmelzen karmelitische Tradition, Überhöhungs- sowie kultur- und zeitspezifische Vermenschlichungstendenzen miteinander und lassen die Figur Mariens – auch mit Blick auf eine konfessionelle Positionierung – für die geistliche Frau greifbarer werden.

---

¹⁷ Vgl. Conrad: *Aufbruch der Laien*, S. 10–14; Conrad, Anne: *Nähe und Distanz – katholische Frauen im Spannungsfeld der frühneuzeitlichen Mariologie*, in: *Maria in der Welt. Marienverehrung im Kontext der Sozialgeschichte. 10.–18. Jahrhundert*, hg. v. Claudia Opitz u.a., Zürich 1993, S. 175–190.
¹⁸ Conrad: *Nähe und Distanz*, S. 178.
¹⁹ Vgl. Beinert, Wolfgang: *Il culto di Maria offi. Theologia – Liturgia – Pastorale*, Mailand 1987, S. 75f.
²⁰ Ebd., S. 76.
²¹ Vgl. Grochowina, Nicole: *Reformation*, Berlin 2020, S. 53.
²² Vgl. Boaga, Emanuele: *Amplificazione della devozione verso la Vergine Maria*, in: *Storia della mariologia. Dal modello letterario europeo al modello manualistico,* Bd. 2, hg. v. Emanuele Boaga/Luigi Gambero, Rom 2012, S. 452–477, hier: S. 452.
²³ Vgl. Girolamo, Luca di: *Mistiche italiane. Santa Maria Maddalena de' Pazzi († 1607), Santa Veronica Giuliani († 1727)*, in: *Storia della mariologia. Dal modello letterario europeo al modello manualistico,* Bd. 2, hg. v. Emanuele Boaga/Luigi Gambero, Rom 2012, S. 426–451, hier: S. 429.

Der Beitrag zielt darauf ab, die Dialektik der Mariendarstellung in der Frühen Neuzeit zu untersuchen, insbesondere die Gegenüberstellung von ‚Entmenschlichung' und ‚Vermenschlichung' in Kirche, Laienfrömmigkeit und kulturellen Bewegungen. Ein besonderes Augenmerk liegt auf der Darstellung der Gottesmutter in den Schriften de' Pazzis. Es soll gezeigt werden, wie sie diese Dialektik in ihren Werken integriert und Maria sowohl als transzendente als auch nahbare Figur darstellt. Dabei wird die Bedeutung Marias für die konfessionelle Identität und spirituelle Praxis der Frauen beleuchtet und eine Auswahl mariologischer Bedeutungsebenen in den Werken von de' Pazzi aufgezeigt, um die konfessionellen und spirituellen Implikationen für die geistlichen Frauen der damaligen Zeit zu verstehen.

2 Überhöhung und ‚Entmenschlichung'

Frömmigkeitsformen und religiöse Praktiken wandelten sich mit Beginn der Reformation. Dies bezieht sich nicht ausschließlich auf die protestantischen Gebiete, sondern beeinflusste auch ‚altgläubige' katholische Orte. Die Bewegungen geschahen im Innern – v.a. durch den „religiös-politischen Eifer jener Fürsten und Bischöfe […], die nicht protestantisch geworden waren und eigene Reformwege gingen"[24] und die Tatsache, dass katholischer Glaube und Frömmigkeitsformen nunmehr kirchenrechtlich festgelegt wurden sowie einer geistlichen Kontrolle unterlagen.[25] Zur Zeit der Reformation rückte Christus nur kurzzeitig ins Zentrum der Frömmigkeitsformen. Im Nachgang des *Tridentinums* waren es jedoch Maria und die Heiligen, deren Verehrung „zum Kennzeichen des neuen Katholizismus"[26] wurden und damit der Abgrenzung zwischen Protestantismus und Katholizismus dienten. Die überhöhte Darstellung Marias verdeutlicht ihren Stellenwert im Kontext der Heiligenverehrung. Als konfessioneller Marker hilft sie in Zeiten eines konfessionellen Umbruchs sich zu positionieren. Der Einzug Mariens in die Laienfrömmigkeit lässt sie spätestens seit der Renaissance menschlicher wirken, wenngleich die Kirche die entgegengesetzten Tendenzen einer ‚Entmenschlichung' hervorhob. Die neu erstarkende Heiligenverehrung in nachtridentinischer Zeit gestaltete sich deutlich anders als zuvor. So wurden die Heiligen durch den Klerus kontrolliert und reguliert.[27] Insbesondere die Marienverehrung wurde stark

---

[24] Dülmen, Richard van: *Kultur und Alltag in der Frühen Neuzeit. Religion, Magie, Aufklärung*, Bd. 3: *Religion, Magie, Aufklärung, 16.–18. Jahrhundert*, München 1994, S. 70.
[25] Vgl. ebd.
[26] Ebd., S. 73.
[27] Vgl. ebd., S. 74: Die Anzahl der Heiligen, die verehrt werden durften, wurden „auf eine historische Basis [ge]stellt", fiktive Figuren wurden gestrichen.

gefördert, um alle Stände zu erreichen – dies geschah unter anderem in Schriften, Wallfahrten und in der Kunst.[28]

Richtet man den Blick auf die Jungfrau Maria, zeigen sich vom Spätmittelalter bis ins konfessionelle Zeitalter unter anderem zwei konkurrierende Erscheinungsformen. Sie changiert zwischen ‚frauenfreundlichen' und ‚frauenfeindlichen' Tendenzen.[29] Aus kirchlicher Sicht befasste man sich vor allem mit dem vorausgegangenen moralischen Verfall der Institution. Maria fungierte im Kontext der katholischen Reform und Gegenreformation teilweise als absurd verklärtes Ideal, das – aufgrund seiner Reinheit – nichts mehr mit den realen Frauen gemein hatte.[30] In der Gesellschaft bedurfte es hingegen einer – zumindest in der göttlichen Sphäre anzusiedelnden oder dieser nahstehenden – Figur, die den Wunsch einer intensivierten Spiritualität auffangen konnte und dabei für den Menschen selbst erreichbar blieb.[31] Das Konzil von Trient selbst befasste sich nur marginal mit mariologischen Fragen.[32] Die aus dem Konzil entstehenden interpretativen Freiheiten und das anschließende Erstarken der Katholizität trugen aber maßgeblich dazu bei, dass unterschiedliche Entwicklungslinien die Marienfrömmigkeit beeinflussten[33] und sich eine ambivalente, kontextspezifische Marientradition entwickeln konnte. Als Konsens lässt sich in Kirche und Gesellschaft festhalten, dass Maria ‚anders' ist. Sie sticht aus der Masse hervor und nimmt unter den Menschen die Rolle als Vorbild ein. Jedoch stellt sich die Frage, ob Maria stellvertretend für und damit an der Seite der Frau steht oder als verklärtes Idealbild eine Position über ihr einnimmt.[34]

Seit dem Mittelalter entstehen – insbesondere im klerikalen Kontext – mehrere Werke, die sich von der Frau abwenden[35] und ihr keine Identifikationsmöglichkeiten an Maria bieten. Sie ist nicht *donna fra le donne*, sondern übersteigertes Vorbild.[36] Für die Frau war es unmöglich einem Ideal nachzueifern,[37] das „mit den

---

[28] Vgl. ebd., S. 73f.

[29] Vgl. Gössmann, Elisabeth: *Mariologische Entwicklungen im Mittelalter. Frauenfreundliche und frauenfeindliche Aspekte*, in: *Maria. Für alle Frauen oder über allen Frauen?*, hg. v. Dies./Dieter R. Bauer, Freiburg i.Br. 1989, S. 63–85, hier: S. 63–85. „Frauenfreunde" bzw. „Frauenfeinde" waren in der frühneuzeitlichen *Querelle des femmes* zeitgenössische Bezeichnungen im deutschsprachigen Pro-und-Contra-Diskurs. Vgl. dazu Elisabeth Gössmann (Hg.): *Archiv für philosophie- und theologiegeschichtliche Frauenforschung*, 8 Bde., München 1984–2004.

[30] Vgl. Gössmann: *Mariologische Entwicklungen*, S. 64f.

[31] Vgl. Candelori, Franco: *Lo spirito di Maria in S. Maria Maddalena de' Pazzi*, in: *Rivista di vita spirituale* 42 (1988), S. 168–179, hier: S. 170.

[32] Vgl. Conrad: *Der Katholizismus*, S. 63; Delius, Walter: *Geschichte der Marienverehrung*, München 1963, S. 238.

[33] Vgl. Büchner: *Maria in der Mystik*, S. 258.

[34] Vgl. Gössmann: *Mariologische Entwicklungen*, S. 63, 71.

[35] Vgl. ebd., S. 79.

[36] Vgl. Zarri: *Dalla profezia alla disciplina*, S. 207.

[37] Vgl. ebd.

allgemeinen Formen weiblichen Daseins kaum mehr etwas zu tun hat"[38] und dessen Erwartungen außerhalb der menschlichen Sphäre angesetzt werden.[39] So schreibt auch Petrus Canisius (1521–1597) in seinem Werk *De Maria Virgine incomparabili* (1577), dass an Maria nichts Tadelwürdiges sei und sie sich somit fundamental vom weiblichen Geschlecht unterscheide. Sie steht den Frauen nunmehr gegenüber, die als ungeduldig, streitliebend und wehleidig charakterisiert werden. Es entwickelt sich eine – etwa der Laienfrömmigkeit gegenläufige – misogyne Literaturgattung,[40] in der Maria seitens einer von Männern gemachten Religion[41] definiert und als Maßstab für die Frau gesetzt wird. In dieser Vorstellung, so Elisabeth Gössmann, zeigt sich die Sprache der Männer: Die Frau ist „zur Nicht-Reinheit verdammt und damit […] ein[e] geringer[e] Form des Christseins am Rande der Sünde".[42] Maria wird gewissermaßen zur Feindin der Frau, denn sie ist die einzige von der Verdammnis freigesprochene Frau.[43]

Die starke Propagierung Mariens als maßgebliche katholische Heilige lässt sich als ein „[c]harakteristisches Moment der Konfessionalisierung"[44] bezeichnen. Spätestens im 17. Jahrhundert galt Maria als distinktives „konfessionelles Unterscheidungsmerkmal".[45] Das theologische Verständnis von Maria ist dennoch in einem Paradoxon gefangen – einerseits erhebt sie sich moralisch dominierend über alle Menschen, lässt gleichsam aber keine Darstellung als selbstbewusste Glaubensverkünderin zu. Als Ideal der Frau bleibt sie demütig, bescheiden und zurückhaltend. Die „bildhaft symbolisch[e] Legendenheilig[e]",[46] wird für die Glaubensgestaltung der Frau obsolet und als Mittel zum Zweck wahrgenommen, da für sie ein Wirken in der direkten Nachfolge Jesu nicht möglich war. Geistliche Frauen gingen daher „mit Maria an Maria vorbei".[47]

---

[38] Gössmann: *Mariologische Entwicklungen*, S. 63.
[39] Vgl. Conrad: *Nähe und Distanz*, S. 176–179.
[40] Vgl. Gössmann: *Mariologische Entwicklungen*, S. 64.
[41] Zarri: *Dalla profezia alla disciplina*, S. 182, verwendet hier passend den Begriff einer *religione maschile* (männliche Religion), die der Frau nur wenig Möglichkeit zur aktiven Teilhabe bietet.
[42] Gössmann: *Mariologische Entwicklungen*, S. 80.
[43] Vgl. Ferrari-Schiefer, Valeria: *Maria nella letteratura teologica femminile della prima età moderna*, in: *Storia della mariologia. Dal modello letterario europeo al modello manualistico*, Bd. 2, hg. v. Emanuele Boaga/Luigi Gambero, Rom 2012, S. 396–406, hier: S. 397.
[44] Freitag, Werner: *Volks- und Elitenfrömmigkeit in der Frühen Neuzeit, Marienwallfahrten im Fürstbistum Münster*, Paderborn 1991, S. 205.
[45] Conrad: *Der Katholizismus*, S. 63.
[46] Conrad: *Nähe und Distanz*, S. 182.
[47] Ebd., S. 175.

3 Maria als nahbares Vorbild und Zeichen des Katholizismus – Frauenfreundliche Mariendarstellung im Kontext von Laienfrömmigkeit und kulturellen Bewegungen

Eine positiv konnotierte, frauenfreundliche Darstellung Marias findet sich indes in Werken weltlicher Autorinnen des 15. und 16. Jahrhunderts wie Marie de Gournay (1565–1645)[48] sowie den Renaissance-Schriftstellerinnen Vittoria Colonna (1490–1547) und Moderata Fonte (1555–1592).[49] Maria, die zu dieser Zeit oft die Rolle einer vermittelnden Instanz zwischen Mensch und Gott einnahm,[50] entwickelte sich zur primären Renaissanceheiligen.[51] Statt eines rein kontemplativen Modells ermöglichte etwa das Marienbild der Renaissance und des Humanismus vielen (Frauen) ab dem 15. Jahrhundert einen direkten Zugang zu Maria als Mensch zu finden.[52] Wenngleich sie eine übergeordnete Autorität darstellte, sollte insbesondere in Renaissance und Humanismus ihre Menschlichkeit im Kontext des Heiligen und weniger das Heilige als solches im Vordergrund stehen.[53]

Der Humanismus betont Schönheit als Zeichen des Göttlichen in der Welt. Die Beziehung zu Maria wird durch konkret erlebte Schönheit für den Menschen überwältigend und die Darstellung verläuft ins Überschwängliche. Durch eine solche Betrachtungsweise besteht jedoch die Gefahr, dass Maria die Grenze zur Göttlichkeit überschreitet – ein renaissance-typisches Denken, das die „Steigerung des Menschlichen […] in einen solchen Umkreis des unwiderstehlichen Göttlichen […] rück[t]".[54] Kritik kam etwa vom italienischen Reformer Girolamo Savonarola (1452–1498), der eine derartige Verherrlichung Marias als Blasphemie Gottes ablehnte[55] und im Gegensatz zur Armut der Jungfrau von Nazareth sah.[56] Dennoch betonte das humanistische Marienverständnis die Anwesenheit des Göttlichen in der Welt.[57] Der Zugang zur Gottesmutter – in ihrer menschlichen Form – war insbesondere für Frauen einfacher und weniger abstrakt als der zu Jesus. Marias Verortung im Alltag und ihr Auftreten als identifikatorischer Ort der Frau führte im 16. und 17. Jahrhundert zu einer steigenden Partizipation von Frauen im religiösen

---

[48] Vgl. ebd., S. 180.
[49] Vgl. Gerl: *Geschenk der Natur*, S. 140–142.
[50] Vgl. Delius: *Geschichte der Marienverehrung*, S. 191.
[51] Vgl. Traeger, Jörg: *Renaissance und Religion. Die Kunst des Glaubens im Zeitalter Raphaels*, München 1997, S. 42.
[52] Vgl. Conrad: *Nähe und Distanz*, S. 177.
[53] Vgl. Gerl: *Geschenk der Natur*, S. 128.
[54] Ebd., S. 123.
[55] Vgl. ebd.
[56] Vgl. Fiores, Stefano de: *Maria. Sintesi di valori. Storia culturale della Mariologia*, Turin 2005, S. 219f.
[57] Vgl. Köster, Norbert: *Unsere liebe Frau – ein Blick in die Geschichte der Marienfrömmigkeit*, in: *Katechetische Blätter* 4 (2023), S. 249–259, hier: S. 252.

Leben.⁵⁸ Sie tritt in vielfältiger Form auf: Als Anwältin der Ärmsten oder als barmherzige Mittlerin zwischen Kirche und Christus;⁵⁹ aber vor allem als Mutter der Menschen. Insbesondere in der Laienfrömmigkeit und Mystik finden sich Darstellungen Marias als Trost spendende⁶⁰ oder leidende Mutter (*mater dolorosa*). Auch in der Ikonographie wird weniger die Beziehung des Menschen zu Christus als die des Kindes zu Maria zu einem entscheidenden Motiv.⁶¹ Autor:innen der Hochrenaissance⁶² greifen positive Traditionselemente in ihren Schriften auf und stellen Maria zwar über den Menschen, entziehen ihr dabei allerdings nicht ihre Menschlichkeit. Vielmehr geht es um eine weltliche Hierarchie, in der der Mensch selbst der Regentin und Himmelskönigin untergeordnet ist.⁶³ Jacques Lefèvre d'Étaples (1455–1536) schrieb beispielsweise, „man muß bis zur Jungfrau weitergehen und nicht dort bleiben, sondern bis zu Jesus Christus gelangen und sich in ihm beruhigen, an ihm festhalten, in ihm gründen".⁶⁴ Die mariologischen Grundgedanken, die sich daraus ergeben, weichen nicht von Christus ab, stehen weder über ihm noch negieren sie ihn. Maria ist vielmehr eine Zwischenstation, die den Menschen weiterführt.

Die Vorstellung Marias als schützende Mutter oder Fürsprecherin der Menschen findet sich als positives Traditionselement in der Mystik.⁶⁵ Michael Figura beschreibt diese als eine „sehr differenziert[e] marianisch[e] Frömmigkeit",⁶⁶ die in hohem Maße affektiv und emotional geleitet ist. Diese Form der Frömmigkeit findet sich nicht ausschließlich in Gebeten, sondern auch in der Dichtung und Bildern.⁶⁷ Maria steht flehend vor den Menschen, schützt diese vor Gefahren und dem Zorn Gottes.⁶⁸ Die Steigerung des Schutzbedürfnisses der Menschen⁶⁹ lässt Maria

---

⁵⁸ Vgl. Büchner: *Maria in der Mystik*, S. 259.
⁵⁹ Vgl. Fiores: *Maria*, S. 184–193.
⁶⁰ Vgl. Gössmann: *Mariologische Entwicklungen*, S. 79.
⁶¹ Vgl. Lechner, Martin: *Art. Maria, Marienbild. IV. Das Marienbild in der Kunst des Westens bis zum Konzil von Trient*, in: *Lexikon der christlichen Ikonographie*, Bd. 3: *Allgemeine Ikonographie. Laban bis Ruth*, hg. v. Engelbert Kirchbaum, Freiburg i.Br. 2020, S. 181–199, hier: S. 186.
⁶² Zu Vittoria Colonna, Moderata Fonte oder Lucretia Marinella vgl. Gerl: *Geschenk der Natur*, S. 140–145.
⁶³ Vgl. ebd, S. 140–145.
⁶⁴ Zit. n. Gerl: *Geschenk der Natur*, S. 140.
⁶⁵ Vgl. Gössmann: *Mariologische Entwicklungen*, S. 69.
⁶⁶ Figura, Michael: *Art. Maria*, in: *Wörterbuch der Mystik* (Kröners Taschenausgabe 456), hg. v. Peter Dinzelbacher, 2. erg. Aufl., Stuttgart 1998, S. 341f., hier: S. 341.
⁶⁷ Vgl. ebd., S. 342. Ein typisches Bildmotiv ist unter anderem die *Pietà* (Vesperbild), bei der Maria mit ihrem verstorbenen Sohn auf ihrem Schoß abgebildet wird (vgl. Köster: *Unsere liebe Frau*, S. 252).
⁶⁸ Vgl. Fiores: *Maria*, S. 185.
⁶⁹ Vgl. ebd., S. 193, 200.

zum „Bollwerk gegen die Gefahren"[70] werden. Im übergeordneten zeitlichen Kontext bewegt sich die Marienmystik im Spannungsfeld zwischen der Suche nach spiritueller Erkenntnis und klarer konfessioneller Positionierung. Sie spiegelt somit im Kern den Umbruch des konfessionellen Zeitalters wider. Maria brachte „die Katholizität des Glaubens zum Ausdruck", und man konnte sich durch sie „konfessionell polemisch positionieren".[71]

Sie wird als Mensch wahrgenommen und ihre „menschliche Stärke und kreatürlich[e] Mitwirkung [...] im Kontext der Heilsgeschichte"[72] betrachtet. Als eigenständig handelnde Kraft[73] ergreift sie „die Partei [...] für die Gedemütigten, Erniedrigten, denen die Gerechtigkeit vorenthalten wird".[74] Intensiviert wird dieses Bild durch ihre kontinuierliche Anwesenheit im Erlösungsprozess sowie der Tatsache, dass der Mensch nur durch sie zu Gott gelange.[75] Dichterinnen wie Vittoria Colonna betonen intensiv jene menschlichen Aspekte Marias. Der Verlust ihres Sohnes erscheint zugleich als hoffnungsvolle Auferweckungskunde und Zeichen des anbrechenden Heilsgeschehens. Eine andere Perspektive des humanistischen Denkens zeigt sich bei der italienischen Schriftstellerin Lucretia Marinella (1571–1653). Sie thematisiert Marias Schönheit, die allerdings nicht als Sündenverlockung verstanden werden darf, sondern als Zeichen der Gottesnähe.[76] In Laienfrömmigkeit und Mystik bleiben die Menschlichkeit Marias und ihr Wirken im Alltag zentral. Nicht selten erscheint sie in den Ekstasen bekannter Mystikerinnen, u.a. als (Konvents-)Patronin, Mutter oder Vorbild. Sie wird dabei zum entscheidenden Element im Rechtfertigungsprozess der eigenen Lebensführung und Entscheidungsfindung.[77]

4 Mariendarstellung im Werk der Mystikerin Maria Maddalena de' Pazzi zwischen Tradition und Zeitgeist

Die am 2. April 1566 in Florenz geborene und dem Adel entstammende Caterina de' Pazzi[78] wurde bereits während ihrer Zeit im Karmelitinnenkloster *Santa Maria*

---

[70] Johnson, Elisabeth A.: *Marienfrömmigkeit in der Westkirche*, in: *Geschichte der christlichen Spiritualität,* Bd. 2: *Hochmittelalter und Reformation*, hg. v. Jill Raitt, Würzburg 1995, S. 400–422, hier: S. 401.
[71] Büchner: *Maria in der Mystik*, S. 259.
[72] Gössmann: *Mariologische Entwicklungen*, S. 70.
[73] Vgl. Johnson: *Marienfrömmigkeit*, S. 401.
[74] Gössmann: *Mariologische Entwicklungen*, S. 70f.
[75] Vgl. Fiores: *Maria*, S. 159, 189.
[76] Vgl. Gerl: *Geschenk der Natur*, S. 140–145.
[77] Vgl. Büchner: *Maria in der Mystik*, S. 268–273.
[78] Weltlicher Name vor Eintritt in den Konvent.

degli Angeli als mystisch begabte Frau bekannt und verehrt. Sie wuchs in einem religiösen Elternhaus auf, in dem sie vorwiegend durch ihre Mutter geprägt und zum Teil auch religiös angeleitet wurde.[79] Die Familie selbst stand in engem Kontakt mit Jesuiten, die gleichsam als Beichtväter der Familie tätig waren.[80] Caterina wurde im Kindes- und (frühen) Jugendalter in jesuitischer Spiritualität unterwiesen, einschließlich spezifischer Meditationstechniken,[81] die sich später auch in ihrer Frömmigkeit wiederfanden, bspw. in langen Gebetsphasen oder in der Meditation zu biblischen Ereignissen.[82] Ihre erste religiöse Ausbildung erhielt sie 1574 und 1580 im Konvent *San Giovannino de' Cavalieri* in der Nähe von Florenz,[83] ehe sie auf Anraten des jesuitischen Familienbeichtvaters auf das Karmelitinnenkloster *Santa Maria degli Angeli* hingewiesen wurde.[84] Sie trat 1582 in den Konvent ein und legte 1583 ihre Profess ab. Auch nach ihrem Klostereintritt wurde sie weiterhin von Jesuiten begleitet.[85] Da die Jesuiten ebenfalls an die bereits angesprochene Vorstellung der Gottesmutter als „höchst[e] Stufe der Heiligenverehrung"[86] anknüpften, wundert es nicht, dass sich dieses Element im Gesamtwerk de' Pazzis wiederfindet.

Zwischen 1584 und 1591 entstanden fünf ekstatische Schriften im Namen de' Pazzis.[87] In der ersten Schrift – *I Quaranta Giorni* (1584) – findet sich bereits eine erste kürzere Hagiographie der Florentinerin. Verfasst wurde das sogenannte *Breve ragguaglio* von Sr. Maria Pacifica del Tovaglia (1566–1627), einer Mitschwester und Kindheitsfreundin.[88] Von ihr selbst liegen handschriftlich lediglich zwei Briefe vor, die an ihren Bruder Geri gerichtet sind.[89] An der Erstellung ihres Gesamtwerkes wirkten ihre Mitschwestern als Sekretärinnen mit, die die Ekstasen und Visionen der florentinischen Nonne verschriftlichten. Durch ihre zunehmend komplexeren und längeren Ekstasen entwickelte sich auch das innerklösterliche

---

[79] Vgl. Secondin: *Die Kirche mit liebendem Herzen*, S. 99.
[80] Vgl. ebd., S. 97.
[81] Vgl. ebd., S. 100.
[82] Vgl. Copeland, Clare: *Maria Maddalena de' Pazzi. The Making of a Counter-Reformation Saint*, New York 2016, S. 27; Maggi, Armando: *Uttering the Word. The Mystical Performances of Maria Maddalena de' Pazzi, a Renaissance Visionary*, New York 1998, S. 5.
[83] Vgl. Candelori, Franco: *Il misterio di Maria nella vita e nelle opere di Santa Maria Maddalena de' Pazzi* (Dissertationes ad lauream in Pontificia Facultate Theologica „Marianum" 40), Rom 1985, S. 9.
[84] Vgl. Girolamo: *Mistiche italiane*, S. 428.
[85] Vgl. Maggi: *Uttering the World*, S. 5f.
[86] Conrad: *Der Katholizismus*, S. 63.
[87] Vgl. Catena, Claudio: *S. Maria Maddalena de' Pazzi. Orientamenti Spirituali e ambienti in cui visse*, Rom 1966, S. 47.
[88] Riccardo, Antonio: *The Mystic Humanism of Maria Magdalene de' Pazzi (1566–1607)*, in: *Creative Women in Medieval and Early Modern Italy. A Religious and Artistic Renaissance*, hg. v. È. Ann Matter/John Coakley, Pennsylvania 1994, S. 212–236, hier: S. 213.
[89] Vgl. Catena: *S. Maria Maddalena de' Pazzi*, S. 87.

System der Textproduktion. Das durch die Mitschwestern entstandene Narrativ einer charismatischen Persönlichkeit lässt de' Pazzi zu Lebzeiten zunehmend in das Licht einer Heiligen rücken. Kurz nach ihrem Tod im Jahr 1607 entstand bereits eine von der Kirche nicht autorisierte Kultbewegung. 1626 wurde sie von Papst Urban VIII. selig- und schließlich 1669 von Clemens IX. heiliggesprochen.[90]

Die nachtridentinische Zeit, in der sie aufwuchs und wirkte, war durchweg von Konflikten, konfessioneller Identitätssuche und (persönlichen) Positionierungsversuchen geprägt. Bereits im 15. Jahrhundert besaß Italien ein „komplexes Geflecht von Bündnissen, Abhängigkeits- und Schutzverhältnissen".[91] Ab 1560 wurde der Konfession zusätzliche Bedeutung beigemessen.[92] Bereits bestehende konfessionelle Konflikte erschwerten die politischen Einigungen.[93] Durch die Unruhe und die Differenzen innerhalb der Gesellschaft bestand die Notwendigkeit eines entschleunigenden, spirituellen Gegenpols, der das Individuum und dessen inneren Dialog mit Gott in den Blick nimmt. In einer intimen Beziehung zwischen Gott und Individuum wird Maria stets präsenter. Ganz im Sinne der Renaissance, möchte der Mensch mit ihr in persönlichen Kontakt treten und wendet sich im Rahmen wichtiger sozialer oder politischer Ereignisse hilfesuchend an sie.[94] De' Pazzi musste in ihrer Rolle als Mitglied einer geistlichen Frauengemeinschaft zudem die weitreichenden Konsequenzen des *Tridentinums* mittragen. Als Kind der (Spät-)Renaissance berief sie sich hinsichtlich ihrer Mariendarstellung nicht ausschließlich auf die karmelitische Marientradition, sondern auch auf kulturelle und theologische Denkweisen, Bewegungen und Traditionen ihrer Zeit.[95] Diese epochenspezifischen Einflüsse integrierte sie in ihre Schriften und ließ sie mitsamt vielfältigen Denkimpulsen der Renaissance und der Laienfrömmigkeit zu formgebenden Elementen werden.[96]

Neben dem kulturellen und gesellschaftlichen Umfeld de' Pazzis ist der Karmelitinnenkonvent *Santa Maria degli Angeli* ein Ort, der die Florentinerin nachhaltig prägte. Der Konvent wurde im Jahr 1450 von vier Frauen gegründet, die sich selbst als *Suore della Vergine Maria* bezeichneten. Das Konventsleben als Karmelitinnen war in selbstverständlicher Weise von der Gottesmutter erfüllt.[97]

---

[90] Vgl. Copeland: *Maria Maddalena de' Pazzi*, S. 1, 57, 139.
[91] Reinhardt, Volker: *Die Renaissance in Italien. Geschichte und Kultur*, 4. durchgesehene Aufl., München 2019, S. 19.
[92] Vgl. ebd., S. 16, 42.
[93] Vgl. Prosperi, Adriano: *Religion*, in: *The Cambridge Companion to the Italian Renaissance*, hg. v. Michael Wyatt, Cambridge 2014, S. 276–297, hier: S. 277.
[94] Vgl. Candelori: *Lo spirito di Maria*, S. 170.
[95] Vgl. Girolamo: *Mistiche italiane*, S. 429.
[96] Vgl. ebd., S. 427.
[97] Vgl. Bost, Alessandra: *Die Reinheit im Fokus – Die marianische Reinheit als Grundpfeiler des Tugendstrebens bei Maria Maddalena de' Pazzi (1566–1607)*, in: *(Un)Tugenden. Frömmigkeitsideale der Frühen Neuzeit* (SOFIE Schriftenreihe zur Geschlechterforschung

Die offensichtliche Namensgebung, speziell für marianische Frömmigkeitspraktiken vorgesehene (Rückzugs-)Orte im Gebäude und dessen Bezeichnung als *habitacolo di Maria*,[98] zeigen, wie präsent Maria im alltäglichen Leben de' Pazzis und ihrer Mitschwestern war. Sie wurde zur existentiellen Realität.[99] Um den Stellenwert der Gottesmutter im Leben de' Pazzis zu betonen, wurden u.a. wichtige Lebensereignisse der Mystikerin mit der Gottesmutter in Zusammenhang gebracht. So habe de' Pazzi 1587 im Namen Marias erneut ihre Ordensgelübde abgelegt[100] und deren Verehrung in ihren Ekstasen gepriesen.[101] Dabei näherte sie sich der facettenreichen Gottesmutter durch ihre bild- und symbolreiche toskanische Sprache an.[102] Traditionell bezeichnete sie Maria als Modell und Quelle des spirituellen Lebens,[103] als Sonnenlicht und Stern des Klosters sowie als Herrin über das gesamte Paradies und alle Heiligen.[104] An letzterer Stelle zeigt sich dezidiert die *hyperdulia*, die u.a. von den Jesuiten zur Grundlage gemachte „Bevorzugung Mariens im religiösen Handeln".[105] Das marienaffine Umfeld hinterließ somit nachhaltige Spuren.

Die Darstellung Marias in den Schriften de' Pazzis spricht mehrere Ebenen an, die – wenngleich auch stellenweise aus ihrem ursprünglichen Kontext herausgelöst – der Karmeliterin den Zugang zu Maria erleichtern. Wenngleich im Werk de' Pazzis die Trinität im Fokus steht, stellt die Marienmystik einen wichtigen Bestandteil der Schriften dar. Der Fokus ihrer Marienmystik liegt weniger auf der reinen Marienverehrung, sondern rückt die konfessionelle Identifikation mit der

---

27), hg. v. Elisabeth Fischer/Norbert Jung/Lina Peiffer, Homburg 2023, S. 215–244, hier: S. 226.

[98] Candelori: *Lo spirito di Maria*, S. 171; Pazzi: *Cantico*, S. 943, 1003.

[99] Vgl. Vasciaveo: *Una storia di donne,* S. 150; Girolamo: *Mistiche italiane*, S. 412.

[100] Vgl. Vasciaveo: *Una storia di donne*, S. 150.

[101] Vgl. Barzman, Karen-Edis: *Gender, Religious Representation and Cultural Production in Early Modern Italy*, in: *Gender and Society in Renaissance Italy*, hg. v. Judith C. Brown/Robert C. Davis, Edinburgh 1998, S. 213–233, hier: S. 222.

[102] Vgl. Candelori: *Lo spirito di Maria*, S. 168; Secondin: *Die Kirche mit liebendem Herzen*, S. 88. Mystik und Vernakularsprache sind spätestens seit dem 13. Jahrhundert eng miteinander verbunden, vgl. Wehr, Gerhard: *Europäische Mystik. Zur Einführung*, Hamburg 1995, S. 135. Der Gebrauch der Volkssprache erleichtert einerseits die Verbreitung mystischer Erfahrungen oder Schriften innerhalb der Gesellschaft (Calvo Moralejo, Gaspar: *Maria nell'esperienza mistica*, in: *Storia della mariologia. Dal modello letterario europeo al modello manualistico,* Bd. 2, hg. v. Emanuele Boaga/Luigi Gambero, Rom 2012, S. 407–425, hier: S. 409), andererseits aber auch im Allgemeinen das Sprechen über und das Verstehen von teils schwer artikulierbaren Emotionen im Zuge ekstatischer Entrückungszustände oder Visionen. Durch die Volkssprache wird Latein als ‚Gelehrtensprache' übernommen und Gott spricht „in die Alltäglichkeit der Menschen hinein" (Wehr: *Europäische Mystik*, S. 135).

[103] Vgl. Calvo: *Maria nell'esperienza mistica*, S. 412.

[104] Vgl. Pazzi: *Cantico*, S. 45, 132, 225, 1027.

[105] Freitag: *Volks- und Elitenfrömmigkeit in der Frühen Neuzeit*, S. 205.

Gottesmutter als maßgeblicher Heiligenfigur im Katholizismus in den Mittelpunkt.[106] Diese individuelle Identifikation vertieft die persönliche Beziehung und unterstreicht ihre Funktion als konfessionellen Marker. In de' Pazzis Marienidentifikation geht es darum die transzendente wie menschliche Gottesmutter zum Maßstab des eigenen Lebens zu machen und ihrem Willen zu folgen.[107] Als Kern der Marienmystik erkennt diese Form der Identifikation die ursprüngliche Verwandtschaft des Menschen mit Maria. Deren Bild als menschliche Mutter, das insbesondere in Renaissance und Humanismus betont wurde, ist ein zentraler Anknüpfungspunkt, der zu einer (emotionalen) Verbindung sowie einer Möglichkeit zur Imitation Mariens und gleichzeitig der Identifikation zwischen katholischer Frau und Gottesmutter führt. Wenngleich das Maß an Tugendhaftigkeit Marias unerreichbar bleibt, gibt sie den Menschen die Möglichkeit, ihr zu folgen, nachzueifern und innerhalb der eigenen Grenzen ein tugendhaftes Leben zu führen.[108] Ihr Werk betont die Menschlichkeit Marias als unumgängliche Grundprämisse. Ihre Teilhabe an der Inkarnation bindet sie dabei fest an die Menschheit. Sie besitzt eine besondere Nähe zum Göttlichen, ist jedoch selbst nur Kreatur.[109] Mit dem Menschen wird sie durch ihr irdisches Sein zugleich in eine hierarchische Beziehung gesetzt und zur „Erzieherin der Seele".[110] Eine rein göttliche Verortung wird ausgeschlossen und so die direkte Verbindung zum Menschen gewahrt. Diese grundlegende Idee der Kreatürlichkeit Mariens eröffnet auch für de' Pazzi die Identifikation mit Maria und – durch deren Teilhabe im Kontext des Göttlichen – die Möglichkeit, in die exklusive Beziehung Jesu zu Gott einzutreten.[111] Das Werk de' Pazzis ist geprägt durch die Kontrastierung sich gegenüberstehender Konzepte, die das Verhältnis des Menschen zu Gott abzubilden versuchen.[112] Der Platz Mariens im Werk der Florentinerin erinnert an die ekstatische Frauenmystik des 12. und 13. Jahrhunderts sowie an die karmelitische Spiritualität.[113] Letztere kontempliert u.a. die spirituelle und physische Schönheit Mariens, ihre göttliche Mutterschaft sowie die ihr von Gott geschenkten Gaben und dankt ihr für ihre Gnadenvermittlung.[114] Die Betonung der physischen Schönheit erinnert dabei an das

---

[106] Vgl. Büchner: *Maria in der Mystik,* S. 259; Freitag: *Volks- und Elitenfrömmigkeit in der Frühen Neuzeit,* S. 205.
[107] Vgl. Büchner: *Maria in der Mystik,* S. 270.
[108] Vgl. Pazzi: *Cantico,* S. 1130.
[109] Vgl. Girolamo: *Mistiche italiane,* S. 432.
[110] Büchner: *Maria in der Mystik,* S. 270.
[111] Vgl. Girolamo: *Mistiche italiane,* S. 272.
[112] Vgl. Girolamo, Luca di: *S. Maria Maddalena De' Pazzi. Esistenza e teologia a confronto* (Vacare Deo 21), Rom 2010, S. 133.
[113] Vgl. Fraeters, Veerle: *Visio/Vision,* in: *The Cambridge Companion to Christian Mysticism,* hg. v. Amy Hollywood/Patricia Z. Beckmann, New York 2012, S. 178–188, hier: S. 183.
[114] Vgl. Boaga, Emanuele: *Nuove Forme di Spiritualità mariana alla fine del XVI Secolo e nel XVII Secolo,* in: *Storia della mariologia. Dal modello letterario europeo al modello*

humanistische Verständnis von Schönheit als Teil des Göttlichen. Durch ihre Zustimmung zum Inkarnationsprozess[115] zeichnet de' Pazzi die Gottesmutter als aktive Teilnehmerin am Erlösungsgeschehen,[116] was die größte Distanz zum gemeinen Menschen darstellt.[117] Es zeigt sich die „Dialektik zwischen Niedrigkeit und Höhe [als] theologisch unabweisbares Merkmal der Person Mariens"[118] und die Auswirkungen einer konfessionskonfrontativen Mariendarstellung. Wenngleich die Gottesmutter durch ihre Kreatürlichkeit stets einen Bezug zum Menschen behält, so muss „die Betonung der Menschlichkeit Mariens sukzessive in ihre Erhabenheit und Heilsnotwendigkeit umschl[agen]".[119] Die Artikulation der Größe und Unerreichbarkeit Marias, die mehr als alle anderen Geschöpfe an Gott selbst teilnimmt, steht im Zentrum.[120] Die hierarchische Andersheit Marias wirkt teilweise gegenläufig und changiert zwischen Ver- und ‚Entmenschlichung'. In mehreren Passagen wird diese paradoxe Gegenüberstellung jedoch gelöst und die Zugehörigkeit zum Menschen explizit betont. Dem Menschen wird lediglich die Teilhabe an Maria basierend auf ihrer hierarchischen Position und ihrer Nähe zum Göttlichen, nicht aber aufgrund ihrer vermeintlichen Göttlichkeit verwehrt.[121] Spricht man nun von einer ‚Entmenschlichung' der Gottesmutter in den Schriften der florentinischen Mystikerin, so wird dies dem eigentlichen Geschehen nicht gerecht. Es kommt ihr auch in ihrer Menschlichkeit ein „‚Mehr' an Verehrung [zu], durch das sie allein auf der höchsten Stufe […] stand".[122]

Die Imitation der heiligen Jungfrau, als ein Merkmal der Marienmystik und karmelitischen Marienfrömmigkeit, kann nur auf Christus hin gedacht werden. Die karmelitische Marienverehrung ist zutiefst christozentrisch. Maria mündet stets in Gott und fungiert auf dem Weg zu ihm als Beschützerin und Begleiterin – als *mediatrix*.[123] Das Nicht-Verharren bei Maria trifft den Kern der christozentrischen Marienverehrung de' Pazzis. Die Imitation Mariens wird oft im Kontext spiritueller Mutterschaft betrachtet.[124] Parallel dazu erkennt man bei de' Pazzi eine Bewegung vom Mutter-Sein zum Mutter-Leiden. Durch Maria erfährt de' Pazzi spirituelle Mutterschaft, aber auch Schmerz durch ihre Teilhabe an der Passion

---

manualistico, Bd. 2, hg. v. Emanuele Boaga/Luigi Gambero, Rom 2012, S. 478–499, hier: S. 490, 492.
[115] Vgl. Vasciaveo: *Una storia di donne,* S. 65.
[116] Vgl. Girolamo: *Mistiche italiane,* S. 440.
[117] Vgl. Pazzi: *Cantico,* S. 1133.
[118] Büchner: *Maria in der Mystik,* S. 270.
[119] Ebd.
[120] Vgl. Pazzi: *Cantico,* S. 135.
[121] Vgl. ebd., 901.
[122] Conrad: *Der Katholizismus,* S. 63.
[123] Vgl. Boaga: *Nuove Forme di Spiritualità,* S. 490f.
[124] Vgl. Consolino, Franca Ela: *Ascetismo e monachesimo femminile in Italia dalle origini all'età longobarda (IV–VIII Secolo),* in: *Donne e fede. Santità e vita religiosa in Italia,* hg. v. Lucetta Scaraffia/Gabriella Zarri, Bari 1994, S. 3–42, hier: S. 8.

Christi.¹²⁵ Wenngleich die Mantelsymbolik in der Hochrenaissance zunehmend an Bedeutung verlor,¹²⁶ hatte sie bei de' Pazzi einen hohen Stellenwert. Der Mantel wird zum geschützten Raum und Zufluchtsort geistlicher Frauen. Missachtung der Tugenden oder Ordensgelübde deutet die Mystikerin als Ablehnung der mütterlichen/menschlichen Hilfe Mariens.¹²⁷ Es hindere Maria, die Schwestern schützend in ihre Obhut zu nehmen.¹²⁸

Diese schützende Funktion der Gottesmutter ist im Werk de' Pazzis nicht einheitlich gestaltet. Zwar dominiert die affektiv-emotionale Darstellung Mariens als liebevolle Zuflucht, doch tritt sie vereinzelt auch in einer kontrastierenden, männlich konnotierten Schutzrolle als Kriegerin oder Königin auf, die eine Rüstung trägt und bewaffnet ist, um die Bräute ihres Sohnes vor Gefahren zu schützen.¹²⁹ Diese Darstellungsform erinnert an die *militia Christi*, die sich auf das Bild eines christlichen Soldaten bezieht, der „zum Topos christlicher Lebensweise schlechthin ausgestaltet [wird]".¹³⁰ Somit kommen ihr dezidiert Merkmale einer „christliche[n] ‚Männlichkeit'"¹³¹ zu, die ursprünglich der Charakterisierung des Klerus zugeordnet wurde.¹³²

Das konfessionelle Zeitalter als Umbruchsphase spaltet die Kirche und lässt in diesem gravierenden Eingriff die katholische Ordensfrau beinahe gänzlich hinter den Konventsmauern verstummen. Eine Marienfrömmigkeit, wie sie im Werk de' Pazzis zu finden ist, kann als Kritik an der von Männern dominierten Kirche verstanden werden.¹³³ Die frauenfeindliche Darstellung Marias als unerreichbares Ideal und Zeichen weiblicher Unzulänglichkeiten findet hier keinen Platz. Ihre gelegentlichen ‚Entmenschlichungstendenzen' stehen – im großen Bild betrachtet – stets im Zusammenhang mit der Inkarnation, sodass sich nicht von einer gänzlichen Verbannung Marias aus der menschlichen Sphäre sprechen lässt. Um ein

---

¹²⁵ Vgl. Pazzi: *Cantico*, S. 1033.
¹²⁶ Vgl. Tschochner, F.: *Art. Mantel*, in: *Marienlexikon,* Bd. 4: *Lajtha – Orangenbaum,* hg. v. Institutum Marianum Regensburg e.V., St. Ottilien 1992, S. 266f., hier: S. 267.
¹²⁷ Vgl. Pazzi: *Cantico*, S. 45f.
¹²⁸ Vgl. ebd., S. 134. In ihrer schützenden Tätigkeit zeigt sich die Mütterlichkeit Marias. Daneben ist es der weltliche Schmerz, der ihre Mutterschaft aufweist. Durch den Tod ihres Sohnes wird sie zur *mater dolorosa*. Sie wird greifbar, da sie „voller Schmerz den Tod ihres Sohnes beklagt" (Conrad: *Nähe und Distanz*, S. 177). Hierin sieht man, so Hanna-Barbara Gerl, eine „Auferweckungskunde" (Gerl: *Geschenk der Natur*, S. 141), die das zukünftige Erlösungsgeschehen einleitet.
¹²⁹ Vgl. Pazzi: *Cantico*, S. 132, 489.
¹³⁰ Bill-Mrziglod, Michaela: *Die militia Christi. Zu einem Topos des asketischen Kampfes in frühneuzeitlichen Erbauungswerken*, in: *Asketische Selbstbeschränkungen und Entgrenzungsstrategien. Religion – Politik – Geschlecht* (Kulturelle Grundlagen Europas 8), hg. v. Dies., Berlin 2021, S. 93–117, hier: S. 93.
¹³¹ Ebd., S. 94.
¹³² Vgl. ebd.
¹³³ Vgl. Köster: *Unsere liebe Frau*, S. 251.

Vorbild zu sein, darf sie nicht der Menschlichkeit enthoben werden. Der geistlichen Frau ermöglicht dieses Bild einen persönlichen Zugang zu Maria sowie eine konfessionelle Identitätsvergewisserung. Eine Identifikation mit und eine Imitation der Gottesmutter eröffnet somit insbesondere für die geistliche Frau eine kirchenpolitische Dimension: die konfessionelle Positionierung gegen den Protestantismus in einer radikalen Zeit des Umbruchs.

5 Fazit

Die zwischen Spätmittelalter und Früher Neuzeit vorherrschenden Mariendarstellungen differieren teilweise sehr deutlich voneinander und nehmen extreme Oppositionen ein. So wird die Gottesmutter aus der Perspektive von Kirchenvertretern teilweise als verzerrtes und (insbesondere für die Frau) unerreichbares Idealbild dargestellt, während in der Laienfrömmigkeit vermehrt die menschlichen Aspekte Mariens und deren Bedeutung für den Menschen in den Fokus rücken. Sie ist liebevolle Mutter und Schützerin in bedrohlichen Situationen, Fürsprecherin oder Wegbegleiterin. Spätestens in der nachtridentinischen, konfessionellen Zeit steigt in weltlichen und geistlichen Kreisen das Interesse an der Gottesmutter beinahe drastisch. Als Figur, die charakteristisch für den katholischen Glauben ist, wird sie – in Folge der Reformation– zum konfessionellen Marker, zur notwendigen Mittlerin zwischen Mensch und Gott, in dem sich der Protestantismus vom Katholizismus scheidet.

Maria Maddalena de' Pazzi orientiert sich in ihrer Mariendarstellung nicht einzig an den Traditionslinien ihres ohnehin marienaffinen Konvents, sondern überschreitet diese, indem sie auch kulturelle und epochenspezifische Denkimpulse, wie etwa das Renaissanceverständnis der Figur Mariens, in ihre Schriften miteinbezieht. Durch die kirchliche Verklärung Marias als Idealbild verliert diese bei geistlichen Frauen an Einfluss. In einer Zeit des Umbruchs, die sich durch die intensive Suche nach der eigenen konfessionellen Identität kennzeichnet, ist gerade für die geistliche Frau eine Identifikationsfigur unverzichtbar. In ihren Schriften lässt de' Pazzi Maria wieder nahbarer wirken. Sie betont die hierarchisch überlegene Position und die Andersartigkeit Mariens gegenüber der übrigen Menschheit, entzieht sie jedoch nicht der menschlichen Sphäre. In der Dialektik zwischen Auf- und Abwärtsbewegung, zwischen Niedrigkeit und Höhe der Gottesmutter zeigt sich in den Schriften de' Pazzis die Spannung des sich im Umbruch befindlichen Marienbildes. Vielmehr lässt sich die Koexistenz einer menschlichen und übermenschlichen Darstellungsform Marias sowie das Interesse an ihr als Individuum und Person erkennen. Sie ist Mensch, „der nicht in der Übergröße des Göttlichen

[…] [verschwindet], sondern seine nahen, vertrauten, ja bekannten Konturen [behält]".[134] Anstelle der zeittypischen misogynen Herabwürdigung des weiblichen Geschlechts hält de' Pazzi für die geistliche Frau die Option bereit, sich mit Maria zu identifizieren und sie zu imitieren. Zudem bringt sie ein emanzipatorisches Element in das Selbstverständnis der geistlichen Frau mit ein. Maria wird zum Ausdruck sprach- und handlungsfähiger weiblicher Katholizität in den durch Konfessionalisierung bedingten gesellschaftlichen und religiösen Umbrüchen der Frühen Neuzeit.

---

[134] Gerl: *Geschenk der Natur*, S. 125.

STEFANIE VOCHATZER

Erziehung zur Hausfrau und Mutter? Geschlechterspezifische Umbrüche in der Mädchenerziehung des 18. Jahrhunderts

1 Einleitung

Öffentlichkeit und Privatheit – zwei Sphären, die in der Geschichte der Aufklärung voneinander getrennt werden, eine räumliche Trennung, mit der auch die Trennung der Geschlechter einhergeht. Frauen bleiben im Häuslichen, während Männer sich in der sogenannten Öffentlichkeit bewegen – eine unkritische Erzählung, welche unter anderen durch Jürgen Habermas vorangetragen wurde.[1] Es verwundert somit nicht, dass auch die Geschichten über Erziehung in der Aufklärung vornehmlich solche sind, welche Jungen und Männer in den Vordergrund rücken, während die Frage nach der Lebenswelt von Mädchen und jungen Frauen[2] „ausgeklammert oder gar vergessen"[3] wird. Folglich werden in den Geschichten der Pädagogik sogenannte Klassiker wie Jean-Jaques Rousseau (1712–1778) oder Johann Heinrich Pestalozzi (1746–1827) oftmals unkritisch platziert und als Redensführer aufgeklärter Erziehung markiert.[4] Dass sich die Historiografie der Erziehung nicht weiter auf einer solchen einseitigen Geschichtsschreibung ausruhen

---

[1] Vgl. Habermas, Jürgen: *Strukturwandel der Öffentlichkeit. Untersuchungen zu einer Kategorie der bürgerlichen Gesellschaft*, Berlin 1990.
[2] In diesem Artikel werden die Begriffe Mann/Frau bzw. Jungen/Mädchen als konstruierte bipolare Geschlechterdifferenz in Anlehnung an die herangezogene Quelle verwendet. Zur Diskussion der Geschlechterkonstruktion vgl. Opitz-Belakhal, Claudia (Hg.): *Geschlechtergeschichte*, Frankfurt a.M. 2018; Felden, Heide von: *Geschlechterkonstruktion und Frauenbildung im 18. Jahrhundert. Jean Jaques Rousseau und die zeitgenössische Rezeption in Deutschland*, in: *Handbuch zur Frauenforschung*, hg. v. Wiltrud Gieseke, Wiesbaden 2001, S. 25–35.
[3] Kleinau, Elke/Opitz, Claudia: *Vorwort*, in: *Geschichte der Mädchen- und Frauenbildung. Vom Mittelalter bis zur Aufklärung*, hg. v. Diess., Frankfurt 1996, S. 9–13, hier: S. 10.
[4] Vgl. Engelmann, Sebastian: *Alles wie gehabt? Zur Konstruktion von Klassikern und Geschicht(en) der Pädagogik*, in: *Erinnern, Umschreiben, Vergessen. Die Stiftung des disziplinären Gedächtnisses als soziale Praxis*, hg. v. Markus Rieger-Ladich/Anne Rohstock/Karin Amos, Weilerswist 2019, S. 65–94; Hansmann, Otto: *Jean-Jaques Rousseau (1712–1778). Über die Kunst der Erziehung zur moralischen Freiheit in der entfremdeten Welt,*

kann, ist spätestens durch die Bemühungen der (historischen) Frauen- und Geschlechterforschung deutlich geworden. So untersuchten Claudia Opitz, Ulrike Weckel und Elke Kleinau in ihrem im Jahr 2000 erschienenen Sammelband *Tugend, Vernunft und Gefühl* die Geschlechterdiskurse der Aufklärung und weibliche Lebenswelten. Dabei halten die Autorinnen eine Beobachtung in Bezug auf ihre Recherchen prominent in der Einleitung fest: „Betrachtet man die Forschung zur Aufklärung, so drängt sich der Eindruck auf, es habe sich bei diesem gesellschaftlichen Aufbruch um eine Bewegung von Männern für Männer gehandelt".[5]

Diese Stoßrichtung aus der Frauen- und Geschlechterforschung zeigt, dass sich Frauen in den Diskussionen um Erziehung nicht nur beteiligten, sondern auch Gegenvorschläge entwarfen. Zahlreiche Publikationen gehen der zeitgenössischen Kritik an Rousseau nach,[6] zeigen die Rolle weiblicher Autorenschaft von 1700–1900 auf,[7] bearbeiten Vorstellungen von Geschlechterordnungen[8] und stellen umfangreiche Recherchen zur Bedeutung der Mädchen- und Frauenbildung an.[9] Innerhalb des sich im 18. Jahrhundert entwickelnden Diskurses über die Erziehung und Bildung des weiblichen Geschlechts, sind es besonders die Stimmen von Frauen, die von Interesse sind, um die Diskussionslinien über Mädchenerziehung in der Aufklärung zu ergänzen und nachzuzeichnen.[10] Denn wie Heide von Felden

---

in: *Klassiker der Pädagogik. Die Bildung der modernen Gesellschaft*, hg. v. Bernd Dollinger, Wiesbaden 2011, S. 27–52; Osterwalder, Fritz: *Johann Heinrich Pestalozzi (1746–1827). Von der Erziehung als Reform der Gesellschaft zur Erziehung zur Innerlichkeit – große Erwartungen, wiederholte Misserfolge, der Weg zur Pädagogischen Erlöser-Figur und Klassiker*, in: *Klassiker der Pädagogik. Die Bildung der modernen Gesellschaft*, hg. v. Bernd Dollinger, Wiesbaden 2011, S. 53–74.

[5] Opitz, Claudia/Weckel, Ute/Kleinau, Elke: *Einleitung*, in: *Tugend, Vernunft und Gefühl. Geschlechterdiskurse der Aufklärung und weibliche Lebenswelt*, hg. v. Diess., Münster 2000, S. 1–15, hier: S. 7.

[6] Vgl. Felden, Heide von: *Die Frauen und Rousseau. Die Rousseau-Rezeption zeitgenössischer Schriftstellerinnen in Deutschland*, Frankfurt a.M. 1997; Dies.: *Geschlechterkonstruktion und Frauenfrage*.

[7] Vgl. Kord, Susanne: *Sich einen Namen machen. Anonymität und weibliche Autorschaft 1700–1900*, Stuttgart/Weimar 1996.

[8] Vgl. Felden, Heide von: *„Rousseau, der sich des Herzens bemächtigte, weil er die Tugend zur Leidenschaft machte" (Sophie von la Roche). Zur Rousseau-Rezeption in Schriften von Frauen in Deutschland um 1800*, in: *Aufbrüche – Anstöße. Frauenforschung in der Erziehungswissenschaft*, hg. v. Heike Fleßner, Oldenburg 1995, S. 11–49; Weckel, Ulrike u.a. (Hg.): *Ordnung, Politik und Geselligkeit der Geschlechter des 18. Jahrhunderts*, Göttingen 1998.

[9] Vgl. Kleinau, Elke/Opitz, Claudia (Hg.): *Geschichte der Mädchen- und Frauenbildung. Vom Mittelalter bis zur Aufklärung*, Frankfurt 1996.

[10] Kleinau, Elke/Mayer, Christine: *Caroline Rudolphi (1754–1811), Amalie Holst, geb. von Justi (1758–1829) und Berry Gleim (1781–1827)*, in: *Erziehung und Bildung des weiblichen Geschlechts. Eine kommentierte Quellensammlung zur Bildungs- und Berufsbildungsgeschichte von Mädchen und Frauen*, hg. v. Diess., Weinheim 1996, S. 70–82, hier: S. 70.

formuliert, birgt der Einbezug der Schriften von Frauen „die Perspektive der Frauen selbst kennenzulernen, sie als Handelnde und Mitwirkende am gesellschaftlichen Diskurs zu betrachten und nicht mehr ausschließlich als Opfer von Zuschreibungen".[11] Anhand zahlreicher Quellenmaterialien lässt sich nachverfolgen, wie Frauen auf zeitgenössische männliche Schriften kritisch reagierten. Von Felden arbeitet dieses Phänomen am Beispiel einiger Pädagoginnen im deutschsprachigen Raum heraus,[12] auch Kleinau und Mayer verweisen in diesem Zusammenhang auf Erziehungsschriften von Pädagoginnen und setzen diese mit dem Schwerpunkt der Mädchenerziehung zu zeitgenössischen Ideen ins Verhältnis.[13] Neben Werken eher bekannter Pädagoginnen wie Amalia Holst (1758–1829) und Betty Gleim (1781–1827) ist es die Erziehungsschrift der Pädagogin Caroline Rudolphi (1754–1811), die von den Autorinnen hervorgehoben wird.[14] Rudolphis Erziehungsintentionen werden als „stark von den Ideen Rousseaus und seinem Bildungsideal im Hinblick auf das weibliche Geschlecht geprägt"[15] beschrieben. Auch wenn sich Rudolphis Werk im Gegensatz zu anderen Erziehungsschriften ihrer Zeit weniger progressiv zeigt, sorgte sie dennoch für Aufsehen und Reichweite. So wurde die erste Ausgabe ihres Bandes *Gemälde weiblicher Erziehung* (1807) bis ins Jahr 1857 viermal neu verlegt, im Jahr 1807 wurde das Werk ins Niederländische und 1813 ins Schwedische übersetzt, was eine breite Leser:innenschaft des Erziehungsromans unterstreicht.[16] Kleinau und Mayer halten fest, dass das Werk „[v]on den pädagogischen Koryphäen ihrer Zeit [...] zustimmend aufgenommen"[17] wurde. Diese Aussage bestätigt sich in der 1838 erschienenen Ausgabe ihres Werks, in welcher der Pädagoge Friedrich Heinrich Christian Schwarz (1766–1837) das Vorwort verfasste und Rudolphi und ihr Werk positiv hervorhob.[18] Trotz der positiven Resonanz auf die Erziehungsschrift sorgte sie im Kreis der Romantiker für Aufsehen. Der Schriftsteller, Germanist und Pädagoge Georg Reinbeck (1766–1849) erhob im November 1807 eine „Schmähschrift"[19] gegen Rudolphi. Der Vorwurf: Ihr Erziehungsinstitut gefährde den Nachwuchs sittlich, da es dem Erziehungsziel „Mann und Kinder zu beglücken"[20] nicht nachgehe. Es folgte eine Erklärung zur Ehrenrettung des *Triumvirats*, bestehend aus Joseph

---

[11] Felden: *Rousseau*, S. 12.
[12] Vgl. Felden: *Die Frauen und Rousseau*.
[13] Vgl. Kleinau/Mayer: *Caroline Rudolphi*.
[14] Vgl. ebd.
[15] Ebd., S. 71.
[16] Vgl. ebd.
[17] Ebd.
[18] Vgl. Schwarz, Friedrich Heinrich: *Vorrede [1815]*, in: Caroline Rudolphi: *Gemälde weiblicher Erziehung 1. Theil*, mit einer Vorrede von F. H. C. Schwarz, Heidelberg 1838, S. v–xxxviii.
[19] Scheidle, Ilona: *Heidelbergerinnen, die Geschichte schrieben. Frauenportraits aus fünf Jahrhunderten*, München 2006, S. 49.
[20] Ebd.

Görres (1776–1848), Clemens Brentano (1778–1842) und Ludwig Achim von Arnim (1781–1831), welche scheiterte.

Vor dem Hintergrund der sowohl positiven als auch negativen Reaktionen auf Rudolphis pädagogische Ideen wird in diesem Beitrag ein vertiefender Blick auf ihre Erziehungsschrift geworfen. Denn die Reaktionen auf ihr Werk lassen vermuten, dass dargestellte Inhalte gesellschaftliche Normen hinterfragen und gleichzeitig einen wesentlichen Beitrag zur Frage der Erziehung von Mädchen leisten. Im Folgenden soll vor allem Rudolphis Verständnis von Weiblichkeit herausgearbeitet werden, denn dieses ist federführend für ihre pädagogische Arbeit innerhalb des Mädcheninstituts. Weiterhin wird ihr Werk und damit vor allem die Art und Weise des Schreibens als weibliche Autorin kontextualisiert. Beispielhaft zeigt dieser Beitrag anhand Rudolphis Werk, dass ihr Begriff von Weiblichkeit durchaus als ein weit gefasster gelesen werden kann, sie die gesellschaftlichen Verhältnisse kritisch hinterfragt und für die Bildung von Mädchen plädiert. Das Werk *Gemälde weiblicher Erziehung* lässt sich so als eine kritische Reaktion innerhalb der zeitgenössischen Diskussion der Erziehung von Mädchen in der Aufklärung lesen, die Konflikte und Kontroversen befördert. Die Diskussion über die Mädchenerziehung markiere ich als Beginn eines Umbruchs im Denken über Weiblichkeit und weibliche Erziehung. Dieser Umbruch befördert Debatten, kontroverse Diskussionen und Reaktionen auf gesellschaftliche Vorstellungen zur Bildung und Erziehung von Mädchen. Um Rudolphis Verständnis von Weiblichkeit und der damit einhergehenden Kritik an gesellschaftlichen Erwartungshaltungen und Konstruktionen aufzuzeigen, wird in diesem Beitrag in einem ersten Schritt ein kurzer biografischer Abriss skizziert und Spezifika weiblicher Autorenschaft erläutert. Die dann folgenden Abschnitte geben Einblick in ausgewählte Textstellen des Erziehungsromans *Gemälde weiblicher Erziehung*. Zunächst gehe ich auf Rudolphis Kritik an Pädagogen ihrer Zeit ein und stelle in diesem Zug die Strategien weiblicher Autorenschaft zur Meinungsäußerung dar. Die dann folgenden Textstellen demonstrieren das Hinterfragen normativer Weiblichkeitsvorstellungen und wie diese pädagogisch entkräftet werden können, bevor eine Abschlussbetrachtung folgt.

2 Kontextualisierung

Rudolphi wurde 1753 in Magdeburg geboren und wuchs als Halbwaise bei ihrer Mutter ohne systematische Bildung auf. Ihre Kindheit beschreibt sie bis in das 13. Lebensjahr als „trostlose Einsamkeit mit der Mutter [...] eine Kindheit, die fast an allen kindlichen Freuden verarmt war".[21] Vor allem durch den frühen Tod des Vaters verfiel Rudolphis Mutter in Erschöpfung und Antriebslosigkeit.[22] Während Rudolphis Bruder Ludwig (1801–1849) daraufhin in ein Erziehungsinstitut nach Halle gebracht wurde, blieb sie bei der Mutter und litt „durch die Mutter und mit ihr oft schmerzlich".[23] Zusätzlich war die Familie finanziellen Notlagen ausgesetzt, weshalb Rudolphi schon früh in erwerbstätige Arbeiten wie das Nähen einbezogen wurde.[24] Anstatt wie ihr Bruder institutionelle Bildung zu erfahren, war Rudolphi, wie für ihre Zeit typisch, als Mädchen von der Bildung der Mutter abhängig.[25] Dies hatte zur Folge, dass die Bibel lange Zeit ihre einzige Lektüre blieb.[26] Nach ihrer Tätigkeit als Näherin trat Caroline Rudolphi 1778 im Alter von 25 Jahren ihre erste Stelle als Gouvernante in Trollhagen bei einer Familie namens Röpperts an.[27] Die vier Kinder der Familie unterrichtete Rudolphi in Briefstil, Literatur, Musik, Geschichte, Geografie, Handarbeiten, Zeichnen und Philosophie – Fähigkeiten, die Rudolphi sich selbst erschlossen hatte. Im Jahr 1783 gründete Rudolphi ihre erste pädagogische Einrichtung, das „Erziehungsinstitut für junge Demoiselles" in Trittau. In den kommenden Jahren verlegte sie das Institut aufgrund finanzieller Schwierigkeiten zunächst nach Billwärden bei Hamburg, später nach Hamm, und im Jahr 1803 schließlich nach Heidelberg. Im Rahmen des Instituts wurden bis zu 24 Mädchen im Alter von sechs bis einundzwanzig Jahren erzogen und teilweise zu Erzieherinnen ausgebildet.[28] Dabei war das Institut familienähnlich gestaltet, weshalb Rudolphi davon absah, mehr Schülerinnen aufzunehmen als sie gerecht werden konnte. Rudolphi ging davon aus, dass „das wahre Familienverhältnis einer solchen Anstalt zu Grunde gehen müsse, sobald sie zur Ungebühr anwächst, und jedes einzelne Kind nicht mehr genau gekannt, und nach der Kenntnis seines eigensten Wesens behalten werden kann".[29]

Die Pädagogin unterrichtete die Mädchen und jungen Frauen im Lesen, Schreiben, Französisch, Handarbeiten und Geografie – für weitere Fächer wie Zeichnen

---

[21] Rudolphi, Caroline: *Schriftlicher Nachlass von Caroline Rudolphi. Mit dem Portrait der Verfasserin. Zum Besten der in Heidelberg errichteten Kleinkinderanstalt*, Heidelberg 1835, S. 7.
[22] Vgl. Perry, Gudrun: *Das Leben der Caroline Rudolphi (1753–1811). Erzieherin – Schriftstellerin – Zeitgenossin*, Heidelberg 2010, S. 18.
[23] Rudolphi: *Schriftlicher Nachlass*, S. 18.
[24] Vgl. Bredow, M.: *Karoline Rudolphi. Eine Pädagogin des 18. Jahrhunderts*, in: *Frauenbildung* 3 (1904), S. 201–210, hier: S. 201f.
[25] Vgl. Meise, Helga: *Bildungslust und Bildungslast in Autobiographien von Frauen um 1800*, in: *Geschichte der Mädchen und Frauenbildung. Vom Mittelalter bis zur Aufklärung*, hg. v. Elke Kleinau/Claudia Opitz, Frankfurt 1996, S. 453–466, hier: S. 460.
[26] Vgl. Schwarz: *Vorrede*, S. xxxiii.
[27] Vgl. Kleinau/Mayer: *Caroline Rudolphi*, S. 71.
[28] Vgl. ebd.
[29] Rudolphi: *Schriftlicher Nachlass*, S. 51.

oder Tanzunterricht waren zusätzliche Hauslehrer angestellt.[30] Rudolphi war, wie Kleinau und Mayer festhalten, „eine bekannte Erzieherin und gefeierte Dichterin".[31] Sie war nicht nur Institutsleiterin, sondern auch angesehenes Mitglied im gelehrten Reimarus-Kreis[32] und vor allem unter den Philanthropen:innen ihrer Zeit bekannt. So galt ihr Institut als Pendant zur Knabenschule von Joachim Heinrich Campe (1711–1801). Weiterhin war Rudolphi die einzige weibliche Mitautorin in Campes epochalem Revisionswerk *Allgemeine Revision des gesamten Schul- und Erziehungswesens*.[33] Das 1785 erschienene Werk ist eine mehrbändige Sammlung und systematische Darstellung pädagogischer Ideen und Methoden, die zur Professionalisierung des Schulwesens beitrug.

Von 1805 bis 1807 schrieb Rudolphi ihre Erziehungsschrift *Gemälde weiblicher Erziehung*, welches in der Form eines Briefromans verfasst wurde. Diese Art des Schreibens ist für Rudolphis Zeit die typisch weibliche Form der Publikation. Da die Gelehrtenbriefe zu Beginn des 18. Jahrhunderts meist in lateinischer Sprache verfasst wurden, war der Zugang für die meisten Frauen zu diesem Medium erschwert. Doch der Gelehrtenbrief verlor mit dem aufkommenden Zeitschriftenwesen an Bedeutung. Gerade für Frauen wie Rudolphi, die keine höhere Bildung erfuhr, blieb der Briefwechsel ein wichtiges Instrument der Wissensvermittlung:

---

[30] Vgl. Kleinau/Mayer: *Caroline Rudolphi*, S. 71.
[31] Ebd., S. 70.
[32] Der Reimarus-Kreis ist namentlich auf die Familie des Arztes und Professors für Naturwissenschaften Johann-Albert Heinrich Reimarus (1729–1814) und seine Schwester Elise Reimarus (1735–1805) zurückzuführen. Elise Reimarus war Pädagogin, Schriftstellerin und Übersetzerin und lehrte Rudolphis Schülerinnen im musikalischen und künstlerischen Unterricht (vgl. Scheidle: *Heidelbergerinnen*, S. 44). Der „Teetisch" der Familie Reimarus entwickelte sich von freundschaftlichen Treffen, bei denen gesellige Unterhaltungen geführt und literarische Werke diskutiert wurden, zu einer „Institution des gesellschaftlichen Netzwerks der Gebildeten [...] ein Muster aufklärerischer Geselligkeit" (Tolkemitt, Brigitte: *Knotenpunkte im Beziehungsnetz der Gebildeten. Die gemischte Gesellschaft in den offenen Häusern der Hamburger Familien Reimarus und Sieveking*, in: *Ordnung, Politik und Geselligkeit der Geschlechter des 18. Jahrhunderts*, hg. v. Ulrike Weckel u.a., Göttingen 1998, S. 167–202, hier: S. 177). Weitere Angehörige des inneren Kerns bildeten die Familie Sieveking, die bekannt für ihr philanthropisches Wirken war, der Komponist Johann Sebastian Bach (1685–1750) und der Dichter und literarische Aufklärer Friedrich Gottlieb Klopstock (1724–1803), den Rudolphi schon als Kind verehrte.
[33] Campe, Joachim Heinrich: *Allgemeine Revision des gesamten Schul- und Erziehungswesens. Von einer Gesellschaft praktischer Erzieher*, Hamburg 1785; dazu: Kleinau, Elke: *Pädagoginnen der Aufklärung und ihre Bildungstheorien*, in: *Tugend, Vernunft und Gefühl. Geschlechtergeschichte der Aufklärung und weibliche Tugend*, hg. v. Claudia Opitz/Ulrike Weckel/Elke Kleinau, Münster 2000, S. 309–339, hier: S. 310; Mayer, Christine: *Erziehung und Schulbildung für Mädchen*, in: *Handbuch der deutschen Bildungsgeschichte*, Band II: *18. Jahrhundert. Vom späten 17. Jahrhundert bis zur Neuordnung Deutschlands um 1800*, hg. v. Notker Hammerstein/Ulrich Herrmann, München 2005, S. 188–212, hier: S. 197.

„private Briefe [enthielten] im 18. Jahrhundert mehr als die Mitteilung persönlicher und alltäglicher Lebensumstände. Die Grenze zur Literatur, die den Briefroman zur Mode erhob, ebenso wie zum Journalismus, der die Form des Leserbriefes entdeckte und das öffentliche, politische Leben kommentierte, war unscharf".[34] Eben jene Unschärfe wurde vor allem von Frauen genutzt, um Themen von öffentlicher Bedeutung aufzugreifen und privat zu kommentieren. Der Brief war „Verständigungsmittel zwischen (privatem) Individuum und (öffentlicher) Gruppe [...], solange seine Rezeption noch (halb-) öffentlichen Charakter hatte".[35] Dieser (halb-)öffentliche Charakter zeigte sich darin, dass die Briefe in größeren Kreisen besprochen und kritisiert wurden. Briefe waren somit Teil eines normativen Diskurses, der sich auf das Verhältnis von Geschlechtern bezog. Der Brief einer Frau musste eine entsprechende Form vorweisen: „Er sollte in zierlicher Schrift und hübsch leserlich abgefaßt werden".[36] Der Brief galt somit zum einen als Wissensvermittlung, aber erfüllte auch die Funktion weiblicher (normativer) Bildung und wurde so zur weiblichen Textform erklärt.[37] Die im 18. Jahrhundert entstandenen brieftheoretischen Überlegungen sahen von der formalisierten Tradition des Gelehrtenbriefes ab, der weibliche Brief sollte einem natürlichen Gespräch gleichkommen: „Was dabei als typisch weibliche Bescheidenheit oder Unsicherheit erscheint, entspricht gleichzeitig der antiken *captatio benevolentiae* und weist die gebildete Briefschreiberin aus. Stilvorgabe und Weiblichkeitserwartungen ergänzen sich".[38] Nicht selten sind deshalb auch sogenannte Entschuldigungsfloskeln in Briefen wie Briefromanen zu finden, welche die eigenen Aussagen vor allem im Zusammenhang mit Meinungsäußerungen relativieren. Äußert Rudolphi Kritik an ihren Zeitgenoss:innen oder rechtfertigt sich die Autorin dafür, systematische Gedanken zu Mädchenerziehung zu publizieren, so wird dies folglich in Floskeln eingebettet, die ihre Kompetenz, oftmals in Bezug auf ihren ‚weiblichen Charakter', in Frage stellen. Die Autorin scheint dies zu nutzen, um ihre eigene Meinung zu äußern, eine Strategie, die auch von Kord[39] nachgezeichnet wird. Trotz der regulierenden Vorgaben des Schreibens, die Rudolphi als weibliche Autorin bedient, wird in dem Werk Kritik an zeitgenössischen, männlich geprägten Vorstellungen weiblicher Erziehung deutlich. Ebenso nutzt die Autorin das Werk, um gesellschaftliche Vorstellungen von Weiblichkeit zu kritisieren und Gegenvorschläge, die auf einer weit gefassten Vorstellung von Weiblichkeit und weiblichen Verhaltensweisen basieren, zu unterbreiten. Der Briefroman als weibliches Medium zeigt das Spannungsverhältnis der Frauen im 18. Jahrhundert deutlich

---

[34] Niemeyer, Beatrix: *Der Brief als weibliches Bildungsmedium im 18. Jahrhundert*, in: *Geschichte der Mädchen und Frauenbildung. Vom Mittelalter bis zur Aufklärung*, hg. v. Elke Kleinau/Claudia Opitz, Frankfurt 1996, S. 440–452, hier: S. 443.
[35] Ebd., S. 443f.
[36] Ebd., S. 445.
[37] Vgl. ebd., S. 445f.
[38] Ebd., S. 446 (Hervorhebung im Original).
[39] Vgl. Kord: *Sich einen Namen machen*, S. 116.

auf: Zum einen stellt er eine Möglichkeit dar sich an öffentlichen Themen zu beteiligen, zu diskutieren und die eigene Meinung publik zu machen. Zum anderen aber gilt es die normativen ‚typisch weiblichen' Zuschreibungen im Schreiben selbst zu bedienen, welche somit reproduziert werden. Dieser Spannungsgrad scheint Rudolphi in Bezug auf ihr Werk bewusst zu sein. So entschuldigt sie sich bereits im Vorwort für die von ihr gewählte Form der Schrift: „Vielleicht bedarf es auch noch ein Wort der Rechenschaft wegen der Einkleidung in ein romanähnliches Gewand. Liebe Freundinnen, die ihr dessen nicht bedürfet, verzeihet, was das Zeitalter von dem Buche fordert, das da hoffen will, von Frauen gelesen, und gern gelesen zu sein".[40] Das Zitat lässt vermuten, dass Rudolphi eine andere Form der Publikation gewählt hätte, wäre sie nicht den Regularien weiblicher Autorenschaft unterlegen.

Rudolphis Schrift erstreckt sich mit ihren zwei Bänden über 542 Seiten. Das Werk ist eine systematische Abhandlung über die Erziehung von Mädchen und jungen Frauen und eine Mischung aus Fiktion und Wirklichkeit. So lassen die im Roman dargestellten Charaktere klare Rückschlüsse auf Rudolphis Lebenswelt zu. Im Vordergrund des Werks steht die Erziehung des Mädchens Ida, die als Ideal weiblichen Verhaltens gilt, und ihr Bruder Woldemar. Beide Geschwister wachsen bei der Freundin der Mutter, der Erziehungsexpertin Selma (Rudolphis Ego), auf und werden von ihr erzogen. In insgesamt 86 Briefen berichtet Selma detailliert über die Erziehung der Kinder und erzählt ausschnittsweise Gespräche in wörtlicher Rede nach. Im Verlauf des Werks werden weitere zu erziehende Mädchen und auch Jungen aufgenommen. So gibt die Erziehungsschrift auch Einblick in die Erziehung über die Stände hinweg. Rudolphi zeigte damit zum einen die Möglichkeiten und Wirkungen einer zielgruppenübergreifenden erzieherischen Praxis auf; zum anderen kommt beispielsweise durch die Aufnahme von Waisenkindern die philanthropische Erziehungsidee allgemeiner Menschenliebe zum Ausdruck. Darüber hinaus erschloss Rudolphi auch eine breitere Leser:innenschaft: Weibliche Erziehung ist nicht nur für den Adel notwendig, sondern betrifft auch Bürger:innen: „Sollten die Anleitungen für den gewiß sehr achtbaren Mittelstand dadurch unbrauchbar werden, daß die bürgerliche Stufe der Familie, welche in diesem Gemälde erscheint, ein wenig hoch, und ihr Vermögensstand etwas über die gewöhnliche Wohlhabenheit ist? Ich hoffe nicht. Irgendein Stand mußte doch angenommen werden".[41] Das Werk thematisiert hauptsächlich die Erziehung von Mädchen. Durch Koedukation und das familiäre Zusammenleben mit männlichen Geschwistern erfahren Leser:innen allerdings auch etwas über die Erziehung von Jungen. Ausgewählte Ausschnitte werden im Folgenden im Hinblick auf die Kritik an zeitgenössischen Pädagogen und gesellschaftlichen Vorstellungen von Weiblichkeit dargestellt.

---

[40] Rudolphi, Caroline: *Gemälde weiblicher Erziehung 1. Erster Theil*, mit einer Vorrede von F. H. C. Schwarz, Heidelberg [1807] ³1838, S. xxxviii.
[41] Ebd., S. xxxvi.

3 Weibliche Kritik an zeitgenössischen Pädagogen

Dem Vorwort der Erziehungsschrift *Gemälde weiblicher Erziehung* ist zu entnehmen, dass sich das Werk an junge Mütter richtet, die ‚ihrem Naturberuf', der Erziehung, nachgehen und darin Rat suchen.[42] Dabei ist sich Rudolphi bewusst, dass es bereits einige andere Werke über Erziehung gibt. „Viele praktische Anweisungen sind vorhanden: dennoch hat es die Verfasserin nicht für überflüssig geachtet, diesen kurzen Auszug von Beobachtungen und Erfahrungen aus ihrem ganz pädagogischen Leben ihrer Mitwelt als ein kleines Opfer darzubringen".[43] Anstatt sich in den Schatten anderer Schriften zu stellen oder gar auf die Publikation der eigenen Gedanken zu verzichten, sieht sich Rudolphi schon fast dazu ‚verpflichtet', ihre Gedanken nicht für sich zu behalten. So kennzeichnet sie die Verschriftlichung ihrer Erfahrungen als Bereicherung. Die Darstellung ihrer Erziehungserfahrung möchte sie auch deshalb nicht vorenthalten, weil sie eine Meinung zu bereits vorhanden Schriften hat:

> Vielleicht nehmen sie [die jungen Mütter] ihn [den Rat] von der weiblichen Praktik um desto williger auf, da gerade hier die allgemeinen Theorieen uns nur zu oft im Stiche lassen, und zwar oft in solchen Momenten, wo wir ihres Beistandes am meisten bedürften, weil ihnen der Geist des Lebens gebricht, der allein wieder Leben anzufachen vermag, und weil die lebendige Handlung nicht aus der Theorie hervorgehen kann.[44]

Rudolphi nutzt das Argumentationsmuster der ‚von Natur aus' zur Erziehung bestimmten Frau als Legitimation sich Rat gebend an Mütter zu wenden. Die gesetzte ‚Natürlichkeit' sich der Erziehung der Kinder zuzuwenden ermögliche Frauen sich in der gesellschaftlich bedeutsamen Aufgabe der Kindererziehung einzubringen und hierin ausgebildet zu werden. Dieses Argumentationsmuster, gegen welches sich die zweite Welle des Feminismus wehrte, galt im 18. Jahrhundert als wichtige Legitimationsgrundlage. Aus der dargestellten Textstelle wird weiterhin deutlich, dass die allgemeinen Theorien, die sich bislang im Umlauf befanden, laut Rudolphi nicht geeignet sind, um in der praktischen Erziehung Rat gebend zu wirken. Vielmehr werden die Frauen genau dann von ihnen im Stich gelassen, wenn ein Ratschlag am meisten benötigt wird. Den Grund hierfür sieht Rudolphi im fehlenden praktischen Bezug dieser Schriften, denn eine lebendige Handlung, wie sie die Erziehung ist, könne nicht aus der Theorie entstehen. Ihr Werk verspricht Leser:innen laut der Autorin somit einen gewissen Mehrwert gegenüber anderen Erziehungsschriften, denn sie ist von einer Frau verfasst, die ihre praktischen Erfahrungen zur Verfügung stellt. Rudolphi lässt die Leser:innen zunächst noch im

---

[42] Vgl. ebd., S. 3.
[43] Ebd., S. 4.
[44] Ebd.

Ungewissen, welche Theorien sie für die praktische Erziehung als unbrauchbar definiert, im Verlauf des Werks richtet sie sich allerdings gezielt gegen die Schriften von Rousseau und nimmt Bezug auf seine Erziehungsschrift *Emil oder über die Erziehung* (1762)[45] und Pestalozzis *Lienhard und Gertrud* (1787).[46] Folgende Textstelle zeigt eine direkte Bezugnahme auf Pestalozzis Werk: „Wohl stehet schon lange solch ein Gemälde vor dem Volke auf der Staffelei. Es ist von einer Meisterhand, und die hat es Lienhard und Gertrud überschrieben. Aber warum soll in der deutschen Ausstellung nur eines dastehen?"[47] Weder ignoriert Rudolphi die Arbeit ihrer Zeitgenossen, noch ordnet sie sich diesen unter, hält Leser:innen dazu an sich nicht nur auf Schriften zu begrenzen, die bereits im Umlauf sind.

Ebenso kritisiert Rudolphi Ansichten Rousseaus, indem sie sich konkret mit seinen Erziehungsvorschlägen und Handlungsanweisungen an Mütter auseinandersetzt.

> Müsstest du das Selbsternähren aufgeben, und fändest keine solche Amme, die allen diesen Forderungen entspräche, dann bleibt dir ja noch das Auffüttern übrig, welches auf jeden Fall moralisch unschädlich ist, und auch körperlich gedeihlich sein kann. Es gibt ja Nahrungsmittel, die einem jungen Kinde viel zuträglicher sind, als die Milch einer kranken Mutter, oder einer schlechten Amme. Es ist nicht schöne Mutterliebe, sondern Schwäche, die in ihren Folgen von der Härte gar nicht verschieden ist, wenn eine kränkelnde Mutter sich nicht entschließen kann, die Freude des Selbsternährens aufzuopfern, und wenn sie dem zarten Menschensprössling zumutet, schon so frühe die Plagen des Lebens mit ihr zu teilen.[48]

Anstatt der von Rousseau vorangebrachten Idee zu folgen, dass ein Kind nur durch das Stillen gut ernährt werden kann, spricht sich Rudolphi für die Selbstbestimmung der Mutter aus. Die scheinbar ‚schwache', das Kind nicht stillende Mutter wird unter dem Narrativ der Mutterliebe und Rücksichtnahme gegenüber dem Kind umgeschrieben. Rudolphi weist so die gesellschaftlichen Zuschreibungen oder gar Verurteilungen von nicht stillenden Müttern zurück. Die Konstruktion einer ‚guten' Mutter und die damit einhergehenden Erwartungen werden aufgegriffen und argumentativ entkräftet. Anstatt sich den gesellschaftlichen Normen zu beugen wird eine neue Deutung angeboten, welche die Idee von Mutterschaft in Abgrenzung zu traditionellen Konstruktionen zeichnet. Der Umbruch im Nachdenken über Mädchenerziehung bezieht somit auch die Mütter und ihre Selbstbestimmung mit ein.

---

[45] Rousseau, Jean-Jaques: *Emil oder über die Erziehung*, Paderborn [1762] 1971.
[46] Pestalozzi, Johann Heinrich: *Lienhard und Gertrud. Ein Buch für das Volk*, Stuttgart [1787] 1966.
[47] Rudolphi, Caroline: *Gemälde weiblicher Erziehung 2. Theil*, Heidelberg [1807] ³1838, S. 117.
[48] Rudolphi: *Gemälde weiblicher Erziehung 1. Theil*, S. 5.

Gerade weil Rudolphi sich gegenüber anderen pädagogischen Schriften positioniert, bedient sie in ihrem Werk die bereits angesprochenen Entschuldigungsfloskeln bzw. das Muster weiblicher Autorenschaft, indem sie ihre eigene Kompetenz offen anzweifelt. Folgende Textstelle zeigt die damit einhergehende Ambivalenz zwischen eigener Meinungsäußerung und Infragestellung der eigenen Kompetenz:

> Hier hast du nun, liebste Emma, sogleich die Frage beantwortet, wie ich meine Mädchen in der Erziehungskunst unterrichte. – Erziehungskunst – Erziehungswissenschaft – wie mir die Worte so seltsam hohl klingen! Ich weiß wohl, daß man solche Worte oft nicht errathen kann. Aber wenn ein noch so glänzender Preis darauf stünde, wenn mir ein Kranz aus Sternen geflochten und mein Name hineingeschrieben werden sollte, ich wüßte die Sache in kein System zu bringen, ihr keine wissenschaftliche Form zu geben, also auch nicht in bestimmten Stunden dazu zu unterrichten. Ich habe schon viel zu tun, nur zu glauben, daß andere das wirklich können. Dies mag freilich wohl von dem ganz unsystematischen Geschlechts-Charakter herrühren.[49]

Der in Rudolphis Vorwort betonte Mehrwert ihres Werks, der sich in ihrem pädagogisch praktischen Zugang sowohl in der erzieherischen Arbeit mit Kindern als auch in der Anleitung von werdenden Erzieherinnen zeigt, wird in diesem Zitat nicht nochmals positiv betont. Stattdessen führt Rudolphi aus, dass allein schon der Gedanke daran, ihre Erfahrungen in der Erziehung zu systematisieren, ihre Fähigkeiten übersteigen würde. Nicht nur das Schreiben über Erziehung, sondern auch die Ausbildung anderer stellt Rudolphi als eine nicht vorstellbare Handlung dar. Ganz, als würde sie und das dazugehörige Werk nichts mit dem Phänomen der Erziehung zu tun haben. Weder traut sich die Autorin zu, ihre Gedanken zu systematisieren noch sie wissenschaftlich zugänglich zu machen. Als Begründung nennt sie den „ganz unsystematischen Geschlechts-Charakter"[50] und führt ihre vermeintliche Unfähigkeit auf ihr Geschlecht und die vermeintlich damit verbundenen Eigenschaften zurück. Die Distanz, welche Rudolphi zwischen sich und der Idee einer Systematisierung von Gedanken über Erziehung aufmacht, hält sie über das gesamte Werk aufrecht. Leser:innen werden bis zum Ende des Werkes im Glauben gelassen, die Briefe seien nichts weiter als eine private Überlieferung von Gedanken. Diesen sei nichts weiter hinzuzufügen, da sie ohnehin zu individuell seien: „Jetzt werde ich wohl außer der Geschichte unserer kleinen Kolonie, die ich Dir, geliebte Emma, in meinen Briefen vorlege, nicht viel weiteres schreiben, so oft man auch von mancher Seite her darum angeht, und diese Briefe sind doch allzu individuell, um publiziert zu werden".[51] Die Publikation systematischer Gedanken über Erziehung vollzieht sich so unter dem Deckmantel einer privaten

---

[49] Rudolphi: *Gemälde weiblicher Erziehung. 2. Theil*, S. 176.
[50] Ebd.
[51] Ebd.

Übergabe von Briefen. Mit dieser Vorgehensweise, oder auch Strategie, schafft es Rudolphi den gesellschaftlichen Erwartungen weiblicher Autorenschaft zu entsprechen und trotzdem wesentliche Inhalte zu transportieren.

4 Kritik an gesellschaftlichen Vorstellungen von Weiblichkeit

Neben der Betrachtung der Spezifika weiblicher Autorenschaft, die Rudolphi strategisch nutzte, wird ein Einblick in die Thematisierung gesellschaftlicher Erwartungen an Frauen gegeben. In einem ersten Schritt rückt die Frage nach der Bildungsfähigkeit von Mädchen in das Zentrum der Aufmerksamkeit. Eine zweite Textstelle reflektiert geschlechterspezifische Rollenerwartungen an Mädchen und junge Frauen. Folgender Ausschnitt aus Rudolphis Werk stellt einen Dialog zwischen der zu erziehenden Hertha und der Erziehungsexpertin Selma dar. Dem Gespräch geht die Beschreibung einer Szene voraus, in der sich die zu erziehende Hertha über ihren älteren Bruder Bruno lustig macht, welcher im Unterricht Gedanken zu Astronomie äußert. Hertha wird dann als Folge ihrer Störung aus dem Unterricht geschickt, der Ausschnitt zeigt das Reflexionsgespräch:

> Du hattest sehr unrecht, Deinen Bruder auf diese Weise zu stören. Wissen könntest Du es schon, dass den Männern jede Wissenschaft, und alles was den Verstand beschäftigt heiliger ist, als uns. Jeder Ausbruch eines flatternden Leichtsinns bringt sie auf, und deshalb haben die Männer so oft unser Geschlecht für unfähig erklärt, sich wissenschaftliche Bildung zu erwerben. Wolltest Du denn wohl, dass sie hierin Recht behielten? Und wenn sie hierin recht zu haben glauben, wer ist Schuld daran, solche, die zu allem was sie lernen wollen, einen ruhigen Ernst mitbringen, oder?[52]

Rudolphi greift die zuvor inszenierte Szene auf, um mit der zu Erziehenden über die Vorstellungen zur weiblichen Bildung zu sprechen. Sie wendet sich dabei direkt an das Kind Hertha und hebt etwas hervor, das selbst die jüngere Hertha bereits wissen könnte: nämlich, dass Männern die Wissenschaft wichtig ist und sie der Auffassung sind, Frauen seien nicht in der Lage, wissenschaftliche Bildung zu erlangen. Diese Beobachtung, so wird aus der Textstelle deutlich, ist allgemein bekannt und fordert, dass Männer nicht gestört werden sollen, wenn sie sich gerade einer Denkaufgabe zuwenden – in dem Fall Bruno, der im Unterricht über Astronomie nachdenkt. Mit der Frage „Wolltest Du denn wohl, dass sie hierin Recht behielten?"[53] wird die vermeintliche Tatsache, Frauen seien nicht zum Erwerb wissenschaftlicher Bildung fähig, in Frage gestellt. Rudolphi eröffnet den Raum zur kritischen Auseinandersetzung, ob das, was allgemein über Frauen bekannt ist,

---
[52] Ebd., S. 150.
[53] Ebd.

auch der Wirklichkeit entspricht. Sie kritisiert die Deutungshoheit der Männer, die weitergetragen wird. Veränderbar scheint das Bild der Frau, wenn diese eine gewisse Ernsthaftigkeit mitbringt, die nun von der zu erziehenden Hertha verlangt wird. Anstatt der traditionellen Idee einer gewissen Bildungsunfähigkeit von Frauen zu folgen, wird diese von Rudolphi hinterfragt, indem sie die Erklärung von „den Männern"[54] durch Verhaltensänderungen für veränderbar hält. Rudolphi nutzt die Szene als Ausgangspunkt eine gesellschaftlich gefestigte Vorstellung über Frauen zu hinterfragen und lädt ein, diese mit einer spezifisch an Frauen gerichteten Verhaltensänderung zu ändern.

Rudolphi nutzt Zuschreibungen oder auch den „Geschlechts-Charakter"[55] in ihrem Werk, um auf gesellschaftliche Missstände hinzuweisen – ohne diese explizit zu benennen – und zeigt auf, wie diese zu verändern sind. Auf diese Weise entlarvt sie die Behauptung, Frauen seien zur wissenschaftlichen Bildung nicht fähig, als gesellschaftliche Konstruktion und setzt zugleich auf Erziehung als Mittel, um dieser Vorstellung entgegenzutreten. Weiterhin werden gesellschaftliche Ansprüche in Bezug auf die Erwartungen an Mädchen und junge Frauen in ihrem Werk kritisch hinterfragt.

Folgende Textstelle gibt einen Einblick, wie Rudolphi diese Ansprüche zum einen platziert und zum anderen durch erzieherische Maßnahmen lenkt. Hervorzuheben ist, dass sich die erzieherische Maßnahme nicht an Mädchen richtet, sondern an einen Jungen. Die Textstelle rekonstruiert ein Gespräch zwischen der Erziehungsexpertin Selma und Herthas Bruder.

> Ich habe mit dem Bruno hinlänglich zu tun, ihn gerechter gegen diese ihm fremde Natur zu machen. Seine Begriffe von der eigentlichen Weiblichkeit sind allzubeschränkt. – Ida ist sein Ideal, und was sie von dem nicht nähert, meint er, sei unweiblich. Oft halte ich ihm vor, wie langweilig die Welt besonders die feiner gebildete Welt und ihr Gesellschaftsleben sein würde, wenn alle Weiber ganz in eine Form gegossen wären – und daß wir billig mit dankbarer Gelehrigkeit auf die Natur achten sollten, die in der Geister wie in der Körperwelt ihren Reichthum und ihre Fülle in so tausendfach wechselnden Erscheinungen beurkundet, und daß es nicht etwa ein besonderes Verdienst, sondern ausgemachte Schuldigkeit des erzieherischen Menschen sei, in jedem ihm anvertrauten Wesen das auszubilden, wozu es seine individuelle Natur ausgeprägt hat.[56]

Rudolphi sieht es als ihre Aufgabe an Bruno gerechter gegen die „Natur" zu machen, die er nicht kennt. Seine Schwester Hertha wird im Werk als eigensinnig beschrieben: Sie ist „im höchsten Eigenwillen aufgewachsen, hat den Vater wie

---

[54] Ebd.
[55] Schmid, Pia: *Weib oder Mensch, Wesen oder Wissen? Bürgerliche Theorien zur weiblichen Bildung um 1800*, in: *Geschichte der Frauen- und Mädchenbildung. Vom Mittelalter bis zur Aufklärung*, hg. v. Elke Kleinau/Claudia Opitz, Frankfurt 1996, S. 327–345, hier: S. 337.
[56] Rudolphi: *Gemälde weiblicher Erziehung. 2. Theil*, S. 120f.

das Hausgesinde beherrscht und gequält, und gehorcht niemand, als dem Bruder, aber auch dem ungern und mit Murren. Sie scheint niemanden und nichts zu lieben als sich selbst".[57] Ganz im Gegensatz zu dem gesellschaftlich konformen Erziehungsideal Ida, die bereits im Alter von drei Jahren als ein Kind beschrieben wird, das „lang und still horcht";[58] mit fünf Jahren „will sie schon täglich geben, und alles, was ihr gegeben wird, wieder verteilen".[59] Im weiteren Verlauf des Werks wird sie mit typisch weiblichen Eigenschaften und Auftreten beschrieben, sie ist „recht schlank und grazienhaft",[60] ihr ganzes Wesen sei zart, ebenso ihre Stimme.[61] Alle anderen Mädchen, die von dieser Beschreibung abweichen, scheinen aus der Perspektive von Bruno unweiblich zu sein. Diese Idee von Weiblichkeit beschreibt Rudolphi als „allzubeschränkt".[62] Beschränkt ist diese Idee zum einen, weil sie mit Verweis auf Ida nur auf eine Idee von Weiblichkeit abzielt und diese als gültig erachtet. Zum anderen, weil diese Idee nicht realistisch erscheint. Rudolphi skizziert, dass sie Bruno vorhält, wie langweilig eine Welt wäre, wenn alle Frauen „in eine Form gegossen wären",[63] dies betont sie vor allem für die „feiner gebildete Welt",[64] in welcher normative Ansprüche an Mädchen und junge Frauen intensiver verfolgt werden. Sie stimmt Bruno als männlichem Gesprächspartner in seiner Ansicht somit nicht zu, sondern hält ihn dazu an, seine Vorstellungen zu hinterfragen. Hierbei belässt es die Pädagogin allerdings nicht, sondern begründet ihre Ansichten in Bezug auf die erzieherische Tätigkeit. Es gelte, die „fremde Natur"[65] zu achten, welche in dem Werk auch als Charakterbeschreibung eines Menschen gelesen werden kann. Diese „fremde Natur"[66] soll nicht nur geachtet werden, sondern ihr auch „dankbare[] Gelehrigkeit"[67] entgegengebracht werden. Rudolphi hebt somit den Wert von Unterschiedlichkeit hervor, verweist aber auch darauf, dass die erzieherisch tätige Person von den zu Erziehenden für ihre Handlung lernen kann. Diese Unterschiedlichkeiten zu erkennen und die Erziehung danach auszurichten sei kein „besonderes Verdienst",[68] vielmehr sei man es der zu erziehenden Person schuldig sie nach ihrer „Natur"[69] auszubilden, und sie eben nicht nach gesellschaftlichen Vorstellungen zu formen. Dass diese liberale Vorstellung auch Grenzen hat, wird im Verlauf des Werks deutlich, dennoch

---

[57] Rudolphi: *Gemälde weiblicher Erziehung. 1. Theil*, S. 67.
[58] Ebd., S. 29.
[59] Ebd., S. 69.
[60] Ebd., S. 160.
[61] Vgl. ebd., S. 175.
[62] Rudolphi: *Gemälde weiblicher Erziehung. 2. Theil*, S. 120.
[63] Ebd.
[64] Ebd.
[65] Ebd.
[66] Ebd.
[67] Ebd.
[68] Ebd.
[69] Ebd.

zeigt diese Textstelle eine Zurückweisung gesellschaftlich eng gefasster Vorstellungen davon, wie ein Mädchen oder eine junge Frau zu sein hat. Im Weiteren wird folgender Dialog zwischen Bruno und der Erziehungsexpertin Selma nachgezeichnet, in dem Bruno mit einer Frage beginnt: „Ist denn aber Hertha's sprudelndes immer herausfahrendes Wesen nicht wirklich sehr unweiblich? Nein, guter Bruno, es ist nur eine anders gestaltete Weiblichkeit".[70] Anstatt Bruno zuzustimmen, dass ein „sprudelndes immer herausfahrendes Wesen" eine Art von Unweiblichkeit darstellt, hält Rudolphi die Antwort knapp: Das, was Bruno beschreibt, ist nur eine andere Weiblichkeit, die aber ebenso zulässig ist. Anstatt sich an einer starren Vorstellung ‚des Weiblichen' zu orientieren öffnet Rudolphi den Raum für die Akzeptanz vielfältiger Ideen des Weiblichen.

Hervorzuheben ist an dieser ausgewählten Textstelle, dass das Werk, welches von Mädchenerziehung handelt, hier einen männlichen zu Erziehenden adressiert. Anstatt also ein Mädchen erzieherisch dazu zu bringen einer wie auch immer gearteten Idee idealer Weiblichkeit zu folgen, wird ein Junge durch ein Gespräch in seinen Vorstellungen korrigiert und das vermeintliche Problem der ‚Unweiblichkeit' in jenen gesucht, die es konstruieren. Rudolphi schreibt den Männern somit eine aktive Rolle in der Konstruktionsleistung der Weiblichkeit zu und zeigt auf, wie diese verändert werden kann.

5 Schlussbetrachtung

Das Werk *Gemälde weiblicher Erziehung* von Caroline Rudolphi als Reaktion auf zeitgenössische pädagogische Ideen zu lesen, reiht sich in die Bemühungen der (historischen) Frauen- und Geschlechterforschung ein und hebt Kontroversen und Konflikte hervor, die immer noch nur marginal in der Forschungslandschaft diskutiert werden. Diese Konflikte und Kontroversen wurden in diesem Beitrag als Anfänge von Umbrüchen markiert, welche beispielhaft an Rudolphis Werk skizziert wurden. Zum einen bietet diese Vorgehensweise Einblicke in ein zu seiner Zeit gelesenes und bekanntes Werk, zum anderen stellt es die Strategien dar, die Frauen nutzten, um am Diskurs über Erziehung teilzunehmen. Die in diesem Beitrag ausgewählten Textstellen geben nur einen kleinen Einblick in die Fülle des Werks, dennoch zeigen sie auf, dass Rudolphi – wie viele andere Pädagoginnen ihrer Zeit – nicht nur Teilnehmerin des Diskurses war, sondern gesellschaftlich kritische Positionierungen vornahm und diese strategisch platzierte. Obwohl Caroline Rudolphi unter Klarnamen und nicht verdeckt unter einem Pseudonym publizierte, kritisierte sie Schriften und Gedanken ihrer männlichen Zeitgenossen. Dabei stellte sie auch den Mehrwert pädagogisch praktischer Schriften dar, die

---

[70] Ebd., S. 121.

Frauen in der Erziehungshandlung unterstützen. Sie schaffte somit eine Legitimation, als Frau sprachfähig zu sein und ihre Inhalte zu unterbreiten. Anstatt, wie durch den Titel des Werks zu vermuten wäre, nur auf die Erziehung von Mädchen einzugehen, nutzte sie ihr Werk, um gesellschaftliche Vorstellungen von Weiblichkeit zurückzuweisen. Anstatt den dominanten gesellschaftlich geformten Vorstellungen von Weiblichkeit zu folgen, forderte Rudolphi auch von männlichen Zeitgenossen einen Perspektivwechsel ein. Das Werk kann nicht nur als Erziehungsschrift für Frauen gelesen werden, sondern auch als gesellschaftskritische Schrift, die Zuschreibungen an Frauen und Mädchen zurückweist. In dieser Zurückweisung bezieht sich Rudolphi auf Natur-Kulturverhältnisse und damit auf die Konstruktionsleistung der Gesellschaft. Gesellschaftliche Entwicklungen sind hier in Bezug auf die Geschichtsschreibung der Aufklärung unter Einbezug bislang nicht beachteter Quellen weniger eindeutig als bislang angenommen. Der Einblick in das Werk von Rudolphi bietet das Potential diesen Umbrüchen in Form von Kontroversen auch in heutiger Historiografie der Pädagogik gerecht zu werden.

METTE BARTELS

Transformation durch weibliche Partizipation. Der Gärtnerinnenberuf als Emanzipationskonzept der bürgerlichen Frauenbewegung um 1900

1   Einleitung

Unter dem Schlagwort der sogenannten Frauenfrage war es der bürgerlichen Frauenbewegung, die im Deutschen Kaiserreich um 1900 zu einer starken gesellschaftlichen Kraft avancierte, ein maßgebliches Anliegen, weibliche Handlungsräume in unterschiedlichen Aktionsfeldern zu erweitern.[1] Hierzu zählte insbesondere die Schaffung neuer Berufsmöglichkeiten für Frauen des Bürgertums, wobei Fragen wirtschaftlicher Unabhängigkeit mit Fragen nach genereller weiblicher Selbstbestimmung in Verbindung gesetzt wurden.

Im Fokus des frauenbewegten Engagements standen besonders Berufsfelder, die bis dato für Frauen verschlossen waren und gemäß gesellschaftlicher Normvorstellungen als ‚männliche' Arbeitsbereiche galten, so beispielsweise der Gartenbau, das Gefängniswesen bzw. der Strafvollzug oder die Fotografie. Aufgrund fehlender Ausbildungs- und Zugangsmöglichkeiten, um in der männlich-konnotierten und männlich-dominierten Berufslandschaft Fuß fassen zu können, entwickelten die frauenbewegten Aktivistinnen vielfältige Strategien und Maßnahmen, um eine weibliche Berufsetablierung voranzutreiben.

In meinem Beitrag möchte ich am Beispiel des durch die Frauenbewegung neugeschaffenen Berufs der Gärtnerin erstens aufzeigen, wie sich diese Strategien in der Praxis generierten. Zweitens soll nach gezielten, von der Frauenbewegung

---

[1] Der vorliegende Beitrag stützt sich auf meine 2024 erschienene Dissertation: Bartels, Mette: *Garten, Gefängnis, Fotoatelier. Emanzipationsstrategien der bürgerlichen Frauenbewegung im Deutschen Kaiserreich* (Geschichte und Geschlechter 81), Frankfurt a.M. 2024; siehe auch Dies.: „Salon-Gärtnerinnen" und „Gartenarbeiterinnen". Die Etablierung des Gärtnerinnenberufs im Spannungsfeld von Geschlecht und Klasse im deutschen Kaiserreich um 1900, in: *Die Gartenkunst* 32.1 (2020), S. 21–28; Dies.: *Ein Blick zurück. Gleichgestellte Gärtnerinnen? Berufsfragen und Agitationsstrategien der bürgerlichen Frauenbewegung um 1900*, in: Rechtshandbuch für Frauen- und Gleichstellungsbeauftragte, Teil 4/11, hg. v. Sabine Berghahn/Ulrike Schultz, Hamburg 2020, S. 1–24; Dies.: Schwesterliche Solidarität? Klassenspezifische Exklusionspraktiken der bürgerlichen Frauenbewegung im Kampf um (neue) Berufsfelder im deutschen Kaiserreich, in: *Kuckuck. Notizen zur Alltagskultur* 36.2 (2021), S. 30–33.

vorgebrachten, Argumentationsstrukturen gefragt werden, mittels derer die berufliche Tätigkeit von Frauen im Gartenbau bekräftigt wurde. Drittens möchte ich zeigen, dass mit den Debatten um weibliche Berufstätigkeit nicht nur Geschlechterfragen verhandelt, sondern ebenso virulent Klassenzugehörigkeiten und -distinktionen ausgelotet wurden. Damit zusammenhängend soll analysiert werden, inwiefern die frauenbewegten Berufskämpfe sowie die damit verbundenen Debatten um weibliche Berufstätigkeit als Transformations- und Umbruchsprozesse der Geschlechterverhältnisse und Klassenstrukturen um 1900 betrachtet werden können.

2 Begriffsreflexion und theoretische Überlegungen

Erst das Engagement der Frauenbewegung machte es möglich, dass bürgerliche Frauen unter einer vorausgegangenen professionalisierten Ausbildung gegen Ende des 19. Jahrhunderts eine Erwerbstätigkeit außerhalb traditioneller Frauenberufe, wie Lehrerin, Erzieherin oder Gouvernante, finden konnten. Dieser frauenbewegte Aktionismus wird im Folgenden als ein bewusstes Mittel verstanden, um die gesellschaftliche Teilnahme von Frauen im öffentlichen Feld zu forcieren, weibliche Emanzipationspotentiale freizusetzen und Partizipationsräume zu schaffen. Hierdurch vollzog sich gleichsam der Eintritt bürgerlicher Frauen in die außerhäusliche, männlich konnotierte Erwerbs- und Politiksphäre,[2] was als Mittel und Ausdruck weiblicher Selbstbestimmung um 1900 zu verstehen ist. In diesem Kontext generierten sich gleichsam Transformations- und Umbruchsprozesse der wilhelminischen Gesellschaft. An dieser Stelle sei darauf hingewiesen, dass bewusst von Transformations- und *nicht* von Modernisierungs- oder Modernitätsprozessen gesprochen wird und somit eine bedauerlicherweise häufig verwendete Synonymität der beiden Begrifflichkeiten ausgeschlossen werden soll. Damit grenzt sich diese Vorgehensweise bewusst von der in Teilen der Forschung virulenten Annahme ab, das 19. Jahrhundert sei ein Zeitalter der Demokratisierung und Modernisierung im Sinne einer Zivilisierungsentwicklung.[3] Diese Auffassung erscheint fraglich, da somit implizit eurozentristische Vorstellungen einer existenten bzw. anzustrebenden Moderne abgebildet werden. Plausibler erscheint hingegen das von Shmuel

---

[2] Siehe im Überblick Wolff, Kerstin: *„Stadtmütter". Bürgerliche Frauen und ihr Einfluss auf die Kommunalpolitik im 19. Jahrhundert*, Königstein im Taunus 2003.
[3] Zum aktuellen (geschichts-)wissenschaftlichen Diskurs über die Frage der ‚Modernität' des 19. Jahrhunderts siehe die beiden einschlägigen Sammelbände Aschmann, Birgit (Hg.): *Durchbruch der Moderne? Neue Perspektiven auf das 19. Jahrhundert*, Frankfurt a.M./New York 2019; Aschmann, Birgit/Wienfort, Monika (Hg.): *Licht und Schatten. Das Kaiserreich (1871–1914) und seine neuen Kontroversen*, Frankfurt a.M./New York 2022.

Eisenstadt entwickelte Konzept der *Multiple Modernities*, das die Vielfalt von Modernitätsprozessen in den Vordergrund rückt.[4] Unter Transformations- und Umbruchsprozessen wird die Entwicklung weiblicher Partizipation verstanden, indem Frauen ihre Tätigkeitsfelder, die ihnen nach dem Konzept des Ganzen Hauses[5] zugewiesen worden waren, verließen und aus der häuslichen Sphäre hinaustraten.[6] Hiermit ist allerdings keinesfalls das in der Forschung häufig immer noch gebräuchliche Fortschrittsnarrativ gemeint, das eine Frauenemanzipation ausschließlich auf das Ende des 19. Jahrhunderts datiert. So verfügten Frauen bereits in der Frühen Neuzeit über ein erhebliches Maß an Befugnissen sowie (innerfamiliären) Handlungsräumen, wobei die Geschlechterbeziehungen auf einem gegenseitigen Zuarbeiten beruhten, das Mann und Frau letztlich zu einem Arbeitspaar und später zu einem Bildungspaar machte.[7] Was im wilhelminischen Kaiserreich – nicht minder durch die Einflussnahme der bürgerlichen Frauenbewegung – als fortschrittlich zu beurteilen ist, war die Zunahme an Wahlmöglichkeiten für weibliche Lebensentwürfe sowie die Ausgestaltung und Professionalisierung weiblicher Berufstätigkeit. Wie eng der frauenbewegte Kampf um weibliche Berufstätigkeit mit Strukturen einer politischen Teilhabe verflochten war und wie sich Prozesse von Inklusion und Exklusion generierten, soll in diesem Beitrag analysiert werden. In diesem Kontext gilt es zudem aufzuzeigen, dass Transformationen immer auch differenziert betrachtet werden müssen, und nicht als Umbruchsprozesse verstanden werden können, die für alle Gesellschaftsgruppen eine positive Relevanz boten.

---

[4] Vgl. Eisenstadt, Shmuel N.: *Die Vielfalt der Moderne*, Weilerswist 2000; Ders. (Hg.): *Multiple Modernities*, New Brunswick 2002.

[5] Der Begriff des Ganzen Hauses wurde 1854 durch den Kulturhistoriker Wilhelm Heinrich Riehl geprägt und bezeichnet den frühneuzeitlichen Haushalt als Rechts-, Sozial- und Wirtschaftseinheit, in dem Frauen und Männer geschlechterspezifische, sich gegenseitig ergänzende Arbeits- und Aufgabenbereiche hatten und sich das Geschlechterverhältnis durch ein Aufeinanderangewiesensein definierte.

[6] Vgl. Planert, Ute: *Vater Staat und Mutter Germania. Zur Politisierung des weiblichen Geschlechts im 19. und 20. Jahrhundert*, in: *Nation, Politik und Geschlecht. Frauenbewegungen und Nationalismus in der Moderne*, hg. v. Dies., Frankfurt a.M. 2000, S. 15–65; Wischermann, Ulla: *Frauenbewegungen und Öffentlichkeiten um 1900. Netzwerke, Gegenöffentlichkeiten, Protestinszenierungen*, Königstein im Taunus 2003; Wolff: *Stadtmütter*; Wunder, Heide: *„Er ist die Sonn, sie ist der Mond". Frauen in der Frühen Neuzeit*, München 1992.

[7] Vgl. Habermas, Rebekka: *Frauen und Männer des Bürgertums. Eine Familiengeschichte (1750–1850)*, Göttingen 2000; Trepp, Anne-Charlott: *Sanfte Männlichkeit und selbstständige Weiblichkeit. Frauen und Männer im Hamburger Bürgertum zwischen 1770 und 1840*, Göttingen 1996; Wunder: *Er ist die Sonn*. Siehe auch die jüngst erschienene Studie von Eibach, Joachim: *Fragile Familien. Ehe und häusliche Lebenswelt in der bürgerlichen Moderne*, Berlin/Boston 2022, dessen Hauptanliegen es ist, die vereinzelt in der historischen Familienforschung immer noch existente Bias zu überwinden.

3 Transformationsprozesse im Garten: Der Gärtnerinnenberuf

Als die bürgerliche Frauenbewegung im ausgehenden 19. Jahrhundert den Gartenbau als ein mögliches Erwerbsfeld für Frauen entdeckte, fokussierten sie einen Beruf, der seit Jahrhunderten eine klassische Männerdomäne war. Frauen aus den unteren Gesellschaftsschichten verdingten sich lediglich als sogenannte Hilfsgärtnerinnen oder als Tagelöhnerinnen in Gärtnereien. Eine berufliche Profession blieb ausschließlich Männern vorbehalten. Waren zumeist Männer aus der Arbeiterklasse oder dem Kleinbürgertum als ausgebildete Gärtner angestellt, gewann der Beruf im Rahmen der Akademisierung des Gartenbaus nunmehr auch Attraktivität für Männer aus bildungsbürgerlichen Schichten, die sich als Gartendirektoren, Fach-, Handels- und Stadtgärtner eine angesehene Stellung erarbeiten konnten. Für Frauen hingegen blieben all diese Berufswege verschlossen, bis die Frauenrechtlerin Elvira Castner (1844–1923) am 1. Oktober 1894 in Berlin-Friedenau die erste Gartenbauschule für Mädchen und Frauen gründete. Castner war eigentlich Lehrerin, konnte ihren Beruf aufgrund eines Halsleidens nicht weiter ausführen und entschloss sich – finanziell abgesichert durch einen Rentenanspruch – Mitte der 1870er Jahre in die Vereinigten Staaten zu gehen, um dort Zahnmedizin zu studieren. Nach ihrer Rückkehr eröffnete sie als promovierte Zahnärztin in Berlin eine Praxis für weibliche Patienten, die bis 1899 existierte.[8] Während ihrer Zeit als Zahnärztin beschäftigte sich Castner immer wieder mit gartenbaulichen Themen. Die Impulse hierfür erhielt sie während ihres Aufenthaltes in den USA: „[…] ich wünschte damals schon, beitragen zu können, [die] deutschen Frauen so dafür zu inspirieren […] den heimischen Obstbau zu fördern".[9] Getragen waren diese Gedanken anfänglich von einer volkswirtschaftlichen Komponente, nachdem sie während ihrer Zeit in den USA regelmäßig beobachten konnte, wie von Baltimore aus ganze Schiffsladungen mit frischem Obst nach Deutschland gebracht wurden. Castner überlegte daraufhin, wie und ob es möglich sei, den Obstanbau in Deutschland zu fördern, um somit „die Einfuhr fremder Früchte zu vermindern"; den „heimischen Obstbau" zusätzlich durch Frauenhand zu unterstützen, schien ihr die Lösung.[10] Neben dieser volkswirtschaftlichen Ausrichtung hatte Castner zudem die Intention, Frauen hierdurch eine neue Lebens- und Berufsperspektive zu eröffnen. Mit ihren Überlegungen knüpfte sie an ein bereits

---

[8] Vgl. *Lebenslauf Elvira Castner*, BLHA, Rep. 34 Provinzialschulkollegium, Nr. 3526: Obst- und Gartenbauschule in Berlin-Marienfelde.
[9] Ebd. Siehe auch Castners Aussage in der Zeitschrift *Die Gartenflora* (1917): So war sie nach „der Heimkehr aus Amerika im Jahre 1878 fortdauernd von dem Gedanken beschäftigt […], wie es möglich wäre, deutsche gebildete Frauen zu veranlassen, sich des Gartenbaues mehr anzunehmen" (Castner, Elvira: *Die Gärtnerin in der Vergangenheit, Gegenwart und Zukunft*, in: *Die Gartenflora* 66 (1917), S. 88f., hier: S. 89).
[10] *Lebenslauf Elvira Castner*, BLHA, Rep. 34 Provinzialschulkollegium, Nr. 3526: Obst- und Gartenbauschule in Berlin-Marienfelde.

bestehendes Konzept von Hedwig Heyl (1850–1934),[11] einer Akteurin der bürgerlich-gemäßigten Frauenbewegung, an, die auf dem Fabrikgelände ihres Mannes Gartenbaukurse anbot, um bürgerliche Frauen für das Gärtnern im eigenen Hausgarten zu schulen. Eine weibliche Erwerbstätigkeit zu fördern stand für Heyl allerdings nicht zur Debatte.[12] Anders hingegen waren Castners Pläne angelegt, die zum Ziel hatten „Frauen und Mädchen mit guter Schulbildung durch theoretischen Unterricht und praktische Arbeiten so auszubilden, daß sie im Stande sind, als Berufsgärtnerinnen Stellungen zu bekleiden, oder die gewonnenen Kenntnisse nutzbringend auf eigenem Grund und Boden zu verwerten".[13] Gemäß diesem Anspruch waren die Lehrinhalte der zweijährigen Ausbildung recht komplex und umfassten unter anderem Obst-, Wein- und Gemüseanbau, Blumen- und Bienenzucht, Pflanzenphysiologie, Anatomie, Morphologie, Krankheits- und Schädlingsbekämpfung, organische und anorganische Chemie, Geometrie und Vermessungskunde, Boden- und Düngekunde sowie Buchführung, Korrespondenz und Gesetzeskunde. Castners Schulkonzept bewährte sich: Zählte die Schule anfänglich sieben Schülerinnen, konnte sich die Zahl bereits nach einem Jahr mehr als verdoppeln und stieg stetig an. Im Jahre 1899 verzeichnete die Schule 102 Absolventinnen, und bis zum Ende des Ersten Weltkriegs ließen sich mehr als 1.000 Schülerinnen in Castners Gartenbauschule ausbilden.[14] Aufgrund der stetig steigenden Schülerinnenzahl boten die Gebäude und Grünflächen in Friedenau bereits nach kurzer Zeit nicht mehr ausreichend Platz. Castner kaufte daraufhin in Marienfelde, ebenfalls bei Berlin gelegen, ein drei Hektar großes Stück Land und ließ dort ein Wohn- und Schulgebäude errichten, das für die Aufnahme von 40 internen und 20 auswärtigen Schülerinnen großräumig konzipiert war. Die Umsiedlung erfolgte 1899.[15] Castners Gartenbauschule genoss weit über die deutschen Landesgrenzen hinaus einen guten Ruf, so dass sich auch Schülerinnen des europäischen Auslands in Berlin ausbilden ließen.[16] Der Erfolg der Schule fußte auf der Offerte

---

[11] Heyl muss trotz ihres sozialen Engagements – sie gründete 1884 eine Koch- und Haushaltungsschule und unterhielt in der Fabrik ihres Mannes einen Kindergarten, ein Jugendheim sowie eine Speiseanstalt für Arbeiterinnen – auch dezidiert von einer kritischen Seite betrachtet werden; so vertrat sie in ihrer Funktion als Vorsitzende des „Frauenbundes der deutschen Kolonialgesellschaft" ausgewiesene rassistische, sozialdarwinistische und nationalistische Positionen.

[12] Vgl. Bartels: *Salon-Gärtnerinnen*, S. 22.

[13] Back, Martha: *Rubrik Briefe*, in: *Neue Bahnen* 30 (1895), S. 141f.

[14] Vgl. *Bericht über Zweck und Leitung der Obst- und Gartenbauschule für Frauen gebildeter Stände Marienfelde Berlin*, BLHA, Rep. 34 Provinzialschulkollegium, Nr. 3526: Obst- und Gartenbauschule in Berlin-Marienfelde.

[15] Vgl. Grieser, Susanne: *Die „Obst- und Gartenbauschule für gebildete Frauen" in Marienfelde bei Berlin. Eine weibliche Bildungseinrichtung zwischen bürgerlicher Frauenemanzipation und Lebensreform*, in: *Nachrichtenblatt zur Stadt- und Regionalsoziologie* 13.2 (1999), S. 83–96, hier: S. 86.

[16] Vgl. Anonym: *Rubrik Unterrichtswesen*, in: *Die Gartenflora* 50 (1901), S. 249.

breiter Berufsmöglichkeiten. Mit dem durch eine staatliche Prüfungskommission abgenommenen Berufsexamen konnten Frauen eine eigene Gärtnerei eröffnen, weitere Gartenbauschulen gründen, als Gärtnerinnen bei Privatleuten, in staatlichen Parkanlagen, in Sanatorien und Erziehungsheimen angestellt werden oder als Gartenbaulehrerinnen in Haushaltungsschulen arbeiten.[17] Diese berufliche Vielfältigkeit hatte jedoch eine recht große Verdienstspanne zur Folge, so dass Gehälter einer Gärtnerin je nach Anforderung, Leistung und Arbeitsstätte zwischen 400 und 1.000 Mark pro Jahr differierten.[18] Auf diesen Umstand wiesen bereits zeitgenössische Berufsratgeber hin und stellten klar, dass die untere Gehaltsstufe „durchaus keine glänzende ist" und die potentiellen Gärtnerinnen bestrebt sein sollen, innerhalb des Gartenbaus besser bezahlte Stellungen anzustreben.[19] Mit den höher dotierten Stellen (800 bis 1.000 Mark pro Jahr) entsprach der Verdienst in etwa den unteren Gehaltsklassen von Volksschullehrerinnen. Lehrerinnen an Höheren Mädchenschulen konnten bis zu 3.500 Mark und Schulvorsteherinnen gar 5.200 Mark verdienen.[20] Der Gärtnerinnenberuf war aus ökonomischem Blickwinkel also nicht unmittelbar ein attraktives Berufsfeld. Allerdings war der Lehrerinnenberuf stark frequentiert und das Lehrerinnenzölibat bedeutete eine zusätzliche Hürde, da Lehrerinnen im Falle einer Heirat ihre Stellen verloren.[21] Und, auch dieser Faktor darf sicherlich nicht außer Acht gelassen werden, nicht jede Frau hatte definitiv Interesse, als Lehrerin tätig zu sein. In dieser Hinsicht brachte der Gärtnerinnenberuf also ein höheres Potential weiblicher Selbstbestimmung und persönlicher Unabhängigkeit mit sich. Somit werden hierdurch gleichsam zwei Aspekte eines Transformationsprozesses sichtbar: Zum einen kann die Etablierung des Gärtnerinnenberufs als Transformationsprozess verstanden werden, indem Frauen nunmehr eine weitere Berufsoption geboten wurde, was wiederum als Ausdruck einer selbstgewählten Lebensgestaltung bürgerlicher Frauen um 1900 zu werten ist. Zum anderen fand durch das Eindringen weiblicher Gärtnerin-

---

[17] Vgl. Back, Martha: *Die Frau in der Gärtnerei*, in: *Das Frauenbuch. Eine allgemeinverständliche Einführung in alle Gebiete des Frauenlebens der Gegenwart*, Bd. 1: *Frauenberufe und Ausbildungsstätten*, hg. v. Eugenie von Soden, Stuttgart 1913, S. 182; Wächtler, Anna Luise: *Der Gärtnerinnenberuf*, Halle an der Saale 1913, S. 24–44.

[18] Vgl. Bartels: *Ein Blick zurück*, S. 12.

[19] Wächtler: *Der Gärtnerinnenberuf*, S. 17.

[20] Vgl. Ichenhäuser, Eliza: *Erwerbsmöglichkeiten für Frauen. Praktischer Ratgeber für erwerbssuchende Frauen in allen Angelegenheiten der Vorbildung, der Anstellung und der sozialen Selbstständigkeit. Nebst Nachweis von Wohlfahrtseinrichtungen*, Berlin 1897, S. 101f.; Liebrecht, Elfriede: *Das Buch der Frau. Frauenberufe*, 1.–3. Aufl., Berlin 1909, S. 33f.

[21] Vgl. Kling, Gudrun: *Die rechtliche Konstruktion des weiblichen Beamten. Frauen im öffentlichen Dienst des Großherzogtums Baden im 19. und frühen 20. Jahrhundert*, in: *Frauen in der Geschichte des Rechts. Von der Frühen Neuzeit bis zur Gegenwart*, hg. v. Ute Gerhard, München 1997, S. 600–616.

nen in ein vormals traditionelles, männliches Berufsfeld ein Transformationsprozess der innerberuflichen Strukturen statt: Im Gegensatz zum Ausbildungskonzept männlicher Gärtner, das eine dreijährige Lehre sowie eine anschließende zweijährige Gesellentätigkeit vorschrieb, traten Frauen, die das Gärtnerinnenexamen ablegten, bereits nach zwei Ausbildungsjahren auf den Berufsmarkt. Dass diese Diskrepanz dem Gärtnerinnenberuf den Vorwurf einer vermeintlich oberflächlichen Ausbildung einbrachte, änderte jedoch nichts am kontinuierlichen Anwachsen weiblicher Gartenbauschulen. Entkräftet wurde der Vorwurf zudem durch die Legitimation männlicher Fachexperten des Gartenbaus, welche die staatlichen Gärtnerinnenexamen abnahmen und dem Konzept der weiblichen Gartenbauschulen somit eine fachliche Existenzberechtigung attestierten.

4 Transformation der Geschlechterbilder?

Obgleich mit der Etablierung des Gärtnerinnenberufs verschiedene Transformationsprozesse einsetzten, die zu einer Erweiterung weiblicher Handlungsräume führten, war dem Gärtnerinnenberuf die Vorstellung des traditionellen, bürgerlichen Geschlechterkonzepts zu eigen, welches der Frau die Rolle als Ehegattin, Hausfrau und Mutter zuwies. Dieser auf den ersten Blick wahrnehmbare Widerspruch beruhte jedoch auf einem immanent bürgerlich-weiblichen Selbstverständnis über Geschlechterrollen. Dieses Selbstverständnis allerdings als Hemmnis weiblicher Emanzipation zu betrachten, greift zu kurz und verkennt die Tatsache, dass die Aspekte weiblicher Rollenzuschreibungen gezielt dafür genutzt wurden, um die Tätigkeit von Frauen im Gartenbau zu legitimieren, gar als unabdingbar zu definieren. Vor diesem Hintergrund betonte die Frauenbewegung die Vorzüge des Gärtnerinnenberufs für die psychische und physische Konstitution des weiblichen Körpers sowie für die spätere Mutterschaft: „Ein nicht zu unterschätzender Vorteil ist die Genesung und Stählung des Körpers durch die geregelte Thätigkeit und den Aufenthalt im Freien […]. Was aber ist wichtiger für die künftige Mutter, als ein Körper, in dem ein reicher Fond von Kraft und Gesundheit aufgespeichert ist?"[22] Durch das Gärtnern werde zudem „der mütterlich sorgende Sinn, der jedem echten Weibe innewohnt" gefestigt, da „die Heranzucht der Pflanzen ein hohes Maß von zarter Behutsamkeit, liebevoller Sorgfalt und duldsamer Pflege erfordert", sodass die Frau dadurch „den bedeutendsten und günstigsten Einfluß auf die Erziehung ihrer Kinder gewinnen wird".[23] Anknüpfend an den Mütterlichkeitstopos brachten Aktivistinnen der Frauenbewegung Argumente an, die sich zudem auf genuin

---

[22] Hartmann, Sophie: *Der Beruf der Gärtnerin*, in: *Die Frauenbewegung* 2 (1896), S. 87f., hier: S. 88.
[23] Niemer, Luise: *Die Gärtnerin*, Berlin 1921, S. 14.

weibliche Charaktereigenschaften berufen, welche Frauen für den Gärtnerinnenberuf besonders prädestinieren würden. So „kommen in dem Beruf der Gärtnerin alle dem weiblichen Geschlecht als Vorzüge angerechneten Eigenschaften zur Geltung: das Achten auf das Kleine, das liebevolle Vertiefen in die Bedürfnisse anderer, die Fürsorge für die Schwachen und nicht zum mindesten der Sinn für Ordnung, Sauberkeit und Akkuratesse",[24] wie Anna Blum (1843–1917), Schriftführerin des badischen Frauenvereins, konstatierte. An der Auflistung dieser Eigenschaften zeigt sich deutlich die Orientierung am traditionellen Geschlechterbild der bürgerlichen Frau. Da der Gärtnerinnenberuf scheinbar genau diese Eigenschaften voraussetze, „ist dem weiblichen Geschlecht ein Erwerb eröffnet, dem nicht der Vorwurf gemacht werden kann, daß er die Frauen ihrem natürlichen Beruf entfremde",[25] sondern gerade „eine Fülle von behutsamer Sorgfalt [...], liebevollster Pflege" und „manueller Geschicklichkeit für die feineren Obliegenheiten verlangt", die mit der „weiblichen Anlage in glücklichster Weise übereinstimmt".[26] Aufgrund dieser essentiellen Zuschreibungskriterien schien sich eine berufliche Tätigkeit von bürgerlichen Frauen im Gartenbau nahezu ideal in die Berufskämpfe der Frauenbewegung einzufügen. Vor diesem Hintergrund versuchte die Frauenbewegung gezielt, den Gärtnerinnenberuf mit jenen bürgerlich-normativen Weiblichkeitsvorstellungen in Einklang zu bringen, um eine gezielte Legitimierung weiblicher Erwerbsarbeit zu erzeugen.[27] In diesem Sinne wurde in immer wiederkehrendem Tenor auf die enge Verbindung zwischen weiblichem Gärtnern und Erziehungsarbeit verwiesen. Neben der Tätigkeit in Sanatorien, Heilanstalten und Fürsorgeeinrichtungen, wo Gärtnerinnen während der gemeinsamen Gartenarbeit mit den Patient:innen durch ein „intuitives, echt weibliches Taktgefühl, starke Energie und viel liebevolle[r] Geduld"[28] in vorzüglicher Weise

---

[24] Blum, Anna: *Der Obst- und Gartenbau als Frauenerwerb*, in: *Die Frau* 4 (1896), S. 119–122, hier: S. 119.
[25] Ebd.
[26] Wächtler: *Der Gärtnerinnenberuf*, S. 9.
[27] An dieser Stelle sei darauf verwiesen, dass die Ansichten und Vorstellungen des radikalfortschrittlichen und des gemäßigten Flügels im Kontext von Berufsfragen überaus kongruent waren, sprich beide Lager argumentierten mit identischen Weiblichkeitsbildern und Emanzipationsentwürfen. Aufgrund dieser „fluiden Grenzen" (grundlegend Bartels: *Garten, Gefängnis, Fotoatelier*) zwischen beiden Lagern kann nicht mehr ohne weiteres von einer starren Trennung beider Flügel ausgegangen werden, wofür auch erst jüngst Schraut, Sylvia: *Internationale Konferenzen, Publikationen und die Stiftung von Erinnerung. Mediale Strategien in den Richtungskämpfen der bürgerlichen Frauenbewegung im Kaiserreich*, in: *Feministische Studien* 35.1 (2017), S. 61–75, hier: S. 61, plädiert hat. Inwiefern es weitere konkrete (ideologische) Überschneidungen, Gemeinsamkeiten und praktische Zusammenarbeit zwischen gemäßigten und radikalen Akteur:innen gab, ist ein weiterer Untersuchungsaspekt meiner Dissertation.
[28] Wächtler: *Der Gärtnerinnenberuf*, S. 42.

auf diese wirken können, galt die Anstellung im Schulgarten aufgrund der „natürliche[n] Veranlagung der Frau als Erzieherin der Kinder"[29] als ein ideales, mit den vermeintlich weiblichen Eigenschaften kompatibles Erwerbsfeld. Mit dieser Argumentationsbasis rekurrierte die Partizipationsstrategie der bürgerlichen Frauenbewegung – sowohl des ‚radikalen' als auch des ‚gemäßigten' Flügels – unverkennbar auf das Konzept der „Geistigen Mütterlichkeit",[30] nach welchem die in der häuslichen Sphäre ausgeübten Mütterlichkeitseigenschaften der bürgerlichen Frau auf die außerhäusliche Sphäre übertragen wurden. Die Betonung der Geschlechterdifferenz bedeutete in den frauenbewegten Berufskämpfen jedoch keinen Konservatismus im Sinn einer Rückschrittlichkeit. Die Polarisierung und Dichotomisierung der Geschlechter diente den frauenbewegten Aktivistinnen hingegen gezielt dazu, die Relevanz weiblicher Berufsbefähigungen für die ‚Zivilisierung' der Gesellschaft zu betonen. Einen radikalen Umbruch der bestehenden Geschlechterverhältnisse herbeiführen zu wollen, lag den Frauenrechtlerinnen in ihrem Berufsengagement fern.

5   Gärtnerinnen und Klasse

Das Engagement der bürgerlichen Frauenbewegung richtete sich ausschließlich an Frauen der eigenen Gesellschaftsschicht – an das Bildungs- und Wirtschaftsbürgertum. Dies zeigt sich insbesondere an der immer wiederkehrenden Abgrenzung zur einfachen, den proletarischen Schichten entstammenden Gartenarbeiterin. So betonte Castner, dass das Konzept des Gärtnerinnenberufs „Damen […] zur Gärtnerin [und] nicht zur Gartenarbeiterin"[31] ausbildet. Diese Grundsätzlichkeit zeigt sich in der immer wiederkehrenden Betonung der Abgrenzung zwischen bürgerlichen Gärtnerinnen und proletarischen Gartenarbeiterinnen. Hierbei ging es um

---

[29] Ebd., S. 35.
[30] Aufbauend auf den Theorien Friedrich Fröbels (1782–1852) entwickelten die beiden Frauenrechtlerinnen Henriette Goldschmidt (1825–1920) und Henriette Schrader Breymann (1827–1899) das strategische Konzept der „Geistigen Mütterlichkeit", nach dem die beiden Komponenten Mütterlichkeit und Weiblichkeit miteinander gleichgesetzt wurden. Konkret wurde hierfür Mütterlichkeit von ihrer biologischen Seite entkoppelt und allen Frauen, ob kinderlos oder kinderreich, genuin vorhandene mütterlich-weibliche Eigenschaften attestiert. Siehe im Überblick Sachße, Christoph: *Mütterlichkeit als Beruf. Sozialarbeit, Sozialreform und Frauenbewegung 1871–1929*, Opladen ²1994; Schaser, Angelika: *Frauenbewegung in Deutschland 1848–1933*, Darmstadt ²2020, S. 42f.
[31] Castner, Elvira: *Der Gartenbau, ein Arbeitsfeld für die gebildete Frau*, in: *Jahrbuch für die deutsche Frauenwelt*, hg. v. Elly Saul/Hildegard Obrist-Jenicke, Stuttgart 1899, S. 137–144, hier: S. 143 (Hervorhebung im Original).

zweierlei Parameter: Erstens sollte das bürgerliche Selbstverständnis gewahrt werden, welches sich in seinem Kern auf eine bewusste Einhaltung jeglicher Klassengrenzen berief; zweitens galt es, Lohndrückerei und Konkurrenzrangelei zu unterbinden. Dieses Ausschlussbestreben wurde in der Praxis durch rigorose Aufnahme- und Ausbildungskriterien umgesetzt, die sich zum einen auf finanzielle und zum anderen auf bildungsbezogene Aspekte beriefen. Die Ausbildungskosten der Gartenbauschulen beliefen sich durchschnittlich auf 3.000 Mark. Zudem waren diverse Gerätschaften, wie verschiedene Gartenscheren und -messer, Baumsägen sowie funktionelle Kleidung auf eigene Kosten anzuschaffen. Kamen Schülerinnen von außerhalb, mussten noch Unterbringungs- und Verpflegungsausgaben hinzugerechnet werden.[32] Ein finanzielles Unterfangen also, das sich Töchter und Frauen selbst aus bessergestellten Arbeiterfamilien nicht leisten konnten.[33] Auch den geforderten Bildungsanspruch, der die Absolvierung einer Höheren Töchterschule als Aufnahmekriterium voraussetzte, konnten in der Regel nur bürgerliche Frauen und Mädchen erfüllen. Diese bildungsorientierte Prämisse war vor allem im Kontext der erzieherischen Komponente des Gärtnerinnenberufs essenziell, „denn zum Gärtnerinnenberuf, wie wir ihn auffassen, seiner sozialen Geltung und ethisch-erzieherischen Wirksamkeit gehört das Fundament einer gründlichen höheren Schul- und Allgemeinbildung",[34] wie in einem Berufsratgeber der Frauenbewegung festgesetzt wurde. Herauslesen lassen sich hier Formen einer – um mit Ute Gerhard zu sprechen – antiproletarischen Familienideologie des Bürgertums, nach welcher Frauen der Arbeiterklasse nicht zuletzt aufgrund einer angeblich sittenlosen Lebensweise ein Defizit an erzieherischen und sozialen Werten attestiert wurde.[35] Gleichzeitig offenbaren sich hier gegensätzliche Entwürfe von bürgerlicher und proletarischer Weiblichkeit. Diese Gegensätzlichkeit zeigte sich im Gärtnerinnenberuf durch klassendefinierte Zuständigkeitsbereiche innerhalb des Gartenbaus. So wurden den proletarischen Gartenarbeiterinnen die

---

[32] Vgl. Blum: *Der Obst- und Gartenbau als Frauenerwerb*, S. 121.
[33] Zum Vergleich verdienten beispielsweise Berliner Dienstmädchen – dort waren die Lohnsätze am höchsten – um 1900 bei freier Logis und Kost zwischen 150 und 200 Mark jährlich. Die Löhne der Fabrikarbeiterinnen lagen mit durchschnittlich 500 Mark pro Jahr zwar höher, allerdings mussten von diesem Verdienst die gesamten Lebenshaltungskosten bestritten werden, vgl. Frevert, Ute: *Frauen-Geschichte zwischen bürgerlicher Verbesserung und Neuer Weiblichkeit*, Frankfurt a.M. 1986, S. 84f.
[34] Niemer: *Die Gärtnerin*, S. 19.
[35] Vgl. Gerhard, Ute: *Verhältnisse und Verhinderungen. Frauenarbeit, Familie und Rechte der Frauen im 19. Jahrhundert. Mit Dokumenten*, Frankfurt a.M. 1978, S. 139–143. Die Vorurteile von proletarischem Leichtsinn und Missachtung aller Tugenden – Sparsamkeit, Ordnungsliebe und eine sittsame Lebensweise –, über welche sich das Bürgertum selbst definierte, zogen sich im zeitgenössischen Diskurs durch zahlreiche Traktate, in deren Kontext immer wieder auf mangelnde Erziehungsleistungen proletarischer Frauen rekurriert wurde. Im Tenor moralischer Entrüstungen entstand ein Konstrukt kausaler Zusammenhänge zwischen Sittenverfall, selbstverschuldeter Armut und Kriminalität.

groben Arbeiten, wie unter anderem Mistdünger auf die Beete bringen, Unkraut jäten, Wege kehren und dergleichen, zugeteilt, wohingegen der eigentliche Gartenbau, sprich säen, pflanzen, pflegen und ernten, bürgerlichen Gärtnerinnen vorbehalten sein sollte. Hierdurch schufen die frauenbewegten Aktivistinnen gezielt ein hierarchisches Verhältnis zwischen bürgerlichen Gärtnerinnen und proletarischen Gartenarbeiterinnen. So antwortete Castner auf die Frage, ob die Tätigkeit im Gartenbau für eine „gebildete Frau" nicht zu schwer wäre, bewusst im Sinne bürgerlicher Klassendistinktion: „Die so denken, denken an Gartenarbeiterinnen, denen es obliegt, alle groben Handarbeiten im Garten zu verrichten. Das soll die Gärtnerin freilich nicht; sie soll und muß aber die Arbeiterinnen anweisen können, wie eine Arbeit ausgeführt werden muß".[36] Offenkundig zeigen sich hier Klassenverhältnisse, die auch den bürgerlichen Haushalt – sprich das zugeschriebene Refugium bürgerlicher Frauen – definierten: Die Beziehung zwischen delegierender Hausherrin und ausführenden Haushaltsangestellten. Dieses hierarchische Verhältnis war essenziell für das bürgerliche Selbstverständnis, wurde an der Anzahl der im bürgerlichen Haushalt beschäftigten Angestellten nicht zuletzt der gesellschaftliche Status der Hausherrin sowie der gesamten bürgerlichen Familie bestimmt.[37] Vor diesem Hintergrund diente das Beschäftigen von Dienstpersonal nicht nur arbeitsentlastenden Zwecken, sondern in bedeutendem Maße auch der bürgerlichen Selbstversicherung. Umso erschreckender war es, wenn die neugewonnenen beruflichen Möglichkeiten für bürgerliche Frauen charakteristische Züge des ‚Dienens' aufwiesen, so auch im Falle des Gärtnerinnenberufs. Beispielsweise mokierte sich eine Gärtnerin darüber, während ihres Beschäftigungsverhältnisses in einem Villengarten auch zu anderen, nicht gärtnerischen Tätigkeiten herangezogen zu werden, die jenseits der bürgerlich legitimen Aufgabenbereiche lagen: „Ich war in einem Villengarten. [...] Es fehlte eine Stütze der Hausfrau. [...] Ich sollte vollständig als Stütze fungieren und den Garten daneben erledigen [...] also der eigentliche Beruf als Nebenamt".[38] Zur Wahrung des bürgerlichen Klassenbewusstseins war die Kündigung dieser Stelle die logische Konsequenz.[39] Unumwunden offenbart sich hier der dem Bürgertum häufig so immanente Standesdünkel, vor welchem auch Vertreterinnen der bürgerlichen Frauenbewegung nicht gefeit waren. Wenn es um das bürgerliche Selbstverständnis ging, stieß auch eine weibliche Geschlechtersolidarität an ihre Grenzen.[40]

Aber nicht nur zwischen bürgerlichen Gärtnerinnen und proletarischen Gartenarbeiterinnen taten sich zunehmend Klassengräben auf. Männliche Gärtner, die zumeist ebenfalls der Arbeiterklasse und dem unteren Bürgertum entstammten,

---

[36] Castner, Elvira: *Vortrag gehalten im Frauenverein in Stettin am 21. September 1894*, in: Dies.: *Zwei Vorträge über Obst- und Gartenbau. Ein Erwerbszweig für gebildete Frauen*, Berlin 1895, S. 15–22, hier: S. 17.
[37] Vgl. Bartels: *Ein Blick zurück*, S. 25.
[38] We., El.: *Auch über die Gärtnerin*, in: *Die Gartenwelt* 20 (1916), S. 405f., hier: S. 405.
[39] Vgl. ebd., S. 406.
[40] Vgl. Bartels: *Schwesterliche Solidarität*, S. 30–33.

erblickten in den bürgerlichen Gärtnerinnen eine Gefahr für ihre berufliche Position. Aufgrund dessen versuchten sie vehement die Nichteignung von bürgerlichen Frauen für den Gärtnereiberuf zu bekräftigen und rekurrierten in ihrer Argumentationsführung ebenfalls auf vermeintlich geschlechtsspezifische Charaktereigenschaften, die nun aber dazu dienten, Frauen ihre beruflichen Fähigkeiten abzusprechen: So sei dem männlichen Gärtner von frühester Jugend an Zucht und Gehorsam in Fleisch und Blut übergegangen und er dadurch in der Lage, Tadel nicht nachtragend einstecken zu können, bei der Gärtnerin hingegen existiere ein ausgeprägtes Defizit an Unterordnung und Kritikfähigkeit. Bei jeglicher noch so kleinen Kritik sei sie eine „gekränkte Leberwurst [und] schmollt acht Tage lang [...]. Ja, viele werden sogar widerhaarig und frech und der Schluß ist, daß sie es [das Gärtnern, Anm. M.B.] nicht nötig haben",[41] wie Berufsgärtner Arthur Janson lamentierte. Auch *Möller's Deutsche Gärtner-Zeitung*, welche durch die kontinuierliche Veröffentlichung antifeministischer[42] Artikel mit entsprechend zugehörigen Karikaturen hervorsticht, monierte in nahezu ähnlicher Weise die Nutzlosigkeit bürgerlicher Frauen für den Gärtnerinberuf. Diese seien gegenüber der einfachen Gartenarbeiterin aufgrund ihres klassenspezifischen Habitus', welcher sich in weiblicher Pingeligkeit sowie einem Mangel an körperlicher Belastungsfähigkeit zeige, a priori für handfeste Gartenarbeiten gänzlich ungeeignet und nutzlos. Deutlich wird hier eine tiefgreifende Verflechtung aus Konkurrenzangst, Klassenabgrenzung und Geschlechterkampf: Gärtner der Arbeiterklasse und des Kleinbürgertums fürchteten den Mitbewerb bildungsbürgerlicher Gärtnerinnen; diese waren wiederum stets darauf bedacht, sich von den ‚einfachen', sprich proletarischen Gartenarbeiterinnen und Gartenarbeitern abzugrenzen. Die Transformationsprozesse, die durch die Etablierung des Gärtnerinnenberufs einsetzten, bedeuteten also keinesfalls eine Erweiterung der Handlungsräume aller Frauen, sondern beschränkten sich ausschließlich auf die Lebens- und Arbeitswelt bürgerlicher Frauen. Durch die gezielte Exklusion proletarischer Frauen aus diesem Berufsfeld verminderten sich gleichzeitig ihre Partizipationsmöglichkeiten. Und auch Männer, die sich zuvor ihrer beruflichen Stellung als Gärtner sicher sein konnten, mussten sich neben der eigenen männlichen Konkurrenz nunmehr auch gegenüber weiblichen Berufsgärtnerinnen behaupten. Hier offenbaren sich nicht minder Strukturen, die den Clash von Klasse und Geschlecht im Machtraum des Gartens demonstrieren.

---

[41] Janson, Arthur: *Gärtnerinnenfrage*, in: *Die Gartenwelt* 19 (1915), S. 350f., hier: S. 350.
[42] Der hier angewandte Begriff des Antifeminismus lehnt sich an die Definition von Ute Planert an. Planert grenzt Antifeminismus als eine institutionalisierte Reaktion auf die Emanzipationsbestrebungen der Frauenbewegung bewusst vom Begriff der Misogynie als eine durch Sinnsysteme legitimierte Überzeugung von der ontologischen Unterlegenheit des weiblichen Geschlechts ab und unterscheidet weiter zum Begriff der Frauenfeindlichkeit, unter dem sich Praktiken subsummieren, die gezielt dazu dienen, die Diskriminierung von Frauen in die Tat umzusetzen, vgl. Planert, Ute: *Antifeminismus im Kaiserreich. Diskurs, soziale Formation und politische Mentalität*, Göttingen 1998, S. 12.

6 Gärtnerinnen und ‚Volkswohl'

Neben Castners Intention, Frauen eine Lebens- und Berufsperspektive zu eröffnen, hatte ihr Plan überdies eine volkswirtschaftliche Ausrichtung. Nachdem sie während ihrer Studienzeit in den USA gesehen hatte, dass in der Hafenstadt Baltimore ganze Schiffsladungen mit frischem Obst nach Deutschland verschifft worden waren, überlegte sie, wie es denn möglich sei, „die Einfuhr fremder Früchte zu vermindern".[43] Den heimischen Obstbau zusätzlich durch Frauenhand zu fördern, schien die Lösung zu sein.[44] Wie ernst ihr dieses Anliegen war, zeigen ihre Publikationen und Vorträge, mit denen sie den Gärtnerinnenberuf bewarb. Hier betonte sie, untermauert mit umfangreichem statistischem Zahlenmaterial, die Funktion des Gartenbaus als Wirtschaftsfaktor und prangerte den massenhaften Import von Obst und Gemüse aus europäischen Nachbarländern und den USA an. So gab Deutschland zum Beispiel im Jahr 1893 fast 30 Millionen Mark für die Einfuhr von Gemüse, Äpfeln und Birnen aus; Südfrüchte, Nüsse und Kastanien wurden mit einem ebenso hohen Importpreis veranschlagt. Gründe hierfür sah Castner darin, dass der Staat auf die Verwendung und Verwertung heimischer gärtnerischer Erzeugnisse zu wenig Wert lege. „Sache der Frauen" sei es nunmehr – wie sie postulierte – „mitzuhelfen, daß hier Wandel geschaffen wird".[45] Erstens dadurch, dass die Frauen „im Haushalt nur einheimische Produkte verwerten"[46] und zweitens, dass sie erwerbsmäßig in den Gartenbau eingebunden werden. Denn, wo immer „Frauenthätigkeit und Frauenkraft dem Einzelnen und der Gesamtheit Nutzen bringen können, da sollten wir nicht die Hände in den Schoß legen. [...] Obst soll nicht ein Genußmittel sein, es muß ein Nahrungsmittel werden. Ohne die Hilfe der Frauen wird dies noch lange ein frommer Wunsch bleiben".[47] Daher sei es eine „dringende Notwendigkeit, daß zur Hebung des Obst- und Gartenbaues [...] die Frauen sich an der Lösung dieser Aufgabe beteiligen".[48] Aber auch für den Export sollten gärtnernde Frauenhände eine förderliche Rolle spielen. So läge es nunmehr an der Unterstützung der Frauen den „Export von Obst- und Gemüseprodukten zu steigern, [...] um durch den Obstbau dem Vaterlande große

---

[43] Castner: *Die Gärtnerin in der Vergangenheit*, S. 88.
[44] Vgl. *Lebenslauf Elvira Castner*, BLHA, Bestand: Rep. 34 Provinzialschulkollegium, Nr. 3526: Obst- und Gartenbauschule in Berlin-Marienfelde.
[45] Castner, Elvira: *Obst- und Gartenbau, ein Erwerbszweig für gebildete Frauen*, in: *Frauen-Reich. Deutsche Hausfrauen-Zeitung* 28 (1894), S. 327f., hier: S. 328.
[46] Ebd.
[47] Ebd.
[48] Ebd.

Summen Geldes zu erhalten".[49] Und Castner ging noch weiter, indem sie die „gebildete Frau" als Retterin des „vaterländischen Obstbaus" stilisierte, denn – so ihre These, die gleichzeitig als Existenzanspruch ihres Gartenbauschulkonzepts fungierte – „wenn Männer allein die Aufgabe hätten lösen können, so würden wir heute nicht gezwungen sein, eine solche Menge fremdländischen Obstes bei uns einzuführen".[50] Mit der Hinzunahme ökonomischer Aspekte, zur Etablierung des Gärtnerinnenberufs, partizipierte Castner gezielt in einem politisch-öffentlichen Feld und verband frauenbewegte Emanzipationspotentiale mit aktuellen wirtschafts- und gesellschaftspolitischen Fragen des Kaiserreichs.[51] Hierdurch bewegte sie sich in einem öffentlich-männlich konnotierten Raum, der ihr als bürgerlicher Frau nicht zuerkannt war. Die Überschreitung dieser Geschlechtergrenzen ist demnach auch Ausdruck eines gesellschaftlichen Transformationsprozesses.

7 Fazit: Der Gärtnerinnenberuf als Transformationsprozess

Am Beispiel des Gärtnerinnenberufs konnte ich zeigen, dass die Frauenbewegung in ihren Berufskämpfen systematisch die Strategie des Differenzansatzes vertrat. Nach diesem wurden nicht die Forderungen einer Geschlechtergleichheit betont, sondern spezifisch ‚weibliche Fähigkeiten' bekräftigt um – so waren die hier erwähnten Frauen überzeugt – zu einer zivilisierten Gesellschaftsentwicklung beizutragen. Durch diese weibliche Ermächtigung, die sich gezielt in der Schaffung von neuen Berufsfeldern für Frauen niederschlug, partizipierte die bürgerliche Frauenbewegung gleichsam in bedeutsamem Maße an Transformations- und Umbruchprozessen des Kaiserreichs: Frauen erkämpften sich neue berufliche Möglichkeiten jenseits der unentgeltlichen Tätigkeiten, die ihnen nach bürgerlichen Normvorstellungen ausschließlich im Innerhäuslichen zugewiesen worden waren,

---

[49] Castner, Elvira: *Die Frau als Gärtnerin*, in: *Hillgers Illustriertes Frauen-Jahrbuch. Kalender, Merk- und Nachschlagebuch für die Frauenwelt*, hg. v. Hermann Hillger, Berlin/Eisenach/Leipzig 1904/05, S. 420–434, hier: S. 425.
[50] Ebd., S. 424.
[51] Der Innen- und Außenhandel avancierte um 1900 zu einem der wichtigsten Punkte wilhelminischer Wirtschaftspolitik. Mit dem Streben der deutschen Wirtschaft nach einer zentralen Rolle in ökonomischen Globalisierungsprozessen konnte das Kaiserreich zwischen den 1870er Jahren bis zum Ersten Weltkrieg eine zunehmende Exportquote verbuchen. In den letzten Vorkriegsjahren rangierte das Deutsche Reich hinter Großbritannien und den USA auf Platz drei in der internationalen Handelsbilanz, vgl. Burhop, Carsten: *Wirtschaftsgeschichte des Kaiserreichs 1871–1918*, Stuttgart 2011; Torp, Cornelius: *Die Herausforderung der Globalisierung. Wirtschaft und Politik in Deutschland 1860–1914*, Göttingen 2005, S. 62.

und erweiterten somit ihre Handlungs- und Partizipationsräume. Damit einhergehend traten sie vermehrt aus der häuslichen Sphäre in die männlich konnotierte außerhäusliche Öffentlichkeit und verschafften sich dort Stimme und Gehör. Überdies ergaben sich neue weibliche Lebensperspektiven und -entwürfe: Durch die Schaffung neuer Berufsmöglichkeiten konnten bürgerliche Frauen nunmehr Berufe ergreifen, die individuellen Vorlieben entsprachen und nicht einzig und allein auf traditionell weibliche Berufe, wie Lehrerin, Erzieherin oder Gouvernante beschränkt waren. Und für zeitlebens ledige Frauen oder auch (junge) Witwen, die häufig als mehr oder weniger geduldete Tanten oder Töchter in den Haushalten der Brüder bzw. Eltern lebten, boten die neuen Berufe ein Mehr an Alternativen für ein eigenverantwortliches und ökonomisch unabhängiges Leben.

Mit diesen weiblichen Emanzipationskonzepten einhergehend war es ein zentrales Anliegen der Frauenbewegung, ihre erkämpften Partizipationsräume als ausschließlich bürgerlich-weibliche Handlungsfelder zu verorten. Das führte unweigerlich dazu, dass die Frauenbewegung zwar die Lebensperspektiven und Berufschancen von Frauen ihrer eigenen Klasse positiv beeinflusste, andere Personen(-gruppen) dadurch jedoch beeinträchtigt wurden: Kleinbürgerliche Männer mussten sich in ihren beruflichen Positionen neu behaupten und trafen neben der eigenen männlichen Konkurrenz nun zusätzlich auf Frauen, die eine fundierte Ausbildung vorweisen konnten. Und Frauen der Arbeiterklasse wurde durch gezielte, auf bürgerlichen Maßstäben beruhenden Professionalisierungen der Berufe eine Tätigkeit in diesen schier verunmöglicht. Wurde in der Spezifik des Weiblichen der Schlüssel für weibliche Partizipationsmöglichkeiten gesehen, war dieser bürgerlich-weibliche Emanzipationsweg von einem ausgeprägt bürgerlichen Habitus getragen und stützte sich gezielt auf klassenspezifische Exklusionsprozesse. Kurzum: Die Inklusion bürgerlicher Frauen auf Grundlage ihrer spezifisch ‚bürgerlich-weiblichen Fähigkeiten' in die Berufswelt hatte unmittelbar die Exklusion proletarischer Frauen sowie eine zusätzliche Lohnkonkurrenz für kleinbürgerliche Männer zur Folge. Besonders durch die zielgerichtete Exklusion proletarischer Frauen aus den neugewonnenen Berufsfeldern verstärkten die bürgerlichen Aktivistinnen den schon ohnehin bestehenden Außenseiterstatus der Arbeiterinnen und schränkten deren berufliche Partizipationsmöglichkeiten um ein Weiteres ein. Die von der Frauenbewegung initiierten bürgerlich-weiblichen Emanzipationsbestrebungen waren demzufolge maßgeblich durch klassenspezifischen Ausschluss getragen. Das bedeutet erstens, das Handeln der bürgerlichen Frauenbewegung fortan deutlicher zu differenzieren und eben nicht als Aufbruchs- und Emanzipationsgeschichte aller Frauen zu begreifen, sondern dezidiert als eine Erweiterung bürgerlich-weiblicher Handlungsräume. Für das Verständnis des Deutschen Kaiserreichs bedeutet dies zweitens, die Beteiligung bürgerlicher Frauen an der Prägung der wilhelminischen Klassengesellschaft fortan stärker zu betonen: Durch das Erstarken und Handeln der bürgerlichen Frauenbewegung gegen Ende des 19. Jahrhunderts war Klasse nicht mehr nur durch männlichen Besitz und Bildung definiert, sondern ebenso maßgeblich durch einen bürgerlich-weiblichen Aktionismus. Drittens gilt in diesem Zusammenhang, dass auch der Begriff der Transformation stets differenziert betrachtet und kontextualisiert werden muss: Nicht immer und nicht für jede gesellschaftliche Gruppe führten Umbrüche und Transformationsprozesse zu einem Hinzugewinn von Handlungsräumen und Partizipationsmöglichkeiten. Transformationsprozesse waren hingegen geprägt von Inklusion und Exklusion: Wo die einen gewannen, verloren die anderen. Viertens macht meine Analyse deutlich, dass Fragen von Geschlechtergerechtigkeit, Klassenzugehörigkeiten sowie gesellschaftlicher und politischer Partizipation der Akteur:innen in ihren Verflechtungen miteinander stärker zusammengedacht werden müssen, um somit nicht zuletzt den Blickwinkel der Politik- und Sozialgeschichte durch geschlechter- und klassensensible Fragen gewinnbringend zu erweitern.

VERA-MARIA GIEHLER

Eheberatung als individuelle Hilfe und gesellschaftliche Ordnungsvorstellung 1945–1965

1 Einleitung

Eheberatung erfüllte in Westdeutschlands Nachkriegszeit und früher Bundesrepublik mehrere Funktionen: Sie war ein Angebot für die Ratsuchenden, sollte jedoch auch gesellschaftliche und kirchliche Ordnungsvorstellungen zur Institution Ehe beeinflussen. Die in der Beratung Tätigen schrieben ihrer Arbeit eine staatstragende Aufgabe zu.[1] Beratende und Ratsuchende waren folglich mit gesellschaftlichen Erwartungen und Zielsetzungen von Verbänden und Vorgesetzten, aber auch individuellen Wünschen und Emotionen konfrontiert. Somit zeigen sich in der Praxis der Eheberatung sowohl individuelle Hilfe als auch soziale Kontrolle in zeittypischer Ausprägung. In der Beratungssituation selbst und in den Zielsetzungen der Verbände und Eheberatungsstellen werden dadurch zwei eng miteinander verbundene Transformationsprozesse deutlich, die mit entsprechenden Gestaltungsversuchen einhergingen: Die Beratung entwickelte sich von der Eugenik zur individuellen Hilfe, womit eine zunehmende Professionalisierung der Beratenden verbunden war. Der vorliegende Beitrag will diese beiden Transformationen näher beleuchten.[2]

Entstanden war Eheberatung in der Weimarer Republik auf staatliche Initiative hin. Sie stellte die relevanteste Umsetzung eugenischer Politik im Deutschen Reich vor dem Zweiten Weltkrieg dar. Angesiedelt im Bereich der Gesundheitsfürsorge verfolgte sie das Ziel, durch voreheliche Beratung positive Erbanlagen zu ‚fördern'. Der Eheberatung ging es also zunächst darum, die Fortpflanzung zu steuern, und nicht um die individuelle Beratung Verheirateter bei konkreten Problemen. Diese Ausrichtung überdauerte den Nationalsozialismus deutlich. Noch in

---

[1] Im Folgenden wird im Zusammenhang mit der nichtkonfessionellen bzw. evangelischen Ausrichtung die männliche Form Berater bzw. Eheberater verwendet, da dort vor allem männliche Akteure tätig waren. In der von Frauen geprägten katholischen Beratung wird hingegen die weibliche Form verwendet.
[2] Sofern keine anderen Quellen oder Literaturhinweise angegeben sind, bezieht sich der vorliegende Artikel somit auf Giehler, Vera-Maria: *Das Paar im Fokus. Eheberatung in Westdeutschland 1945–1965*, Berlin 2023. Dort werden die folgenden Thesen und Sachverhalte mit zahlreichen weiterführenden Quellen- und Literaturbelegen ausführlich behandelt.

Nachkriegszeit und früher Bundesrepublik prägten bereits während des ‚Dritten Reiches' tätige Sozial- und Rassenhygieniker das Feld. Sie waren maßgeblich dafür verantwortlich, dass die Beratung offiziell auf ihrer eugenischen und insbesondere vorehelichen Intention beharrte. Doch im Laufe der Bundesrepublik gelang es der Eheberatung zunehmend, dieses Erbe hinter sich zu lassen und sich als individuelle Hilfe für verheiratete Paare im Krisenfall neu zu profilieren. Gefördert wurde dies durch Beratende, die sich den realen Bedürfnissen der Ratsuchenden zuwandten, sowie eine von Verbänden vorangetriebene Professionalisierung, die den Fokus auf psychologische Methoden legte. Den Beginn dieser Professionalisierung markierte die Gründung der Deutschen Arbeitsgemeinschaft für Jugend- und Eheberatung (DAJEB) im Jahre 1949.

Im Folgenden gilt es zwischen den klassischen historischen Epochenumbrüchen wie dem Jahr 1933 und dem Jahr 1945 auf der einen Seite und Umbrüchen in der Entwicklung der Eheberatung auf der anderen Seite zu unterscheiden, denn beide sind nicht deckungsgleich. Das nationalsozialistische Regime erweiterte die eugenische Intention der Eheberatung und versah sie mit juristischem Zwang – ein Umbruch in der Beratung fand aber im eigentlichen Sinne nicht statt. Auch 1945 stellt für die Beratungsarbeit keine feste Epochengrenze dar, da die eugenischen Grundlagen weiter relevant blieben. Erst nachdem die Eheberatung in Nachkriegszeit und früher Bundesrepublik ausgebaut worden war, zeigten sich größere Wandlungsprozesse vor dem Hintergrund erheblicher Transformationen der Ehe- und Familienverhältnisse ab Ende der 1950er Jahre. Deutlich später, als auf den ersten Blick zu erwarten wäre, trat die Eheberatung schließlich Mitte der 1960er Jahre in eine neue Phase: Die Akteurinnen und Akteure hatten sich im Rahmen verschiedener Verbände organisiert und mit übergeordneten Anerkennungs- und Ausbildungsrichtlinien eine Professionalisierung erreicht. Die Entwicklung von der eugenischen Akzentuierung der Beratungsarbeit zur Therapeutisierung war vollzogen.

Zum Verständnis der Professionalisierung von Eheberatung wird im Folgenden der Ansatz Lutz Raphaels zur „Verwissenschaftlichung des Sozialen" seit dem 19. Jahrhundert zugrunde gelegt. Diese „bezeichnet [...] konkret die dauerhafte Präsenz humanwissenschaftlicher Experten, ihrer Argumente und Forschungsergebnisse in Verwaltungen und Betrieben, in Parteien und Parlamenten bis hin zu den alltäglichen Sinnwelten sozialer Gruppen".[3] Diese Positionierung von Experten des Sozialen und die damit verbundene Anwendung ihres Wissens lassen sich auch für die Eheberatung beobachten.

---

[3] Raphael, Lutz: *Die Verwissenschaftlichung des Sozialen als methodische und konzeptuelle Herausforderung für eine Sozialgeschichte des 20. Jahrhunderts*, in: *Geschichte und Gesellschaft. Zeitschrift für Historische Sozialwissenschaft* 22.2 (1996), S. 165–193, hier: S. 166.

2 Eugenik als Gründungsimpuls der Eheberatung

Zu Beginn des 20. Jahrhunderts setzte in vielen Ländern eine intensive Diskussion über sinkende Geburtenzahlen und steigende Scheidungsraten ein.[4] Das Wort führten dabei Vertreter der Eugenik, die mit ihrer Lehre eine ‚genetische Verbesserung' der Bevölkerung anstrebten. Eugenik war als angewandte Wissenschaft ein Phänomen der Moderne[5] und von einer großen Bandbreite politischer und gesellschaftlicher Akteure als Steuerungsinstrument akzeptiert. Innerhalb der Eugenik existierten zwei Ausrichtungen: ‚Positive Eugenik' sollte über eine entsprechende Steuer- und Familienpolitik dafür sorgen, dass ‚Erbtüchtige' zahlreiche Kinder bekamen. ‚Negative Eugenik' hingegen war vorgesehen, um Personen mit als ‚minderwertig' angesehenem Erbgut an Familiengründungen und Fortpflanzung zu hindern, wobei auch Sterilisierung kein Tabu war.[6]

Die Ehe bot sich als ein wichtiger Zugriff auf das Reproduktionsverhalten der Bevölkerung an – und damit auch die institutionelle Eheberatung, die amtlicherseits seit 1926 gefördert wurde. Sie war vor allem auf die Beratung und Untersuchung heiratswilliger Paare ausgelegt, um deren ‚Erbgut' einzuschätzen. Obwohl einzelne Beratungsstellen bereits früher existierten, lag ihre Hauptgründungszeit in den 1920er Jahren, da sie eng mit dem Einzug eugenischen Gedankenguts in die Politik verknüpft war. Im Jahr 1926 gab der preußische Minister für Volkswohlfahrt Heinrich Hirtsiefer (1876–1941) einen Runderlass über die „Einrichtung ärztlich geleiteter Eheberatungsstellen" heraus. Noch im selben Jahr entstanden in Preußen 77 Einrichtungen und eine erste amtliche Beratungsstelle.[7] Sie konnten allerdings nur wenig Zulauf verzeichnen, teilweise weniger als 200 Besucher pro Jahr. Die Beratungen stellten Gesundheitszeugnisse aus, was viele junge Menschen als Eingriff in ihre Privatsphäre ablehnten. Amtlicherseits sollten diese Zeugnisse die Möglichkeit eröffnen, von der Ehe abzuraten oder in letzter Konsequenz auch zu verbieten.[8]

---

[4] Vgl. Soden, Kristine von: *Die Sexualberatungsstellen in der Weimarer Republik 1919–1933*, Berlin 1988; Timm, Annette F.: *The Politics of Fertility in Twentieth-Century Berlin*, New York 2010, S. 81f.

[5] Vgl. Szöllösi-Janze, Margit: *Wissensgesellschaft in Deutschland. Überlegungen zur Neubestimmung der deutschen Zeitgeschichte über Verwissenschaftlichungsprozesse*, in: *Geschichte und Gesellschaft* 30.2 (2004), S. 277–313, hier: S. 311f.; Weingart, Peter/Kroll, Jürgen/Bayertz, Kurt: *Rasse, Blut und Gene. Geschichte der Eugenik und Rassenhygiene in Deutschland*, Frankfurt a.M. 1988, S. 16.

[6] Vgl. Scheumann, F. K.: *Eheberatung. Einrichtung, Betrieb und Bedeutung für die biologische Erwachsenenberatung*, Berlin 1928.

[7] Vgl. Fischer, Martin: *Dienst an der Liebe. Die katholische Ehe-, Familien- und Lebensberatung in der DDR*, Würzburg 2014, S. 105.

[8] Siehe hier und bei allen weiteren nicht näher deklarierten Inhalten dieses Kapitels Giehler: *Das Paar im Fokus*.

Der amtlichen Eheberatung standen die von Sozialdemokratie, Frauenrechtlerinnen und Sexualreformern befürworteten, deutlich erfolgreicheren Sexualberatungsstellen gegenüber. Dort fanden pro Jahr durchschnittlich 1.000 Beratungen statt. Zwar wurde auch hier eugenisches Gedankengut adaptiert, denn die Beratenden unterschieden zwischen wünschenswerter Fortpflanzung und solcher, die es aus ihrer Sicht zu verhindern galt. Eugeniker kritisierten die Sexualberatung jedoch, da Frauen dort Kontrazeptiva erhalten konnten. Zudem lehnten sie die von den Beratenden unterstützten individuellen Entscheidungen zur Geburtenregelung ab. Ihnen ging es um den ‚Volkskörper' als Ganzes. Diese Kontroverse bestimmte maßgeblich die Entwicklung der Beratung in der Weimarer Republik.

Parallel betrieben auch amtliche Stellen zunehmend Konfliktberatung bei bestehenden Ehen, was den Ansichten der dort tätigen sozialdemokratischen Ärzte entsprach, aber auch den Wünschen Ratsuchender. Die Kirchen, welche die amtliche Eheberatung zu Beginn noch unterstützt hatten, lehnten diese Neuorientierung nunmehr ab. Die Fuldaer Bischofskonferenz veröffentlichte 1930 Leitsätze für eine autonome katholische Beratung.[9] Ihre Initiativen wollten aber keine Alternative zur amtlichen Beratungsarbeit sein, sondern eher eine Ergänzung nach dem Idealbild einer christlich geprägten, sozialen Mütterlichkeit.[10] Aus diesem Grund wurden zum Großteil Frauen in der Praxis tätig. Die evangelischen Kirchen übernahmen eugenisches Gedankengut stärker als die katholische Kirche.[11] Bereits 1931 entstand in der Inneren Mission[12] eine ‚Fachkonferenz für Eugenik', die Mediziner mit religiöser Motivation an die Spitze einer eindeutig eugenisch ausgerichteten Eheberatung setzen wollte. Doch nur wenige lokale Organisationen gründeten Beratungsstellen, bis 1931 entstanden lediglich 13. Die von Maria Blech[13] geleitete Einrichtung in Berlin war die erste und bekannteste. Diese Zu-

---

[9] Vgl. Niedermeyer, Albert: *Handbuch der speziellen Pastoralmedizin*, Bd. 2: *Ehe- und Sexualleben. Fakultative Sterilität, Sterilität, Künstliche Befruchtung, Impotenz, Eheberatung*, Wien 1952, S. 178f.
[10] Vgl. Sachße, Christoph: *Mütterlichkeit als Beruf. Sozialarbeit, Sozialreform und Frauenbewegung 1871–1929*, Frankfurt a.M. 1986, S. 283.
[11] Vgl. Kaminsky, Uwe: *Zwischen Rassenhygiene und Biotechnologie. Die Fortsetzung der eugenischen Debatte in Diakonie und Kirche, 1945 bis 1969*, in: *Zeitschrift für Kirchengeschichte* 116.2 (2005), S. 204–241, hier: S. 206f.; Lippold, Anette: *The Church and Modern Marriage. Denominational Marriage Counseling and the Transformation of Mainline Christian Religion in Germany and the United States, 1920–1970s*, New York 2014, S. 118f.
[12] Aufgrund verschiedener Namensänderungen im vorliegenden Artikel ab 1957 als ‚Diakonie' bezeichnet.
[13] Maria Blech (geb. 16.09.1886) war Witwe eines Pfarrers und hatte einen Hintergrund in Sozialarbeit und Pädagogik. Wie viele in der evangelischen Beratungsarbeit äußerte sich Blech zu Beginn des ‚Dritten Reichs' zustimmend zum nationalsozialistischen Staat. Bereits in der Weimarer Republik besaß sie einen großen Einfluss, den sie nach dem Zweiten Weltkrieg weiter ausbaute, siehe Giehler: *Das Paar im Fokus*, S. 33.

rückhaltung ist auch auf Konflikte innerhalb der Kirchen zurückzuführen. Die Öffentlichkeit nahm die evangelische Beratung wegen ihrer geringen Präsenz kaum wahr. Selbst eine zeitgenössisch wichtige Fachpublikation erwähnt sie nicht.[14]

Gleich zu Beginn des ‚Dritten Reiches', im Mai 1933, wurden die Sexualberatungsstellen aufgelöst, Mitarbeitende entlassen, verhaftet oder verfolgt. Die Eheberatungen hingegen arbeiteten in derselben personellen Besetzung weiter. An eugenische Programme anknüpfend, nutzten die Nationalsozialisten die Stellen als Erfassungsinstrument. Ratsuchende spielten als Individuen gegenüber der ‚Volksgemeinschaft' nun jedoch keine Rolle mehr, die vormals freiwillige Beratung wurde obligatorisch. Eine Vielzahl rassenpolitischer Maßnahmen trat in Kraft, u.a. das „Gesetz zur Verhütung erbkranken Nachwuchses", das Zwangssterilisationen vorsah.[15] Evangelische Eheberatende begrüßten zu Beginn die nationalsozialistischen Ankündigungen, Familie und traditionelle Rollenbilder zu unterstützen.[16] Sie begriffen sich weitestgehend als staatliche Akteure und konnten ihr Angebot durch neu gegründete Beratungsstellen erweitern. Die Fachkonferenz für Eugenik beriet evangelische Anstalten bei der Umsetzung des Zwangssterilisationsgesetzes. Ab 1936 waren jedoch Veränderungen zu spüren: Ratsuchende blieben aufgrund der restriktiveren Beratungsbedingungen und dem Beginn des Zweiten Weltkriegs aus, sodass fast alle evangelischen Stellen schlossen; 1938 bestanden nur noch sechs. Mindestens Maria Blechs Beratungsstelle arbeitete jedoch offenbar durchgehend über mehrere Jahrzehnte.[17]

Das Jahr 1933 bedeutete für die Eheberatung keine Zäsur. Die Kontinuitäten überwogen. Der Nationalsozialismus radikalisierte den eugenischen Diskurs und verpflichtete Heiratswillige zur Beratung. Die Beratungsarbeit entwickelte sich fortlaufend über große Epochenbrüche hinweg – ganz im Sinne der „Verwissenschaftlichung des Sozialen".[18] Beratende positionierten sich als Experten des Sozialen und wandten ihr Wissen kontinuierlich an. Dies spiegelt sich sowohl in der Professionalisierung und Institutionalisierung ihrer Arbeit als auch ihrem Selbstverständnis als Experten.

---

[14] Vgl. Nevermann, Hans: *Über Eheberatung*, Leipzig 1931.
[15] Vgl. Czarnowski, Gabriele: *Das kontrollierte Paar. Ehe- und Sexualpolitik im Nationalsozialismus*, Weinheim 1991.
[16] Vgl. Lippold: *The Church and Modern Marriage*, S. 153f.; Timm: *The Politics of Fertility*, S. 149f.
[17] *Hermine Bäcker an Innere Mission Bremerhaven, Brief, 19. Dezember 1950*, Archiv des Evangelischen Werkes für Diakonie und Entwicklung (ADE), CAW 1117 sowie Blech, Maria: *Zwanzig Jahre Eheberatung* [1951], ADE, CAW 413. In der späteren Wahrnehmung wurde die Arbeit der evangelischen Eheberatungsstellen hingegen durch das NS-Regime unterbrochen bzw. musste aufgrund offensichtlich nationalsozialistischer Vorgaben eingestellt werden. Dazu liegen jedoch keine Hinweise vor (Giehler: *Das Paar im Fokus*, S. 38).
[18] Raphael: *Die Verwissenschaftlichung des Sozialen*, S. 186.

Nach dem Ende des Zweiten Weltkriegs wurden Ehe und Familie als letzte Bastionen einer zerrütteten Ordnung idealisiert. Eheberatung diente Staat und Kirche damit erneut als familienpolitisches Instrument. Die Hausfrauenehe blieb bis Ende der 1970er Jahre auch in der bundesrepublikanischen Rechtsordnung bestehen.[19] Ein paternalistisch geprägtes Leitbild bezeichnete die Ehe als „ein Verhältnis zwischen Mann und Frau, das nicht nur auf personale Gemeinschaft, sondern auf Familie zielt".[20] Dabei zeigte sich in der Praxis der Beratungsarbeit spätestens 1958, dass „autoritatives und extrem patriarchalisches Verhalten"[21] des Ehemannes als Ursache für fünf Prozent der Ehekrisen galt. Parallel zur paternalistischen Ehe bildete sich die Vorstellung einer ‚Partnerschaftsehe' heraus. Gleichzeitig beobachteten zeitgenössische Soziologen Individualisierungstendenzen.[22] Anfang der 1960er Jahre zeigte sich eine zunehmende Liberalisierung, die mit den neuen sozialen Bewegungen schließlich weite Teile der Gesellschaft ergriff.

Die Ehebilder der westdeutschen Gesellschaft hatten maßgeblichen Einfluss auf die Ausrichtung der Beratungsstellen. Ehekrisen und Konflikte galten nicht als mehr oder weniger typische Phasen einer auf Langfristigkeit angelegten Lebensgemeinschaft, sondern als zu bearbeitende Abweichung von einer häuslichen Idylle. Eheberatung war darum bemüht, bei den zerstrittenen Paaren diesen Zustand wiederherzustellen, der jedoch immer nur ein Idealbild sein konnte. Besonderen Raum nahm dabei die Vorbereitung der Jugend auf Ehe und Familie ein.

3 Von der Eugenik zur psychologischen Konfliktberatung

Nach 1945 besann sich die Eheberatung in Selbstverständnis und Praxis auf ihre Gründungszeit.[23] Im Fürsorge- und Medizinbereich war es vielfach üblich, dasselbe Personal durchgängig zu beschäftigen, denn neue Fachkräfte waren noch

---

[19] Vgl. Müller-Freienfels, Wolfram: *Ehe und Recht*, Tübingen 1962, S. 39f.; Timm: *The Politics of Fertility*, S. 229f.
[20] König, René: *Materialien zur Soziologie der Familie*, Bern 1946, S. 109.
[21] Kowalewsky, Wolfram: *Aus der Tätigkeit der hannoverschen Arbeitsgemeinschaft für Jugend- und Eheberatung*, in: *Wege zum Menschen. Monatsschrift für Seelsorge, Psychotherapie und Erziehung und zur Förderung der Zusammenarbeit von Arzt und Seelsorger* 8 (1958), S. 423–429, hier: S. 427.
[22] Vgl. Schelsky, Helmut: *Wandlungen der deutschen Familie in der Gegenwart. Darstellung und Deutung einer empirisch-soziologischen Tatbestandsaufnahme*, Stuttgart 1955, S. 26f.
[23] Vgl. Schneider, Franka: *Ehen in Beratung*, in: *Heimkehr 1948*, hg. v. Annette Kaminsky, München 1998, S. 192–216, hier: S. 209; Schneider, Franka: *„Einigkeit im Unglück?" Ber-*

nicht ausgebildet. Diese Kontinuität zeigte sich aber auch auf institutioneller Ebene. Die noch vorhandenen Eheberatungen blieben vielfach geöffnet, zwischenzeitlich geschlossene Einrichtungen nahmen die Arbeit wieder auf. Es entstanden aber auch neue Angebote. Im Jahr 1950 existierten einer zeitgenössischen Schätzung zufolge 50 behördliche Einrichtungen.[24] Die Gesamtzahl wuchs bis zum Beginn der 1970er Jahre auf etwa 300. Zu diesem Zeitpunkt hatten ca. 2,5 Prozent der Bevölkerung die Beratungsstellen für Ehe- und Familienfragen in Anspruch genommen.[25] Zeitgenössisch wurde Eheberatung in drei Säulen unterteilt: die rein konfessionelle (katholische), die medizinische Beratung zur Geburtenregelung und die allgemeine Eheberatung, inklusive dort vertretener evangelischer Beratungen.[26]

Die weiterhin eugenisch ausgerichtete amtliche Beratung bekam schon bald zu spüren, dass sie bei vielen Ratsuchenden diskreditiert war. Ihre Sprechstunden waren schwach besucht.[27] Als exemplarisch kann Berlin mit seinen knappen finanziellen Ressourcen gelten, denen sich nun auch Kompetenzstreitigkeiten zugesellten. Das Landesgesundheitsamt (LGA) und Hauptsozialamt waren in eine grundlegende Auseinandersetzung darüber eingetreten, wie Eheberatung nunmehr zu praktizieren sei.[28] Während das LGA Paare weiter vorehelich beraten wollte, sah das Hauptsozialamt die Zukunft in der Betreuung von Ehekonflikten. Diese verschiedenen Ansätze schlugen sich auch in der Praxis nieder, wobei das Angebot der Sozialämter und damit die situative Konfliktberatung zunehmend Anklang fand. Das LGA monierte diesen Zustand, zog aber für die eigene Arbeit keine Konsequenzen daraus, ebenso wenig wie einzelne Bezirksämter, die mit ihm auf einer Linie waren. In vielen Ämtern vertrat man noch die Ansicht, dass eugenische Maßnahmen weiter ein adäquates Steuerungsmittel seien. Die Ratsuchenden aber fragten keine Gesundheitszeugnisse nach, sondern suchten die Stellen aufgrund von Ehestreitigkeiten auf, was die Beratenden kritisch kommentierten: „Das ist nicht der Sinn und die Aufgabe einer ärztlichen Eheberatung […]. Im Vordergrund haben gesundheitliche Belange zu stehen, nicht Störungen, die durch seelische

---

liner Eheberatungsstellen zwischen Ehekrise und Wiederaufbau, in: *Nachkrieg in Deutschland*, hg. v. Klaus Naumann, Hamburg 2001, S. 206–226, hier: S. 214f.; Timm: *The Politics of Fertility*, S. 227f.
[24] Vgl. Fischer-Erling, Josepha: *Eheberatung*, in: *Ehe und Familie. Grundsätze, Bestand und fördernde Maßnahmen*, hg. v. Alice Scherer u.a., Freiburg i.Br. 1956, Sp. 149–158, hier: Sp. 154.
[25] Vgl. Silies, Eva-Maria: *Liebe, Lust und Last. Die Pille als weibliche Generationserfahrung in der Bundesrepublik 1960–1980*, Göttingen 2010, S. 228.
[26] *Hannes Kaufmann an Bundesjustizministerium, Brief, 23. Juni 1953*, Bundesarchiv Koblenz (BArch), B 141/49456, Bl. 50f.
[27] *Bezirksamt Reinickendorf, Situations- und Tätigkeitsbericht des Gesundheitsamtes Reinickendorf Jahr 1948, 31. März 1949*, 15, Landesarchiv Berlin (LAB), B Rep 012, Nr. 104.
[28] Vgl. Meyer, Curt: *Eheberatung*, in: *Berliner Gesundheitsblatt. Zeitschrift für alle Heilberufe* 22 (1950), S. 549–551.

Einflüsse und Auseinanderleben bedingt sind".[29] Einige Gesundheitsämter ließen weder in ihren Äußerungen noch in der Praxis erkennen, dass sie den Nationalsozialismus hinter sich lassen wollten. Das Gesundheitsamt Charlottenburg betrachtete die „Fortsetzung des nazistischen Aufgabengebietes des Gesundheitsamtes, Erb- und Rassenpflege", als „jederzeit für die dauernde Betätigung der Verwaltung" gültig.[30] Zumindest das LGA gestand sich 1953 ein, mit seinem eugenischen Beratungsansatz gescheitert zu sein. Bereits in den 1950er Jahren trat die vorbeugende Gesundheitsfürsorge und damit auch die voreheliche Beratung zunehmend in den Hintergrund. Doch endgültig abgelöst wurde eugenisches Denken erst in den 1960er Jahren im Zuge eines Generationswechsels unter Medizinern.[31]

Wie die Beratung vor Ort tatsächlich ausgerichtet war, bestimmten die Beratenden in ihren Sprechzimmern. Sie richteten ihre Haltung an den Bedürfnissen der Betroffenen aus und handelten pragmatisch-situativ. Indem beispielsweise das Gesundheitsamt Wedding in psychologischer Perspektive Ehekonflikte beriet, verstieß es dabei eindeutig gegen Vorgaben des LGA.[32] Dieses an psychologischen Methoden orientierte Vorgehen deutet bereits auf die sich später durchsetzende Transformation hin zu einer therapeutischen Beratung hin.

Die Gründung der Deutschen Arbeitsgemeinschaft für Jugend- und Eheberatung (DAJEB) im Jahr 1949 markierte in der Beratungslandschaft der frühen Bundesrepublik eine deutliche Zäsur.[33] Die Initiative dazu ging von dem Mediziner Joachim Fischer aus. Sein Ziel war ursprünglich, sich den Segen der Inneren Mission für die Arbeitsgemeinschaft zu sichern.[34] Dazu kam es jedoch nicht. Die DAJEB bezeichnete sich offiziell als überkonfessionell, tonangebend waren allerdings evangelische Akteure, die angesichts der „konfessionellen Parität"[35] zwischen Katholiken und Protestanten im Nachkriegsdeutschland ihren gesellschaftspolitischen Einfluss sichern wollten. Innerhalb der Beratungslandschaft versuchten sie sich bereits bestehenden Angeboten anzuschließen. Dies „dürfte in vielen Fällen günstiger sein und die Möglichkeit zu organisatorischen Verknüpfungen geben, die bei eigenen Einrichtungen fehlen müssten".[36] Diese Strategie

---

[29] *Bezirksamt Spandau: Jahresbericht, 27. Januar 1950*, LAB, B Rep 012, Nr. 260.

[30] *Gesundheitsamt Charlottenburg*, zit. n. Schneider: *Einigkeit im Unglück*, S. 214f.

[31] Vgl. Oheim, Gertrud u.a.: *Die gute Ehe. Ein Ratgeber für Mann und Frau*, Gütersloh [¹1959] 1965, S. 58f.

[32] Siehe z.B. *[Bezirksamt] Wedding: Tätigkeitsbericht, 29. Januar 1949*, LAB, B Rep 012, Nr. 103 sowie *[Bezirksamt] Wedding: Tätigkeitsbericht, 29. November 1949*, LAB, B Rep 012, Nr. 38.

[33] Vgl. Giehler, Vera-Maria: *Rassen- und Sozialhygieniker als Bindeglied der nichtkonfessionellen und evangelischen Eheberatung in der bundesdeutschen Nachkriegszeit*, in: *Mitteilungen zur Kirchlichen Zeitgeschichte* 17 (2023), S. 117–143.

[34] *Hermine Bäcker an Innere Mission Hannover, 20. Oktober 1949*, ADE, CAW 412.

[35] Sauer, Thomas: *Westorientierung im deutschen Protestantismus? Vorstellungen und Tätigkeit des Kronberger Kreises*, Berlin/Boston 2009, S. 1f.

[36] *Bornikoel: Bericht über die Tagung in Bremen-Lesum, [März 1949]*, ADE, CAW 415.

strebte an, die evangelische Agenda auch über die Praxis als maßgeblich für das gesamte Feld zu etablieren. Gleichzeitig fehlte der evangelischen Eheberatung damit ein eigenständiges Profil sowie offizielle Repräsentation – diese begann sie erst bei der Gründung ihres eigenen Fachverbandes 1959 zu entwickeln. Als erster übergeordneter Eheberatungsverband brachte die DAJEB Bewegung in die Beratungslandschaft. Mit Fischer fungierte ein bekennender Sozialhygieniker als ihr erster Vorsitzender.[37] Die Sozialhygiene nahm gruppen- und klassenspezifische Lebensweisen in den Blick und untersuchte die gesellschaftlichen und strukturellen Ursachen der Wohn- und Arbeitsbedingungen, von Ernährungs- und Freizeitverhalten sowie Familienleben.[38]

Darüber hinaus waren mit Carl Coerper (1886–1960) und Lothar Loeffler (1901–1983) zwei führende Rassenbiologen des Nationalsozialismus in der neu gegründeten Arbeitsgemeinschaft aktiv. In ihren Lebensläufen zeigt sich die Verflechtung aus Sozialhygiene, Eugenik, evangelischer Kirche und Gesundheitsdienst, die auch das Selbstverständnis der DAJEB prägte. Loeffler hatte während der NS-Herrschaft verschiedenen Erbgesundheitsgerichten angehört, die über die Anordnung von Zwangssterilisationen entschieden, und Begleitforschung zur ‚Kindereuthanasie' betrieben.[39] Ab 1949 war der Mediziner im Vorstand der DAJEB tätig, später auch als ihr Vorsitzender bis 1971.[40] Loeffler blieb Anhänger der Eugenik und beeinflusste die DAJEB stark.[41] Als Vorsitzender der Niedersächsischen Arbeitsgemeinschaft für Jugend- und Eheberatung,[42] Mitglied des niedersächsischen Landesgesundheitsrats und Leiter der Eheberatungsstelle Hannover bestimmte er darüber hinaus die lokale Umsetzung der Eheberatung in der

---

[37] Vgl. Fischer, J[oachim]: *Stand und Zukunft der Eheberatung*, in: *Der öffentliche Gesundheitsdienst. Monatsschrift für Gesundheitsverwaltung und Sozialhygiene* 14 (1952) 3, Sonderdruck, S. 90–96, hier: S. 90.
[38] Vgl. Hering, Sabine/Münchmeier, Richard: *Geschichte der Sozialen Arbeit. Eine Einführung*, Weinheim 2014, S. 56.
[39] Vgl. Klee, Ernst: *Art. Loeffler, Lothar*, in: *Das Personenlexikon zum Dritten Reich*, Frankfurt a.M. 2007, S. 376; Schmuhl, Hans-Walter: *Grenzüberschreitungen. Das Kaiser-Wilhelm-Institut für Anthropologie, menschliche Erblehre und Eugenik 1927–1945*, Göttingen 2005, S. 235f.
[40] Vgl. Kruse, Ulrich/Schall, Traugott Ulrich: *Kleine Geschichte der Deutschen Arbeitsgemeinschaft für Jugend- und Eheberatung*, in: *50 Jahre DAJEB 1949–1999*, hg. v. Deutsche Arbeitsgemeinschaft für Jugend- und Eheberatung, München 1999, S. 5–49, hier: S. 6.
[41] *[Ranke] an [Friedrich] Münchmeyer, Brief, 29. Mai 1957*, ADE, CAW 1118.
[42] Vgl. Loeffler, Lothar: *Erziehung zur Ehe in eugenischer Sicht*, in: *Ehe und Familie als Gabe und Aufgabe*, hg. v. Ders., Göttingen 1959, S. 15–21. Zu ihr gehörten 1952 sieben Eheberatungsstellen sowie die freien Wohlfahrtsverbände, Berufs- und Sozialorganisationen und verschiedene Ministerien Niedersachsens. Tägert, Ilse: *Bericht der Arbeitsgemeinschaft für Jugend- und Eheberatung in Hannover*, in: *Psychologische Rundschau. Überblick über die Fortschritte der Psychologie in Deutschland, Österreich und der Schweiz* 3 (1952), S. 229–234, hier: S. 230; *Deutsches Zentralinstitut für soziale Fragen*, Archiv.

Praxis.⁴³ Während des Nationalsozialismus verfolgte Coerper durch seine Organisationstätigkeit im Gesundheitswesen und sein Engagement für Zwangssterilisationen aktiv rassenhygienische Ziele. Auch nach 1945 stand der Mediziner für eine sozialbiologisch orientierte Sozialhygiene, wobei er für eine leistungsbezogene Gesundheitspflicht eintrat. Es gelang ihm auch ohne direkte Entscheidungsgewalt, die Restauration der Sozialhygiene nach 1945 voranzutreiben.⁴⁴ Kritische Hinweise des Familienministeriums auf die NS-Vergangenheit führender DAJEB-Mitglieder wies der Vorstand der Arbeitsgemeinschaft zurück.⁴⁵ Die leitenden Mitglieder waren ausgesprochen erfolgreich darin, von ihrer Rolle im ‚Dritten Reich' abzulenken.⁴⁶ Der Verein konnte seine Arbeit ohne weitere Konflikte fortführen und genoss sowohl in der Öffentlichkeit als auch im Ministerium ein ausgezeichnetes Renommee.

Die DAJEB war auch mit der Absicht gegründet worden, die Eheberatung zu professionalisieren. Erste einwöchige Kurse fanden seit 1949, dem Jahr der Gründung, in Detmold statt. 1952 schloss sich der erste Ausbildungslehrgang für Jugend- und Eheberatung an. Die Mischung der Vortragsthemen war bezeichnend: Einige Referenten stammten eindeutig aus einer sozialhygienischen und evangelischen Tradition, allerdings wurden auch psychologische und psychotherapeutische Aspekte abgedeckt – die wiederum eine eugenische Färbung aufwiesen. Konkrete Methoden standen nicht auf der Tagesordnung.⁴⁷ Auch in späteren Ausbildungslehrgängen tritt diese Parallelität älterer und neuerer Ansätze und Ideen zutage. Sie zeigt damit auch im Kleinen Ambivalenzen im Nebeneinander von Kontinuitäten an Ideen bei gleichzeitigem Beginn von Neuerungen ebenso wie die sich abzeichnende Transformation hin zu einer „Therapeutisierung".⁴⁸

1953 formulierte die Arbeitsgemeinschaft eine *Denkschrift über die Voraussetzungen sachgemäßer Jugend- und Eheberatung*, um ihre Professionalisierungsabsichten erstmals programmatisch zu fassen. Eine akademische Bildung und ein sozialer oder pädagogischer Beruf galten nunmehr als ideale Voraussetzungen, um Eheberater oder Eheberaterin zu werden. Letztlich blieb das Profil der Tätigkeit

---

⁴³ Vgl. Tägert, Ilse: *Arbeitsbericht der Arbeitsgemeinschaft für Jugend- und Eheberatung für das Geschäftsjahr 1953/54*, in: *Soziale Arbeit* 3.11 (1954), S. 2.
⁴⁴ Vgl. Coerper, Carl: *Sozialhygiene, ein Abriß ihrer Struktur und ihrer Aufgaben*, in: *Der öffentliche Gesundheitsdienst. Monatsschrift für Gesundheitsverwaltung und Sozialhygiene* 21 (1959/60), S. 134–139.
⁴⁵ Vgl. Frake, Elisabeth: *Wandel mit Weile – oder 50 Jahre DAJEB*, in: *50 Jahre DAJEB 1949–1999*, hg. v. Deutsche Arbeitsgemeinschaft für Jugend- und Eheberatung, München 1999, S. 50–85, hier: S. 61.
⁴⁶ Vgl. Timm: *The Politics of Fertility*, S. 250. Zeitgenössisch *[Helene] Große-Schönepauck an Lothar Loeffler, Brief, 27. Januar 1966*, BArch, B 189/2815, Bl. 366.
⁴⁷ DAJEB: *Bericht über den ersten Ausbildungslehrgang für Jugend- und Eheberatung, [1952]*, BArch, B 142/2043, Bl. 400f.
⁴⁸ Wendt, Wolf Rainer: *Geschichte der Sozialen Arbeit 2. Die Profession im Wandel ihrer Verhältnisse*, Stuttgart 2008, S. 321.

jedoch schwammig, was durchaus den Absichten der DAJEB entsprach: „Das Beste, was ein Berater zu geben hat, ist nicht rational zu fassen".[49] In solchen Formulierungen scheint eine innere Abwehrhaltung durch näher definiertes methodisches Vorgehen einzusetzen. Eine Eheberaterin plädierte für gefühlsgeleitete Gespräche anstatt entpersönlichtem und mechanisiertem Vorgehen.[50] Zu vermuten ist, dass die evangelisch geprägten Akteure ihre christliche Eheauffassung nicht einem rationalen Wissenschaftsbegriff unterordnen wollten und damit eine gewisse Parallele zur Fürsorge aufscheint, die ebenso christlichen Leitmotiven folgte.[51]

Die Eheberatung ließ somit die Entwicklung eines eigenen Methodenapparats vermissen. Vorstandsmitglieder formulierten eigene methodische Grundlagen, die eindeutig an sozialhygienische Konzepte der Vorkriegszeit und christlich-metaphysische Vorstellungen angelehnt waren.[52] Letztlich wurden Eheprobleme aber auf Missverhältnisse „zwischen hoch gespannten Erwartungen auf menschliche Erfüllung und ungenügender Entwicklung zu umfassender Liebesgemeinschaft" zurückgeführt. Verheiratete sollten sich „in ihrer Eigenart annehmen und ihre personale Entwicklung gegenseitig achten und fördern".[53] Gespräche erschienen dabei implizit als Methode der Eheberatung. Das geringe fachliche Niveau mag sowohl an der teilweise fehlenden Wissenschaftlichkeit als auch an der Notwendigkeit gelegen haben möglichst viele Vertreter von Beratungsstellen anzusprechen und an sich zu binden.

Ein wichtiger Schritt, mit dem die Ausbildung ausgebaut und standardisiert wurde, war der Zusammenschluss der für die Eheberatung wichtigen Institutionen: Die DAJEB, das Katholische Zentralinstitut für Ehe- und Familienfragen (KZI) sowie die Konferenz für Evangelische Familienberatung, später das Evangelische Zentralinstitut für Familienberatung (EZI), verbanden sich im Deutschen Arbeitskreis Jugend-, Ehe- und Familienberatung. 1963 erfolgte eine Grundsatzerklärung über Wesen und Methode der Eheberatung, ein Jahr später entschied der Arbeitskreis über eine Rahmenordnung für die Ausbildung. Nachdem die einheitlichen Ausbildungsrichtlinien 1966 in Kraft getreten waren, musste nicht nur jede Bera-

---

[49] DAJEB: *Denkschrift*, 1953, 11, DAJEB-Bundesgeschäftsstelle.
[50] Vgl. Lenz-von Borries, Kara: *Eheberatung als Casework*, in: *Gesundheitsfürsorge. Zeitschrift für die gesundheitlichen Aufgaben im Rahmen der Familienfürsorge* 1.11 (1952), S. 201–202, hier: S. 201.
[51] Vgl. Eßer, Florian: *Die Geschichte der Sozialen Arbeit als Profession*, in: *EEO Enzyklopädie Erziehungswissenschaft Online. Fachgebiet Soziale Arbeit* (2011), S. 1–36, hier: S. 26.
[52] Vgl. exemplarisch Coerper, Karl: *Das Leibseeleproblem*, in: *Archiv für Jugend- und Eheberatung. Bd. 1 (1950)*, hg. v. Joachim Fischer, unveröffentlichtes Manuskript, DAJEB-Bundesgeschäftsstelle.
[53] DAJEB: *Informationsrundschreiben Nr. 74, März 1966*, 8, 13ff., BArch, B 189/2817, Bl. 222f.

tungsstelle eine schriftliche Eignungsbestätigung des zuständigen Verbandes vorweisen – auch alle Beratenden wurden dazu verpflichtet. Kurz zuvor war das Bundessozialhilfegesetz in Kraft getreten, das einen Rechtsanspruch auf Hilfe „in besonderen Lebenslagen"[54] einführte. Davon gingen entscheidende Impulse für die Professionalisierung der sich gerade profilierenden Sozialen Arbeit aus sowie der mit ihr verknüpften Eheberatung.[55]

Eheberatung war zum Beruf geworden, dem eindeutige Qualitätsanforderungen und standardisierte Ausbildungswege zugeordnet waren. Allerdings setzte sie sich nicht als Profession im Sinne eines akademischen Berufs mit hohem Prestige durch. Die Mehrzahl der Beratenden waren Laien, die Praxiserfahrung aufwiesen, aber in einem anderweitigen Berufsfeld bereits ausgebildet waren: Psychologen, Mediziner und Juristen. Sie hatten einen flexiblen Methodenbegriff und in der Regel eine christliche Überzeugung. Schon in der Nachkriegszeit erwiesen sich Soziale Arbeit und Eheberatung zudem als wachsende Arbeitsfelder für praktische Psychologen. Bereits Ende der 1940er und Anfang der 1950er Jahre waren diese beispielsweise in Beratungsstellen Berlins, Frankfurts und Karlsruhes tätig. Die Eheberatung durchlief damit eine ähnliche Entwicklung wie die Soziale Arbeit.[56] Als sich die Psychologie bis in die 1970er Jahre immer stärker zu einer „therapeutischen Leitwissenschaft"[57] entwickelte, ging die Eheberatung damit konform.

Ein früherer und bewusst angestrebter Wandel ihrer Arbeit hin zu einer psychologischen Betreuung gelang hingegen den katholischen Eheberaterinnen, obwohl Lehramt und Psychologie bis zum Zweiten Vatikanischen Konzil (1962–1965) aufgrund der unterschiedlichen Bewertung moralischer Fragen ein kritisches Verhältnis hatten.[58]

---

[54] *Bundessozialhilfegesetz 1961*, § 1 Abs. 1.
[55] Vgl. Hering, Sabine/Münchmeier, Richard: *Restauration und Reform – Die Soziale Arbeit nach 1945*, in: *Grundriss Soziale Arbeit. Ein einführendes Handbuch*, hg. v. Werner Thole, Opladen 2002, S. 97–118, hier: S. 102f.
[56] Vgl. Neuffer, Manfred: *Die Kunst des Helfens. Geschichte der Sozialen Einzelhilfe in Deutschland*, Weinheim 1990, S. 103f.
[57] Tändler, Maik: *Das therapeutische Jahrzehnt. Der Psychoboom in den siebziger Jahren*, Göttingen 2016, S. 34.
[58] Vgl. Fischer: *Dienst an der Liebe*, S. 237f.

4 Katholische Konkurrenz

Die katholischen Bischöfe intendierten den Wiederaufbau der Eheberatung als diözesane Aufgabe, glaubten aber zunächst nicht, dafür eine eigene Dachorganisation zu benötigen.[59] Mit der Gründung der DAJEB änderte sich dies. Vertreter von Frauenverbänden sowie der Caritas trafen sich im Auftrag der Bischofskonferenz zu Beratungen, um eine eigene Vereinigung ins Leben zu rufen. 1952 erfolgte die Gründung des KZI. Die katholische Eheberatung, in der vormals Frauenverbände den Ton angegeben hatten, wurde damit stärker in die kirchlichen Strukturen und Hierarchien einverleibt.[60] Für die in der Praxis aktiven Frauen und ihr beraterisches Selbstbild blieb dennoch ihr Status als sogenannte Laien im Gegensatz zu kirchlichen Amtsträgern ebenso entscheidend wie das Idealbild der engagierten katholischen verheirateten Akademikerin. Ähnlich den Akteuren der amtlichen Eheberatung verfügten auch die katholischen Eheberaterinnen in der Praxis über ein relativ autonomes Selbstverständnis, das sich nicht in allem an den Vorgaben von vorgesetzten Ebenen orientierte. Theologen galten für die Eheberatung sogar als ungeeignet, vor allem, da sie unverheiratet waren. Auch wenn die Frauen damit ihre Laien- und professionelle Domäne gegen Eingriffe verteidigten, konnten sie ihren Leitungsanspruch in formaler Hinsicht nicht durchsetzen, denn das KZI erhielt entgegen ursprünglichen Planungen 1952 keine weibliche Führung. Die Frauen mussten später sogar einen Theologen als Direktor akzeptieren – mit zunehmender Verkirchlichung der Strukturen setzte die Bischofskonferenz ihre Interessen mehr und mehr durch. Die Verdrängung etablierter ehrenamtlicher weiblicher Arbeit zugunsten männlichen Expertentums war ein von den klassischen Epochengrenzen unabhängiger Umbruch.

Die katholische Beratung rückte die Ratsuchenden früh in den Mittelpunkt, da sie im Gegensatz zum Lehramt Ehe nicht nur als Sakrament und Institution, sondern auch als personale Gemeinschaft begriff und Ehepartnern individuell helfen wollte. Anders als das Lehramt und die Seelsorge vertraten Eheberaterinnen die Ansicht, dass Ratsuchende sich ihrer Schwierigkeiten eigenverantwortlich annehmen sollten.[61] Spätestens mit der Gründung des KZI wurde auch für die Beraterinnen fachliche Eignung, die sich früh auf die Psychologie bezog, immer wichtiger. Das Konkurrenzverhältnis zwischen Theologie und Psychologie ignorierten die Akteurinnen weitgehend und nutzten früh psychologische Methoden und Ziele

---

[59] Vgl. Illemann, Regina: *Katholische Frauenbewegung in Deutschland 1945–1962. Politik, Geschlecht und Religiosität im Katholischen Deutschen Frauenbund*, Paderborn 2016, S. 138; Kuller, Christiane: *Familienpolitik im föderativen Sozialstaat. Die Formierung eines Politikfeldes in der Bundesrepublik 1949–1975*, München 2004, S. 231f.; Rölli-Alkemper, Lukas: *Familie im Wiederaufbau. Katholizismus und bürgerliches Familienideal in der Bundesrepublik Deutschland 1945–1965*, Paderborn 2000, S. 362f.
[60] Vgl. Giehler: *Das Paar im Fokus*, S. 285f.
[61] Vgl. ebd., S. 297f.

zum Wohle der Ratsuchenden. Das Institut schuf eine Aus- und Weiterbildungsordnung und trug damit zur Professionalisierung der Eheberatung bei. Da die Beratenden sich zunehmend in psychologischen Ansätzen ausbilden ließen, gelang der katholischen Beratung ein neuer Fokus und die Transformation in die moderne psychotherapeutische Ära. In den 1960er Jahren wurde der Glaube schließlich zu einem Teilaspekt der Arbeit heruntergestuft.[62] In der Nachkriegszeit noch eine Art Fürsorgeleistung, wandelte sich die katholische Eheberatung im Laufe der Zeit somit zu einer „fachlichen sozialen Arbeit im therapeutischen Dialog"[63] entsprechend der modernen Sozialarbeit.[64]

5 DAJEB-Grundsätze in der Praxis

Das Nebeneinander eugenischer und psychologischer Ansätze in DAJEB-Einrichtungen sowie die zunehmende Professionalisierung zeigte sich besonders deutlich am Beispiel der Eheberatungsstelle Hannover, die der frühere Rassenbiologe Lothar Loeffler leitete.[65] In der Einrichtung betrachtete man mit eugenischer Deutungsabsicht Krankheiten als häufige Ursachen von Ehekonflikten, obwohl die Statistik der Beratungsstelle umgerechnet nur 9 Prozent der Fälle damit in Verbindung brachte. Gleichzeitig arbeitete die in der Hannoveraner Stelle beschäftigte Beraterin und Psychologin Ilse Tägert (1914–2005) mit zeitgenössisch neuen (projektiven) psychologischen Untersuchungsmethoden. Auch dadurch schien die Beratung vor Ort differenzierter als die offiziellen Ansichten der Arbeitsgemeinschaft. So war Tägert beispielsweise der Überzeugung, dass nicht die Ehe als Institution in der Krise war, aber sich viele Ehen krisenhaft gestalteten.[66] Tägert wollte mit ihrer Beratung individuelle Ehen unterstützen, und zwar durch „vorsichtige Hilfe zur Selbsterkenntnis und zum psychologischen Verständnis des

---

[62] Vgl. ebd., S. 310f.
[63] Hauschildt, Eberhard: *Kirchliche Familienberatung in den 1960er Jahren. Der Wandel im Selbstverständnis: von der paternalen Fürsorge in Abwehr der Modernisierung zur fachlichen sozialen Arbeit im therapeutischen Dialog*, in: Religion und Lebensführung im Umbruch der langen 1960er Jahre, hg. v. Claudia Lepp/Harry Oelke/Detlef Pollack, Göttingen 2016, S. 259–280, hier: S. 259.
[64] Vgl. Kopp, Matthias: *Professionalisierung und Gestaltwandel*, in: Caritas und Soziale Dienste. Geschichte des kirchlichen Lebens in den deutschsprachigen Ländern seit dem Ende des 18. Jahrhunderts, Bd. 5: *Die katholische Kirche*, hg. v. Erwin Gatz, Freiburg i.Br. 1997, S. 309–342, hier: S. 310.
[65] Vgl. Tägert, Ilse: *Bericht der Arbeitsgemeinschaft*, S. 232.
[66] Tägert, Ilse: *Arbeitsbericht*, 1954, S. 7–8, BArch, B 142/418, Bl. 223f.

Partners".⁶⁷ Vorbeugende Eheberatung, beispielsweise in Form eugenischer Besprechungen, fand hingegen kaum statt, da es seitens Ratsuchender keine Nachfrage gab. Selbst die von einem der ehemals führenden Rassenbiologen geleitete Beratungsstelle war von diesen eugenisch geprägten Ansprüchen der DAJEB also weit entfernt. Zwischen Selbstverständnis beziehungsweise Anspruch und der Praxis ist damit eine Kluft zu verzeichnen.

Ebenfalls der DAJEB angeschlossen war die Vertrauensstelle für Jugend- und Eheberatung in Karlsruhe, deren Ziele und Vorgehen sich jedoch keineswegs an der Arbeitsgemeinschaft orientierten. Vielmehr konzentrierte sich die dortige Beratung deutlich auf eheliche Konflikte:

> Die Beratungsstelle [...] setzt sich zum Ziel, menschlich-soziale Hilfe auf einer persönlichen Beziehung basierend zu bieten [...]. Es liegt in der Bedeutung des Gespräches [...], durch die Aussprache ein nahes Verhältnis zum Berater herzustellen, der wiederum aus der subjektiven Darstellung die Kontaktfähigkeit des Ratsuchenden feststellen kann. Durch die direkte Beziehung des Beraters zum Ratsuchenden wird der betreffende [sic] [...] zu den echten menschlichen Beziehungsformen hingeführt.⁶⁸

Das hohe Engagement von Frauenorganisationen in der Beratungsstelle, beispielsweise des Clubs berufstätiger Frauen, zeigte sich in einer positiven Bewertung der Berufstätigkeit von Ehefrauen – womit die Einrichtung sich gegen die DAJEB stellte, deren Führung für eine klassische Rollenteilung der Ehepartner eintrat. Die Karlsruher Beratung und ihr Umfeld kritisierten jedoch die fehlende Gleichberechtigung in der Ehe und patriarchalische Vorstellungen, die sich in der Ausnutzung von Machtverhältnissen bei finanzieller Abhängigkeit zeigten.⁶⁹

Wie die DAJEB betrieb auch die Vertrauensstelle vorbeugende Beratungsarbeit, allerdings nicht mit eugenischer Intention, sondern als „prophylaktische Eheberatungstätigkeit" mittels Verlobtenkursen und der Gutachtertätigkeit für Ehemündigkeits- und Volljährigkeitsverfahren.⁷⁰ Diese Arbeit wurde genutzt, um sich bereits als künftige Anlaufstelle für Eheprobleme zu präsentieren.⁷¹ Auch die hohe Zahl von Ratsuchenden mit gesundheitlichen Problemen verleitete die Beratung nicht dazu, sich dem eugenischen Blick der DAJEB anzuschließen. Vielmehr arbeitete die Vertrauensstelle umgekehrt mit der These, Eheschwierigkeiten und ungelöste Konflikte lösten bei Betroffenen gesundheitliche Probleme aus.⁷²

---

⁶⁷ Tägert: *Bericht der Arbeitsgemeinschaft*, S. 233.
⁶⁸ Schulze: *Jahresbericht, Januar 1958*, 2, Ehe-, Familien- und Partnerschaftsberatungsstelle Karlsruhe (Eheberatung Karlsruhe).
⁶⁹ *[Vertrauensstelle für Verlobte und Eheleute Karlsruhe]: [Tätigkeitsbericht], [1966]*, 2.
⁷⁰ Spieler, [Ilse]: *Jahresbericht 1964. [1965]*, 4, Eheberatung Karlsruhe.
⁷¹ *[Vertrauensstelle für Verlobte und Eheleute Karlsruhe], Jahresbericht, [1959]*, 2, Eheberatung Karlsruhe.
⁷² Spieler, [Ilse]: *Jahresbericht 1960. [1961]*, Eheberatung Karlsruhe.

In der Praxis zeigt sich der Spielraum, den sich Beratende in den Gesprächen mit Ratsuchenden und der Interpretation der Konflikte zugestanden, auch wenn ihre Einrichtungen offiziell der DAJEB angehörten. Die soziale Realität verheirateter Paare stand für sie im Vordergrund.

6 Fazit: Langsame Transformation und fehlender Umbruch

Die Entwicklung der Eheberatung zeichnet sich durch Kontinuität und fehlende Umbrüche aus. Sie entstand in der Weimarer Republik als staatliche Maßnahme zur eugenischen ‚Aufwertung' der Bevölkerung. Diese Gründungsphase prägte durch Ideen und Akteure das gesamte Feld in einer bemerkenswerten Beständigkeit bis in die frühe Bundesrepublik. Mit Beginn des ‚Dritten Reiches' war die Arbeit 1933 nicht plötzlich abgerissen, vielmehr knüpften die Nationalsozialisten an den bestehenden medizinischen Kurs und die Beratungspraxis an. Auch das Ende des Weltkrieges brachte keine entscheidende Zäsur. Zwar stellt der 8. Mai 1945 den Beginn neuer gesellschaftlicher, politischer und juristischer Voraussetzungen für die Eheberatung dar. Doch aufgrund bestehen gebliebener Stellen und weiterhin oder wieder ihrer Arbeit folgenden Beratenden, blieben starke personelle Kontinuitätslinien bis zurück in die Weimarer Republik bestehen. Der Gründungsimpuls der Eugenik hielt sich allerdings vor allem in der nichtkonfessionellen und evangelischen Beratung, in dem er bereits zu Beginn deutlich stärker auszumachen war als in der katholischen Kirche. Repräsentiert wurde er durch die in DAJEB und evangelischen Kirchen engagierten Rassen- und Sozialhygieniker.

Nach dem Zweiten Weltkrieg existierten zwei miteinander konkurrierende Hauptströmungen der Eheberatung: zum einen die offiziell nichtkonfessionelle, aber stark von Akteuren der evangelischen Kirchen geprägte Richtung, zum anderen die katholische. Beide suchten im Nachkriegsdeutschland nach Wegen, mit ihren sozialen und politischen Vorstellungen relevant zu bleiben. Dass diese Vorstellungen innerhalb einer Konfession nicht homogen waren, zeigt sich bei beiden. Innerhalb der katholischen Ausrichtung in verschiedenen Vorstellungen und Zielen von Lehramt und Eheberaterinnen. Sowie in der DAJEB, deren Programmatik weiterhin eugenisches Denken und voreheliche Beratung vorsah, jedoch in der Praxis schnell einer Konfliktberatung bereits bestehender Ehen wich. Dies führte nicht nur zu einem zeitweisen Nebeneinander von individueller Kontrolle und sozialer Hilfe, sondern auch zu Ambivalenzen und Widersprüchen zwischen Anspruch und Praxis.

Mit der von evangelisch geprägten Medizinern und Sozialhygienikern gegründeten DAJEB begann 1949 die Professionalisierung der Eheberatung. Die Arbeitsgemeinschaft standardisierte erstmals fachliche Anforderungen an Eheberatung und Eheberatende und erwarb sich zunehmend fachliches Prestige. Als Motor der

Professionalisierung und mit ihrem Anspruch auf Vielfalt in der Beratungsarbeit zog sie auch Beratende an, denen die Bedeutung psychologischen Wissens zunehmend bewusst wurde. Dennoch konnte Eheberatung sich nicht als Profession mit akademischem Profil durchsetzen, eigene Methoden wurden nicht entwickelt.

Auch wenn einige Beratungsstellen sich an der DAJEB orientierten, war die praktische Arbeit keineswegs deckungsgleich mit dem Anspruch des Verbands, vorbeugende und eugenische Beratung zu betreiben. Gründe dafür waren, dass Besucher keine voreheliche Beratung aufsuchten und viele Stellen sich bereits auf Konfliktberatung für bestehende Ehen ausgerichtet hatten. Dies gilt ebenso für die amtliche Eheberatung, vor allem diejenige der Gesundheitsämter. Das Personal vor Ort bestimmte, welchen Charakter die Beratung annahm, vorgesetzte Stellen oder verbandliche Programmatiken hatten dafür nur wenig Relevanz. Ausschlaggebend waren die konkrete Situation der Paare und deren Beratungsbedarf. Diese Diskrepanz wird in den vorliegenden Quellen nicht thematisiert, weder die DAJEB noch vorgesetzte Dienststellen identifizierten sie als bearbeitungswürdiges Problem. Dabei ist zu beobachten, dass zunehmend Psychologen in der Eheberatung arbeiteten, die sich als Arbeitsfeld für die angewandte Psychologie etablierte. Damit ließ die Eheberatung ihre Abhängigkeit von medizinischen Akteuren teilweise hinter sich, die sie seit ihrer Gründung in der Weimarer Republik geprägt hatte, und begann ihre Transformation zur individuellen Hilfe. Dies geschah in der katholischen Beratungsrichtung früher und gezielter als der nichtkonfessionellen bzw. evangelischen. Doch erst die sich im Zuge der 1960er Jahre wandelnden Gesellschafts- und Familienverhältnisse sowie Veränderungen innerhalb des Gesundheitssystems führten zu der erfolgreichen Durchsetzung der „Therapeutisierung".[73] Damit einher gingen Professionalisierung und Institutionalisierung durch Gründung von DAJEB, KZI und Evangelischem Zentralinstitut für Familienberatung sowie übergeordneten Anerkennungs- und Ausbildungsrichtlinien.

---

[73] Wendt: *Geschichte der sozialen Arbeit*, S. 321.

II LITERATUR ALS SPIEGEL UND IMPULSGEBENDE KRAFT GESELLSCHAFTLICHER TRANSFORMATIONEN

Raphael Zähringer

Processes of Transformation in Maria Edgeworth's *Ennui* (1809)

1   Introduction

When searching for potential English equivalents for the German term *Umbruch*, one comes across various options that evoke varying connotations and images. Among them are terms that remain impartial like transition, transformation, or change. Other options might imply forceful connotations, such as upheaval, break, or disruption. Further alternatives include turn, shift, or paradigm shift. The terms share a sense of instability and dynamics, describing a process of development *from one state to another* in a limited period of time. From a narratological perspective, rather than highlighting some terms while disregarding others, it is more fitting to consider all elements as components of a broader narrative paradigm. This approach is similar to contemporary research on the concept of "crisis".[1] *Umbrüche* are not 'given' – they are created by how they are told. Do events appear violent, unsettling, abrupt, or unexpected? Are they seen as a radical break between state A and state B, or as a smooth transition or adaptation? As an arduous process of dragging on, of clinging to 'the old', as a refusal of committing to change that is underway? The way we understand *Umbrüche*, therefore, hinges on narrativisation. The multiplicity of available terms invokes not only specific cultural connotations and associations (violence, abruptness, liminality, and fear). They are diagnostic terms that seek to describe the present in what systems theory would call a second-order observation, a distinction that – by means of this very distinction – produces meaning.[2] Hence, *Umbrüche* refer to a limited or liminal period of time that is flagged out as being different from the usual stability found in historiographic categories. These shifts resonate in both personal and collective experience and are closely associated with structural changes.[3] Therefore, a situ-

---

[1] See Roitman, Janet: *Anti-Crisis*, Durham/London 2014; Nünning, Ansgar/Nünning, Vera: *Krise als medialer Leitbegriff und kulturelles Erzählmuster: Merkmale und Funktionen von Krisennarrativen als Sinnstiftung über Zeiterfahrung und als literarische Laboratorien für alternative Welten*, in: Germanisch-Romanische Monatsschrift 70.3/4 (2020), pp. 241–278.
[2] See Nünning/Nünning: *Krise als medialer Leitbegriff*, p. 248.
[3] For narratological approaches as to how perceived occurrences are processed as events, plots, stories, and finally narratives, see Stierle, Karlheinz: *Geschehen, Geschichte, Text*

ation is only classified and narrativised as an *Umbruch* if it meets the appropriate criteria. Whenever events are labelled as an *Umbruch*, a larger narrative 'schema'[4] is invoked that – like other narrative schemas such as *crisis* – is shaped by cultural epistemologies, conventions, and discourses, as well as a culture's mediascape. No two *Umbrüche* are alike, and neither are their narratives, but they rely on a shared limited inventory of metaphors (e.g., *Zeitenwende*), actors/agents (individuals, groups, or institutions that thwart or drive the transformation process), and established narrative structures (rise or fall, adaptation or catastrophe).

Further zooming in on the focus of this volume, the question arises what narratives of transformation are told in/of Europe around 1800? One dominant narrative is the so-called liberal narrative of progress ("das liberale Fortschrittsnarrativ"[5]). "In Blumenberg's historical overview the modern concept of reality succeeds the medieval concept, after all, which finds its reliability guaranteed by a (divine) 'third instance' accessible to human thinking via 'complicated metaphysical strategies'".[6] Against the backdrop of the Enlightenment, economics, with Adam Smith (1723–1790) being one of its key figures, is deemed to have played a crucial role in promoting the liberal narrative of progress. It allowed for social mobility, particularly the rise of the middle classes, and engendered novel notions of nationhood, thereby reinforcing a new emphasis on fluidity, such as that of occupation, socio-economic status, and identity.

Another narrative of transformation frequently told about Europe around 1800 is that of the rise of the novel, which was intertwined with significant advancements in education (suggested by Adam Smith and Jean-Jacques Rousseau (1712–1778), among others). Reading, both in general and of literature especially, unlocked new realms of knowledge, new epistemes for what would be known as 'the public'. Driven by innovations in print technology during the decades before and after 1800, "literature began to take its modern place alongside 'the applied sciences, travels, news, current opinion,' related but separate to antiquarian scholarship, history, and politics".[7] The rise of the novel is commonly recounted as the

---

der Geschichte, in: *Text als Handlung: Perspektiven einer systematischen Literaturwissenschaft*, München 1975, pp. 49–55; Nünning, Ansgar: *Grundzüge einer Narratologie der Krise: Wie aus Situationen ein Plot und eine Krise (konstruiert) werden*, in: *Krisis! Krisenszenarien, Diagnosen und Diskursstrategien*, ed. by Henning Grunwald/Manfred Pfister, München 2007, pp. 48–71; Schmid, Wolf: *Elemente der Narratologie*, Berlin 2014 [2005].
[4] See Koschorke, Albrecht: *Fact and Fiction: Elements of a General Theory of Narrative*, transl. by Joel Golb, Berlin/Boston, MA 2018, pp. 17–24.
[5] Reckwitz, Andreas: *Das Ende der Illusionen: Politik, Ökonomie und Kultur in der Spätmoderne*, Berlin 2019, p. 11.
[6] Rennhak, Katharina: *Learning from Best Practice: Reality, Truth, and the Novel as a Vehicle of the "Liberal Narrative"*, in: *Postfaktisches Erzählen? Post-Truth – Fake News – Narration*, ed. by Antonius Weixler et al., Berlin/Boston 2021, pp. 215–232, here: p. 224.
[7] Connolly, Claire: *Making Irish Maps: Irish Literature in Transition, 1780–1830*, in: *Irish Literature in Transition, 1780–1830*, Cambridge 2020, pp. 1–34, here: p. 2.

emergence of one particular literary genre – the realist novel – juxtaposed against a broad range of literary forms (ephemera such as pamphlets, broadsides, oral forms) and genres (Gothic, romance). The rise of the novel signifies an *Umbruch* in the literary sphere. Incrementally, given its focus on realism, it presented psychologically believable everyday, middle-class 'nobodies'[8] in everyday settings going through everyday hardships.[9] This transformation, however, cannot be labelled a radical break. For instance, as the success story of Jane Austen's (1775–1817) perfection of heterodiegetic narration and free indirect thought/discourse demonstrates, 'the realist novel' was an ongoing process, an evolution starting in the eighteenth century rather than a nineteenth-century revolution.[10]

Ian Watt (*The Rise of the Novel*, 1957) is widely recognised as the most prominent advocate of the rise of the novel's narrative. Despite criticisms and updates to Watt's study in recent decades,[11] it still maintains a significant position within literary studies. Watt's fundamental finding that "the realist novel not only paralleled but also facilitated the rise of the middle class"[12] remains a pervasive narrative to this day. The realist novel still stands as a "cultural instrument designed to mediate the transition to modernity" because it taps into "the epistemological [and]

---

[8] See Gallagher, Catherine: *Nobody's Story: The Vanishing Acts of Women Writers in the Marketplace, 1670–1820*, Berkeley 1994.

[9] Literary realism is further known for its interest in narrative techniques that simulate an objective reality ('the world as it really is') as well as for its avoidance of supernatural elements. This emphasis coincides, obviously with the dominant philosophies of the Age of Reason. Thus, realism can be considered as a reaction to, or emancipation from, the Gothic. This literary paradigm in turn hinged on the excesses of the sentimental and the 'exotic'. Gothic stories are typically set in remote, (late-)medieval locations (versus the realist focus on bourgeois society); they feature tyrannical patriarchs, damsels in distress, and supernatural and/or sensational occurrences; see Punter, David: *The Literature of Terror: A History of the Gothic Fictions from 1765 to the Present Day*, London/New York 1980; Punter, David (Ed.): *A Companion to the Gothic*, Chichester 2012.

[10] See Labbe, Jacqueline M.: *Reading Jane Austen after Reading Charlotte Smith*, Cham 2020; Kinach, Larissa: *From Charlotte Smith to Jane Austen: The Evolution of the English Novel*, in: *Zeitschrift für Anglistik und Amerikanistik* 71.2 (2023), pp. 145–157. Other examples would be the many marriage plots and endings of poetic justice – vestiges of romance that surface surprisingly often in realist novels (see Warhol, Robyn: *Realism in the Nineteenth-Century Novel*, in: *Narrative Factuality: A Handbook*, ed. by Monika Fludernik/Marie-Laure Ryan, Berlin 2020, pp. 511–520, here: p. 515).

[11] The rising interest in texts "alongside – the novel" (Roth, Hanne: *Alongside – the Novel: New Approaches to Eighteenth-Century Fiction*, in: *Zeitschrift für Anglistik und Amerikanistik* 71.2 (2023), pp. 103–109, here: p. 103; see also Makepeace, Chris E.: *Ephemera: A Book on its Collection, Conservation, and Use*, Aldershot 1985; Murphy, Kevin D./O'Driscoll, Sally (Eds.): *Studies in Ephemera: Text and Image in Eighteenth-Century Print*, Lanham 2013) especially stakes out new approaches to eighteenth-century fiction.

[12] Rennhak: *Learning from Best Practice*, p. 220.

the socioethical realm of experience".[13] Accordingly, 'the realist novel' is not only a narrative of transformation itself – it is also a vehicle for the liberal narrative of progress that invests into the project of modernity. In Katharina Rennhak's words, it

> offers extraordinarily attractive scripts for a "good life." With its realistic characters, romance plots and plots of development it provides its readers with the "truth/reality" that if you take a risk here and there without (permanently) compromising (other) bourgeois values, if you educate yourself, work hard and remain victorious, not only will your personal dreams come true but you will also become an influential and respected member of the community. This is the mythical promise which is the secret of the enormous success at the heart of the "old narrative of Europe." [...] Much more so than "enemy myths" or "collapse myths," the romance and *Bildung*–plots of the realist novel encapsulate and transport variations of the powerful "liberal narrative" that those who are today searching for a new narrative for Europe and beyond must compete with.[14]

Among the vast array of realist novels that promoted the project of modernity, Maria Edgeworth's *Ennui* (1809)[15] occupies a unique position due to its multifaceted engagement with the ongoing changes of its era. Initially, the main protagonist, the (ostensible) Earl of Glenthorn, personifies the indolent aristocracy, i.e. the premodern feudal model of reality. However, as the narrative progresses, the fluidity of his identity is unveiled. As it turns out, he is the son of his Irish nurse Ellinor, making him a destitute peasant instead of an Anglo-Irish earl. After this social decline, he becomes a lawyer – a middle-class professional who subscribes to the liberal narrative of progress outlined by Rennhak.[16] He educates himself, works hard, and is consequently compensated by marrying into the lower Irish gentry.[17] Moreover, after assuming his new identity, he is no longer plagued by

---

[13] McKeon, Michael: *The Origins of the English Novel: 1600–1740*, Baltimore, MD 2002 [1987], p. xxi.

[14] Rennhak: *Learning from Best Practice*, pp. 225f. (emphasis in original).

[15] Unless otherwise noted all citations are from Edgeworth, Maria: *Ennui*, in: *The Novels and Selected Works of Maria Edgeworth*, Vol. 1, ed. by Jane Desmarais/Tim McLoughlin/Marilyn Butler, London 1999 [1809].

[16] This didactic agenda, coupled with an urge for economic progress, also resonates with its distribution of 'narrative poetic justice', since *Ennui* does not provide happy endings for the characters representing the premodern social model (including, strikingly, Christy the blacksmith), see Maciulewicz, Joanna: *The Protean Nature of Irish Tale: The Generic Analysis of Maria Edgeworth's* Ennui, in: *Studie Anglica Posnaniensia* 43 (2007), pp. 275–282, here: p. 281.

[17] The allegorical potential of intercultural marriage as "political union and cultural reconciliation" (Ingelbien, Raphael: *Realism, Allegory, Gothic: The Irish Victorian Novel*, in: *Irish Literature in Transition, 1830–1880*, ed. by Matthew Campbell, Cambridge 2020, pp. 238–256, here: pp. 245–247 [citation on p. 246]) has been explored before.

his previous sense of ennui which he experienced as an earl, and hence comes into his own by accepting that he is Irish rather than English as well as an aspiring middle-class professional rather than a nobleman. Glenthorn's transformation, fuelled by embracing modernity through education and labour/economy, is representative of the transformation Edgeworth envisioned for Ireland at large. Simultaneously, *Ennui* facilitates a process of transformation from one literary genre (folkloric romance/Gothic) into another (realism). The distinction between these genres is not clear cut as *Ennui*'s setting transitions from the Gothic castle to prosperous modern(ised) estates. Furthermore, Glenthorn's character evolves from a pseudo-feudal lord to a middle-class professional, resulting in a shift in his perception and narration. In the following, this multi-layered narrative of transformation will be explored in detail. *Ennui* as a whole, it will be argued, is 'multi-transformative'. Transformations in Edgeworth's novel range from shifts in genre (from Gothic to realism), to changes within the character of Glenthorn (from English to Irish; from nobleman to peasant to middle-class lawyer to his marrying into the Irish gentry), as well as an overall economic modernisation of Ireland's peasantry. Hence, *Ennui* is a literary vehicle that promotes Edgeworth's agenda concerning Ireland's position within the European liberal narrative of progress.

2   Gothic and Romance

Edgeworth's agenda of highlighting the benefits of transformation combines Glenthorn's development with her use of literary genres. *Ennui* opens in the fashion of the old romance, dominated by rigid boundaries and generic schemas, rooted in the imagination. The novel's opening casts Glenthorn as a stereotypical aristocrat who, due to his upbringing and living conditions, suffers from ennui:

> Bred up in luxurious indolence, I was surrounded by friends who seemed to have no business in this world but to save me the trouble of thinking or acting for myself; and I was confirmed in the pride of helplessness by being continually reminded that I was the only son and heir of the earl of Glenthorn. […] I was left to the care of a guardian, who, in hopes of winning my affection, never controlled my wishes or even my whims […]. Money could purchase a reputation for talents, and with money I was immoderately supplied […].[18]

To overcome his ennui, he indulges in pleasures commonly attributed to the young, bored aristocrat: gluttony, gambling, a grand tour, and extravagant social events. An attempt to commit suicide is stopped by the sudden arrival of Ellinor, his old nurse who cared for him after his birth in Ireland. This first unlikely turn

---

[18] Edgeworth: *Ennui*, p. 161.

of events heightens the readers' sense of the romance elements that *Ennui* is made of due to Ellinor's association with Mother Goose:[19] her only purpose seems to be to make Glenthorn "comfortable and happy".[20] Furthermore, Ellinor embodies the Irish tradition of oral storytelling, marked by the convergence of family, history, and the supernatural: "[S]he talked on eternally. [...] She was inexhaustible in her anecdotes of my ancestors [...]. She was well stored with histories of Irish and Scottish chiefs. [...] Then she had a large assortment of fairies and shadowless witches, and banshees; and besides, she had legions of spirits and ghosts, and haunted castles without end".[21] Thus, Ellinor functions as a "Gothic-inflected eruption of the past into the present",[22] as an entity positioned against the socio-cultural dynamics of transformation. It is exactly "the clash of past and present in Irish life [that] was eminently suited to Gothic aesthetics",[23] as Raphael Ingelbien reminds in the broader context of the Irish Victorian novel.

Another event that triggers Glenthorn's journey to Ireland also seems to come right out of a fairy-tale: The dying boxer's last wish, directed at Glenthorn, to carry the one coin in his possession and his handkerchief to his family in Ireland.[24] As a very minor character who only appears once, the boxer's only function within the novel is to endow Glenthorn with the well-known trope of a fairy-tale quest. Soon after, generic expectations of the Gothic are fulfilled with the resulting shift of location from London to Glenthorn castle on the western coast of Ireland. After an uneventful transition from London to Holyhead to Dublin, Glenthorn's journey holds in store many 'Irish experiences'. His first exchange with a gentleman already introduces him to the Irish habit of considering everything being "too good and too fine to last. [...] This is too often the case with Ireland: we can project, but we can't calculate; we must have every thing upon too large a scale. We mistake a grand beginning for a good beginning. We begin like princes, and we end like

---

[19] Of French origin, the English name of the character is usually traced back to the English translation of Charles Perrault's fairy tale collection *Contes de ma mère l'Oye*, an early eighteenth-century collection of nursery rhymes and children's fiction. Mother Goose is a motherly figure frequently depicted as either a peasant crone with a pointed hat or as a bonnet-wearing goose. See also Weiss, Deborah: *The Formation of Social Class and the Reformation of Ireland: Maria Edgeworth's* Ennui, in: *Studies in the Novel* 45.1 (2013), pp. 1–19, here: p. 6.

[20] Edgeworth: *Ennui*, p. 191.

[21] Ibid., p. 175.

[22] O'Malley, Patrick: *"The Length, Breadth, and Depth, of the Wound": Irish Historical Violence and* Ennui's *Amnesiac Aesthetics*, in: *ELH* 84 (2017), pp. 143–170, here: p. 147. So does the family name Delamere which Glenthorn assumes in course of his second marriage ("from the sea/lake", Butler, Marilyn/McLoughlin, Tim: *Introductory Note*, in: *The Novels and Selected Works of Maria Edgeworth*, Vol. 1, ed. by Jane Desmarais/Tim McLoughlin/Marilyn Butler, London 1999, pp. vii–lxi, here: p. xlix).

[23] Ingelbien: *Realism, Allegory, Gothic*, p. 248.

[24] See Edgeworth: *Ennui*, p. 182.

beggars",[25] a commonplace already in use in Jonathan Swift's (1667–1745) time.[26] Travelling the Irish roads – despite their surprisingly good condition – proves to be an adventure in itself that includes Glenthorn's enraged servants, a hackney chaise "in a most deplorable crazy state",[27] miserable horses that "looked as if they had been driven to the last gasp",[28] his first exposure to the Irish vernacular, the reckless driving of – of course – Paddy, the postillion, a fee for some thirsty roadmakers, desolate lodgings, and various other "delays and disasters"[29] so that the journey takes twenty-two days instead of the four expected by Glenthorn.[30] His journey into Gothic Ireland is completed by arriving at castle Glenthorn:

> [I]t seemed to rise from the sea, abrupt and insulated, in all the gloomy grandeur of ancient times, with turrets and battlements, and a huge gateway, the pointed arch of which receded in perspective between the projecting towers. [...] As we approached, the gateway of the castle opened, and a number of men, who appeared to be dwarfs when compared with the height of the building, came out with torches in their hands.[31]

Glenthorn is only too willing to succumb to the magical fascination of the Gothic schema populated by torch-bearing "dwarfs". Multiple times, he alludes to "emperors and kings", which "increase the scale of the protagonist's vices"[32] and provide a backdrop for his own role as a feudal lord: "These people seemed 'born for my use': the officious precipitation with which they ran to and fro; the style in which they addressed me; some crying, 'Long life to the earl of Glenthorn!' some blessing me for coming to reign over them; all together gave more the idea of vassals than tenants, and carried my imagination centuries back to feudal times".[33]

Once inside, the castle matches those well established in the Gothic literary tradition: "The state tower [...] was hung with magnificent, but ancient tapestry. It was so like a room in a haunted castle, that if I had not been too much fatigued

---

[25] Ibid., p. 183.
[26] See ibid., p. 348n70.
[27] Ibid., p. 184.
[28] Ibid.
[29] Ibid.
[30] This travel experience is backed up by an editorial remark quoting several anecdotes, the truth of which the editor vouches for "by indisputable authority" (Edgeworth: *Ennui*, p. 188). This ironic intervention, coupled with the comical undertone of the entire journey, already foreshadows "how superficial a newcomer's view [...] can prove to be" (Maciulewicz: *The Protean Nature*, p. 278).
[31] Edgeworth: *Ennui*, p. 189.
[32] Maciulewicz: *The Protean Nature*, p. 277.
[33] Edgeworth: *Ennui*, p. 190.

to think of any thing, I should certainly have thought of Mrs Radcliffe".[34] His understanding of his position at the estate thus rests on a genre-specific set of expectations, and he assumes his own story to reconstruct this overarching narrative schema. The following days continue in this vein. Glenthorn is overwhelmed by petitioners, regardless of whether he stays in the castle or goes for a ride. "How these subjects of mine had contrived to go on for so many years in my absence, I was at a loss to conceive; for, the moment I was present, it seemed evident that they could not exist without me".[35] He feels like a prisoner, but he also feels supported by "the agreeable idea of my own power and consequence; a power seemingly next to despotic".[36]

Another common trope of folkloric romance – switched identities, especially switched infants[37] – proves to be a crucial plot element in the novel's representation of the 1798 Rebellion surrounding one of Glenthorn's servants, Joe Kelly, who turns out to be a leading figure in said Rebellion. In this context, Ellinor has learned that her son Owen was with the rebels. She begs Glenthorn to release Owen so that he can flee the country. However, Glenthorn refuses because he is worried about his reputation. Enraged, Ellinor reveals a previously well-kept secret: Glenthorn is actually her son Christy, and the blacksmith Christy O'Donoghoe is in fact the real earl. She explains that the real earl's father had entrusted her with his care, but the boy became very ill. To spare the father the death of his only son and heir, Ellinor decided to switch the two babies. Strikingly, Ellinor refers to her account as "the whole truth of the story".[38] Contrastingly, critical reviewers in Edgeworth's time have complained about the improbability of such an event out of folklore[39] which seems to fit the bill of Gothic fiction rather than realism. Then again, realist novels do, somewhat paradoxically, utilise plots such as "[u]nknown parentage, secret relationships, and dual identities" which "make their way from the traditions of folklore and romance into the conventions of realist fiction"[40] – but their readers seem to have been taking less and less offence as these plots became conventionalised in the decades after Edgeworth. In other words: Ellinor's revelation not only presents Glenthorn's identity as fluid but also points to the porousness of generic demarcations. Transformations in literary genres are processes, not radical breaks. Glenthorn then seeks validation of Ellinor's story, and the surgeon who sowed a wound of baby Christy confirms it both verbally and by means of his accounts. Glenthorn, intent to find further proof,

---

[34] Ibid., p. 191. British writer Ann Radcliffe (1764–1823) was one of the most popular authors of Gothic fiction (e.g., *The Mysteries of Udolpho*, 1794). Being reminded of her writings, Glenthorn explicitly draws upon this intertextual backdrop.
[35] Edgeworth: *Ennui*, p. 193.
[36] Ibid., pp. 193f.
[37] See ibid., p. 360n241.
[38] Ibid., p. 270.
[39] See ibid., p. 360n240.
[40] Warhol: *Realism*, p. 515.

tricks Christy into shaving his head so that he can see the cicatrice – another generic convention – from his infant days. Lastly, a painting of grandfather Glenthorn at the castle to which "Christy bore a striking resemblance"[41] provides additional – and conventional – evidence.

Ennui's initial adherence to the Gothic schema primarily rests on Glenthorn's perception of his Irish surroundings and on his subsequent actions that match the schema. The novel recounts numerous instances in which Glenthorn cannot be bothered to actually engage with the realities of the world beyond the castle. For example, his first meeting with M'Leod, Glenthorn's rational agent and advisor, contrasts the agent's hands-on attitude with Glenthorn's confirmation bias:

> [M'Leod] was sparing for words; but the few that he used said much, and went directly to the point. […] I was not influenced in his favour even by his striking appearance of plain-dealing […]. Persons not habituated to reason often argue absurdly, because, from particular instances, they deduce general conclusions, and extend the result of their limited experience of individuals indiscriminately to whole classes. The labour of thinking was so great to me, that having once come to a conclusion upon any subject, I would rather persist in it, right or wrong, than be at the trouble of going over the process to revise and rectify my judgment.[42]

Conversely, when Glenthorn actually attempts to manage his estate – by checking his accounts and by listening to his petitioners – it bores him to death. Details, at this point, do not matter to him: "Like the King of Prussia, who was said to be so jealous of power, that he wanted to regulate all the mouse-traps in his dominions, I soon engrossed the management of a perplexing multiplicity of minute insignificant details".[43] Glenthorn displays no interest in managing his estate and is stuck instead in Gothic stasis: "In vain I attempted to interest myself in my domestic affairs; the silence and solitude of my own castle appeared to me intolerably melancholy".[44] During M'Leod's subsequent attempt to redirect him to his affairs, Glenthorn does not even listen: "*As concisely as possible* were the only words of his address that I heard with satisfaction; but of course I bowed, said I was much obliged, and should be happy to have the advantage of Mr M'Leod's opinions and sentiments. What these were I cannot recollect, for I settled myself in a reverie soon after his voice began to sound upon my ear".[45] Instead of facing the realities of management, he prefers the "reverie" of a pre-modern class structure.

Edgeworth's choice of narrative technique proves to be very effective when it comes to staging Glenthorn as a character who, due to his suffering from ennui, is

---

[41] Edgeworth: *Ennui*, p. 272.
[42] Ibid., p. 192.
[43] Ibid., p. 193.
[44] Ibid., p. 220.
[45] Ibid. (emphasis in original).

fairly limited in his means of perception and mediation. Instead of the classic heterodiegetic narrator found in Gothic fiction ever since Horace Walpole's *The Castle of Otranto* (1764), the reader's only source of information is Glenthorn's autodiegetic narration which openly and paradoxically admits that it is not interested in what is going on. It is only with the benefit of hindsight that Glenthorn realises that his earlier perceptions of his surroundings were flawed. Surveying his lands for the first time, he comes to understand that the words "town" and "park" are used differently in Ireland (where two or three cabins are enough for a settlement to be called a town[46]). In retrospect, he further admits that he has travelled the country a lot and used to think that he knew everything already. It is this attitude, in combination with the obstacle-free characteristics of a rich man's existence, that also prevents him from reflecting on the things around him. Among other things, the "mode of living of the Irish, their domestic comforts or grievances, their habits and opinions, their increasing or decreasing ambition to better their condition, the proportion between the population and the quantity of land cultivated or capable of cultivation" are "wholly foreign to [his] thoughts, and, at this period of [his] life, absolutely beyond the range of [his] understanding".[47] Similarly, he belatedly notices that he has indeed developed romantic feelings for lady Geraldine,[48] despite his previous contentment in avoiding such emotions.[49] This late insight demonstrates that Glenthorn is capable of emotions unrelated to ennui after all, but they remain concealed, overshadowed by his medical condition. Last, Glenthorn's lack of reflection is also evident in his actions and their effects among the Irish, which prove that money or idle prosperity alone do not solve any problems. Being taken aback by the shabbiness of Ellinor's cabin, he orders his underlings to build her a better home and expects a construction progress out of a fairytale – only to come to understand that reality does not work this way:

> Even in my benevolence I was as impatient and unreasonable as a child. Money, I thought, had the power of Aladdin's lamp, to procure with magical celerity the gratification of my wishes. I expected that a cottage for Ellinor should rise out of the earth at my command. But the slaves of Aladdin's lamp were not Irishmen. The delays, and difficulties, and blunders, in the execution of my orders, provoked me beyond measure.[50]

Even with the house finished at last, there is no fairytale ending to Ellinor's housing situation, since the newly built home quickly falls into decay, thus thwarting Glenthorn's attempt at solving problems by simply spending money like water.

---

[46] See ibid., p. 196.
[47] Ibid., p. 252.
[48] See ibid., p. 238.
[49] See ibid., p. 219.
[50] Ibid., p. 198.

While Glenthorn seems to be primarily blaming the workmen, he nevertheless admits that, at the end of the day, the relation between his temper and observations and the work carried out is epistemologically unstable: "[I]t would have been difficult for a cool spectator to decide, whether I or my workmen were most in fault; they for their dilatory habits, or I for my impatient temper".[51] Chandler calls this scene a "wake-up call or reality check for Glenthorn[], introducing him to facts on the ground from which his early experience had isolated him".[52] Accordingly, against the backdrop of *Umbrüche*, this moment might be considered the first indicator that Glenthorn's thinking undergoes change. It forebodes his overall transition from an emotion-based individual towards a rational one that is characteristic of Enlightenment thought as a whole: being a 'cool spectator' will eventually benefit him more than looking for the faults in others (and reacting to them with 'impatient temper').

3   Realist Transformations

A month after Ellinor's revelation of what happened during Glenthorn's infancy, Christy agrees to Glenthorn's offer to become restored to the castle as the true earl. The transition from England and Ireland, with its presentation of "precise cultural details and accurate reproduction of Irish vernacular",[53] already anticipates the text's later realist thrust[54] even though it first transports Glenthorn into a Gothic setting. To repeat, the transformations promoted in *Ennui* do not hinge on a radical break but on transition.

Considering *Ennui*'s transition from Gothic to realism, chapters 17 and 18 stand out as most significant. They tie *Ennui*'s realist shift to the revelation of Glenthorn's true identity. Edgeworth's text thus caters to the significance of the novel "as the most important single vehicle of communication"[55] as well as the

---

[51] Ibid.
[52] Chandler, James: *Edgeworth and Realism*, in: *Irish Literature in Transition, 1780–1830*, ed. by Claire Connolly, Cambridge 2020, pp. 188–205, here: p. 193.
[53] Weiss: *The Formation of the Social Class*, p. 5.
[54] The key coordinates of Edgeworth being a realist writer and about the presence or "absence of realism in the Irish tradition writ large" are mapped by Chandler: *Edgeworth and Realism*, p. 190.
[55] Kelly, Gary: *Jane Austen and the English Novel of the 1790s*, in: *Fetter'd or Free? British Women Novelists, 1670–1815*, ed. by Mary Anne Schofield/Cecilia Macheski, Athens, OH 1986, pp. 285–306, here: p. 300.

emergence of the middle and upper classes in Britain towards the end of the eighteenth century. Generic romance characters[56] become supplemented with ones modelled upon actual people the Edgeworths knew. These characters include the aforementioned surgeon,[57] lord Craiglethorpe,[58] and lord Y,[59] the latter being worth mentioning especially due to Edgeworth's strategy of 'pretending to mask' the name of an actual person.[60] Furthermore, the novel at large features several scenes inspired by actual events and family anecdotes.[61] Characters already established become more 'realistic' over the course of the novel or are re-evaluated due to Glenthorn's emerging self-reflection. For instance, there is Glenthorn's initial impression of M'Leod as a cliché Scotsman who is "cold and upright in his mind as in his body".[62] Glenthorn's first impression is clouded by jealousy, though, because M'Leod reminds him of his former agent Crawley (who eloped with Glenthorn's wife). As the story progresses, this is slowly replaced by trust and friendship (after M'Leod has demonstrated to be capable of having emotions after all).[63] The romance subplot of Glenthorn's wife's elopement with agent Crawley also takes a turn towards realism. Back in London, Glenthorn encounters a funeral, which turns out be his wife's. While this encounter may seem rather improbable, he is told that the affair, rather than ending with a second happier marriage, did go very bad for her, and she "died in extreme poverty and wretchedness, with no human being who was, or even seemed, interested for her, but a maid-servant".[64]

---

[56] For example, Ellinor and her family, Paddy, Joe Kelly and many others of Glenthorn's subjects, and the ignorant Hardcastle.
[57] See Edgeworth: *Ennui*, p. 360n243.
[58] See Butler/McLoughlin: *Introductory Note*, p. xlvii.
[59] See Edgeworth: *Ennui*, p. 361n255.
[60] See Warhol: *Realism*, p. 514.
[61] Mentionable scenes modelled upon experiences of the Edgeworth family are the elopement of Glenthorn's wife with his agent (inspired by the scandalous elopement of Robert Lowell Edgeworth's brother-in-law, the Rev. William Sneyd; see Butler, Marilyn: *General Introduction*, in: *The Novels and Selected Works of Maria Edgeworth*, Vol. 1, ed. by Jane Desmarais/Tim McLoughlin/Marilyn Butler, London 1999, pp. i–lxxx, here: p. xliii) and the insults and assaults directed at Glenthorn by Hardcastle's men after having lost Christy's court trial during the Rebellion (which puts Glenthorn in the shoes of Maria Edgeworth's father, who experienced very much the same; see Butler/McLoughlin: *Introductory Note*, p. xxxix).
[62] Edgeworth: *Ennui*, p. 192; see also p. 349n90.
[63] See ibid., pp. 249, 257.
[64] Ibid., p. 301. Her ending thus corresponds with the convention of the nineteenth-century British realist novel, which "limited" the female protagonist "to two possible fates at the end of her story: she can get married or she can die" (Warhol: *Realism*, p. 515). Nevertheless, Crawley's fate bears some comparatively improbable "poetical equity", as Glenthorn witnesses him going to prison after having "embezzle[ed] considerable sums, the property of a gentleman in Cheshire, who had employed him as his agent" (Edgeworth: *Ennui*, p. 303) – yet another remnant of romance subsumed into realist conventions.

Glenthorn's own development is of paramount importance regarding *Ennui*'s turn towards realism. The most explicit remark that the romance/Gothic schema has been abandoned for good is Glenthorn's turn to the reader at the beginning of chapter 21: "I have no more wonderful incidents to relate, no more changes at nurse, no more sudden turns of fortune. I am now become a plodding man of business, poring over law-books from morning till night, and leading a most monotonous life".[65] With his origin revealed, Glenthorn reflects on his life, and realises a paradigm shift in his way of looking at the world:

> [W]e sometimes feel surprised to find that what we have been taught as maxims of morality prove true in real life. After having had, for many years, the fullest opportunities of judging the value of riches, when I reflected upon my past life, I perceived that their power of conferring happiness is limited, nearly as the philosophic poet describes; that all the changes and modifications of luxury must, in the sum of actual physical enjoyment, be reduced to a few elementary pleasures, of which the industrious poor can obtain their share: a small share, perhaps; but then it is enjoyed with a zest that makes it equal in value, perhaps, to the largest portion offered to the sated palate of ennui. These truths are as old as the world; but they appeared quite new to me, when I discovered them by my own experience.[66]

Glenthorn thus not only realises that "[t]he romance of real life certainly goes beyond all other romances",[67] and thus clearly assigns epistemological superiority to realism. He also becomes aware of the philosophical or abstract truth that, at the end of the day, everyone seeks happiness, and that everyone can achieve it. In other words, he subscribes to the grand narrative of 'a good life.' This revelation paves the way for his later flourishing as a middle-class professional. Having made his decision to embrace the truth about himself, he feels virtuous and incomparably happy, his "mind suddenly relieved from an oppressive weight; my whole frame glowed with new life; and the consciousness of courageous integrity elevated me so much in my own opinion, that titles, and rank, and fortune, appeared as nothing in my estimation".[68]

Glenthorn's new consciousness is highly visible in his new way of perceiving (and his new interest in) the things around him. More to the point, genre transformation and character development intersect, correct, and affect his way of seeing and relating to the world. For example, during excursions into the Irish countryside with lord Y, he senses "[h]ow differently the face of nature appeared to me now! with what different sensations I beheld the same objects! [...] my powers of observation were awakened".[69] Furthermore, his settling of his affairs with Christy is not simply (and briefly) summed up as in earlier chapters but given a substantial

---

[65] Edgeworth: *Ennui*, p. 294.
[66] Ibid., p. 276.
[67] Ibid., p. 268.
[68] Ibid., p. 273.
[69] Ibid., p. 296.

amount of space and is largely presented to the reader in direct speech. Once Glenthorn's consciousness has started to shift towards realism, he remembers more details and stages them accordingly: "It is with pleasure that I recollect and record all these instances of goodness of heart in poor Christy, which, notwithstanding the odd mixture of absurdity and sense in his language and ideas, will, I make no doubt, please my readers".[70] His recollection of lord Y's words which ultimately fire his ambition to become a middle-class man is even more revealing: "[I]ndeed, I believe that I have repeated his very words, for they made a great and ineffaceable impression upon my mind. From this day I date the commencement of a new existence".[71] This latter sentence especially functions as an act self-declaration, of self-transformation that undergirds a new, modern sense of self. It is worth, he comes to understand, to subscribe to the liberal narrative of progress not just on philosophical or ideological grounds but also in the practical realm of profession, and hence in a way that can be put into practice by a modern individual. These new sensations are starkly and explicitly contrasted with his earlier means of perception: upon seeing a flourishing Ireland under lord Y's management, "I reflected how little I had accomplished, and how ill I had done even that little".[72] Also, he finally realises that his former friendships in England were superficial acquaintances at best: "I was conscious that these people did not in the least know me; [...] I considered that it was my former dissipated mode of life, and imprudent choice of associates, which I should blame for the mortifications I now suffered from the desertion of companions, who were, in fact, incapable of being friends".[73]

The shift in Glenthorn's perception runs parallel to his transformation into a middle-class man and lawyer. By leaving behind the Gothic plot points that dominated *Ennui*'s earlier chapters, the novel discards the feudal regime and paves a way for a new middle-class system backed up by formal realism. Instead of money instantly solving problems of reality, as Glenthorn desired in the episode revolving around the construction of Ellinor's house, he now believes in 'real work' as the appropriate tool for making reality. Edgeworth thus draws upon "an Enlightenment faith in the power of education and economics to transform people's lives and to solve the seemingly intractable problems of Ireland",[74] a faith rooted in the same principles she explored in *Practical Education* (written by Edgeworth and Robert Lowell Edgeworth in 1798). What Edgeworth's texts owe to John Locke (1632–1704) is her emphasis on empirical aspects of education. Character is

---

[70] Ibid., p. 278. Differences in narration between the novel's initial chapters and the 'post-ennui' ones have also been noted by Yahav, Amit: *Is There a Bull in This Nation? On Maria Edgeworth's Nationalism*, in: *Studies in Romanticism* 49.1 (2010), pp. 79–104, here: p. 92: "Narration in this [early] phase contains little dialogue, and plot details include few social situations".
[71] Edgeworth: *Ennui*, p. 294.
[72] Ibid., p. 296.
[73] Ibid., p. 300.
[74] Weiss: *The Formation of the Social Class*, p. 9.

shaped by experience, which explains why Glenthorn's feudal attempts at estate management were bound to fail. In hindsight, Ellinor's new house, for example, inevitably fell into decay because the sudden change of her situation did not rest on practical experience on her part – simply being given a new house did not form her character in the sense of middle-class labour paying off. Edgeworth's second major influence, Smith's economics, underlie her understanding of classes and their attitudes being subject to the economic system rather than any feudal-essentialist one that would prevent social mobility.[75]

On a large scale, then, the shifting emphasis from romance to realism signifies a narrative modernisation that is in tune with Edgeworth's economic and educational agenda: theory gives way to experience, fluidity trumps rigidity, ignorance is replaced by insight, and labour overcomes ennui. Glenthorn's change can thus be considered a focal point for what Edgeworth envisioned for the Irish nation as a whole: a transformation of its outdated class structure and education that goes hand in hand with an economic transformation based on epistemological transformation. His new focus on experience, hard work, and education pays off in the end, as it enables him to become a "Lockean 'white paper'"[76] inscribed with a new middle-class identity that leaves behind the rigid feudal order. He is then ultimately rewarded by marrying into the lower gentry and by finding himself in charge of the Glenthorn estate at last after Christy's abdication. Thus, Edgeworth's novel subscribes to the liberal narrative of progress by insisting on future-oriented transformation and individual accomplishment by acknowledging one's own agency. Crucially, Glenthorn's back and forth not only implies fluidity of class but more substantially unmasks class distinctions as fictions: "Because the foster brothers as adults are so thoroughly the products of the environments in which they were raised and educated, the switched-at-nurse plot device topples long-held assumptions of inherent English and aristocratic superiority".[77] Thus, *Ennui* makes it quite clear that the major difference between Christy and Glenthorn is not birth or genealogy but education.

Simultaneously, due to the highly metaphorically charged destruction of the castle, staged as the result of a relapse into native Irish,[78] the novel also discards not only a key Gothic location but also a violent lower-class rebellion. The peasants' wasting away all the estate's valuables, which culminates in the great fire that not only brings down the castle but also kills Christy's son and heir, displays that the lower classes do not make good rulers either:[79]

---

[75] See ibid., p. 2.
[76] Ibid., p. 11.
[77] Ibid., p. 6.
[78] See Edgeworth: *Ennui*, pp. 297f.
[79] Furthermore, the role of Christy's wife is worth mentioning because it shows how all the concerns addressed here are also mixed up with gender prejudice. In this light, and in spite of its female of author and the 'liberal' narrative of progress, the novel cannot but be called misogynist, which complicates the picture even further.

> The novel ends with a metaphorical, mutual destruction of the two antagonistic classes – peasantry and aristocracy – in a revolution that destroys the edifice that symbolized the power of the old regime. However, out of the strife [...] emerges a powerful new class [...]. The arrival of the Delameres to rebuild the castle and run the estate suggests that the answer to the nation's problems can be found neither in the continuance of the Anglo-Irish aristocracy, nor in a native-Irish takeover, but through the managerial skills of a professionalized Irish gentry.[80]

Edgeworth's new grand narrative for Ireland is also expressed in the way M'Leod's estate prospers. In the agent's words, it is education that allows "men to see clearly, and to follow steadily, their real interests" since "[a]ll morality [...] is comprised in this definition".[81] Upon visiting M'Leod's estate, Glenthorn is amazed to find a "paradise amid the wilds. [...] [t]here was such an air of neatness and comfort, order and activity, [...] and I could not forbear exclaiming, - 'How could all this be brought about in Ireland!'".[82] For a moment, he even almost believes himself to be back in England, but the potential for economic growth in Ireland is real.[83] M'Leod's estate management approach follows the principles of Smith and Locke.[84] He demonstrates patience and leads by example while enticing his tenants with the benefits achievable through labour. Furthermore, he actively engages with their perspective and interests. The antipode of M'Leod in *Ennui* is the English agent Hardcastle. Initially, Glenthorn gets along with him well because, in contrast to M'Leod, Hardcastle appears to be pragmatic, oblivious of theory.[85] Considering strategies of improving Ireland, *Ennui* thus opts for progress and change as expressed not only in Glenthorn's shifting identity but also in its transformation of genre and narrative technique. To a certain degree at least, improvement necessitates abandoning Irish customs.[86] However, progress must not entail English oppression. Hence, *Ennui* promotes Irish agency too. Among Edgeworth scholars, it has been heavily debated whether her economic vision of

---

[80] Weiss: *The Formation of the Social Class*, pp. 14f.
[81] Edgeworth: *Ennui*, p. 203.
[82] Ibid., p. 220.
[83] See ibid.
[84] See Butler: *General Introduction*, pp. xxii–xxiii. for Robert Lowell Edgeworth's principles, which were also based on the influence of Scottish economist Simon Gray.
[85] Hardcastle, who antagonistically represents English oppression in the feudal tradition initially embraced by Glenthorn, insists that the Irish cannot, and must not, be taught. Instead, they must be kept down "unless, sir, you'd wish to have your throat cut" (Edgeworth: *Ennui*, p. 203). He "sees a direct correlation between educated tenants and agrarian unrest – the opposite of Edgeworth's own position" (Davis, Paul E. H.: *From Castle Rackrent to Castle Dracula: Anglo-Irish Agrarian Fiction From the Nineteenth Century*, Buckingham 2010, p. 52).
[86] Later in the nineteenth century, William Carleton (1794–1869) was to fiercely criticise the backwardness of the Irish peasants who, according to him, were excruciatingly sceptical of any innovation in agriculture.

Ireland implies losing or even sacrificing Irishness in favour of a development of an Anglo-Irish identity, or an understanding of the inevitability of cultural transformation for the sake of economic and educational gain.[87] Within the framework of *Umbrüche*, it appears appropriate to opt for a middle ground. The changes promoted by Edgeworth can be described against the backdrop of a cultural process that Koschorke calls double conditioning as a cultural process:[88] the changes function as new material to be fed into the narrative of Ireland's self-understanding. However, new material never entirely topples established patterns of a culture's epistemological self-conditioning – but, since culture itself is dynamic, it will always be appropriated to a certain degree and in certain ways. If Glenthorn's development and transformation represents that of Ireland as envisioned by Edgeworth, it should be clear that his improvement (in health, character, class, profession, and mindset) is not superimposed by English economic ideology but traceable to his coming into his own, nourished by external impulses. His shifting self embodies a "new understanding of the relationship between history and individual character".[89]

4 Conclusion

Of course, discussing Edgeworth's novel in this way is yet another act of storytelling. For lack of space, this article must omit a deeper investigation into the

---

[87] There are quite a few critics who tend to accuse Edgeworth of Ascendancy apologetics and/or her position within English colonialism: Deane, Seamus: *Strange Country: Modernity and Nationhood in Irish Writing since 1790*, Oxford 1997; Dunne, Tom: *"A Gentleman's Estate Should be a Moral School": Edgeworthstown in Fact and Fiction*, in: *Longford: Essays in Country History*, ed. by Raymond Gillespie/G. Moran, Dublin 1991, pp. 95–121; Hollingworth, Brian: *Maria Edgeworth's Irish Writing: Language, History, Politics*, New York, NY 1997; Manly, Susan: *Maria Edgeworth and (Inter)national Intelligence*, in: *A Companion to Irish Literature*, 2 vols., ed. by Julia M. Wright, Oxford 2010, pp. 276–291; Tracy, Thomas: *Irishness and Womanhood in Nineteenth-Century British Writing*, Farnham 2009. For crucial revisions of these assessments, see Myers, Mitzi: *Completing the Irish Union: Critical Ennui, the Politics of Narrative, and the Reformation of Irish Cultural Identity*, in: *Prose Studies* 18.3 (1995), pp. 41–77; Myers, Mitzi: *"Like the Pictures in a Magic Lantern": Gender, History, and Edgeworth's Rebellion Narratives*, in: *Nineteenth-Century Contexts* 19.4 (1996), pp. 373–412; Butler, Marilyn: *Irish Culture and Scottish Enlightenment: Maria Edgeworth's Histories of the Future*, in: *Economy, Polity, and Society: British Intellectual History 1750–1950*, ed. by Stefan Collini, Cambridge 2000, pp. 158–180.

[88] See Koschorke: *Fact and Fiction*.

[89] Weiss: *The Formation of the Social Class*, p. 16.

critical reception of *Ennui* and of Edgeworth as a writer in general. It would certainly be productive to also take a glance at Edgeworth's aesthetics of forgetting regarding the 1798 Rebellion[90] or at the fundamental epistemological uncertainties by which *Ennui* and other writings are pervaded.[91] In a letter to her half-brother Michael Pakenham Edgeworth (1812–1881), for instance, she remarks that it is "impossible to draw Ireland as she now is in a book of fiction – realities are too strong, party passions too violent to bear to see, or care to look at their faces in the looking-glass. The people would only break the glass, and curse the fool who held the mirror up to nature – distorted nature, in a fever".[92]

For now, however, I must settle by stating that *Ennui* must be considered a vehicle of transformation due to its multi-transformative nature. It aspires to be a text feeding the grand liberal narrative of progress of Ireland. It does so in the form of the realist novel, which gradually sheds the initial Gothic setup, with the premodern literary genre ultimately giving way to the modern one that is bound up with the rise of the middle class. This transformation on the level of genre, supported by a modernisation of the narrative techniques used in the novel, reflects another narrative of transformation – the larger economic, social, and educational changes taking place across Europe around 1800. In that light, Glenthorn is an allegorical figure whose transformation represents Edgeworth's vision for Ireland as a whole. The entanglement of genre transformation and economic sea change is aptly summed up by Jarlath Killeen: "The ostensible lesson of this moral tale is that while it seems like a lot of fun to be in a Gothic novel, it is not economically advantageous for the welfare of the country, and that it would be better for Ireland if its inhabitants became enthusiasts of Adam Smith rather than Horace Walpole".[93] Moving from Gothic elements to realism, *Ennui* focuses on specific details of space and time. It produces – as Roland Barthes would have it – reality effects by means of masking and by creating characters with distinct dialects, diction, etc. The plot follows a logical and plausible progression while still utilising some conventional and improbable elements (which can be safely played out precisely due to the realist novel's reality effect). Most importantly, it installs a main protagonist with a well-defined personal history and recognisable psychology. By abandoning the Gothic schema, Glenthorn attains complexity, not owing to his

---

[90] See O'Malley: *The Length*.
[91] See Corbett, Mary Jean: *Between History and Fiction: Plotting Rebellion in Maria Edgeworth's* Ennui, in: *Nineteenth-Century Literature* 57.3 (2002), pp. 297–322. Regarding *Ennui*, Glenthorn's dealing with the 1798 Rebellion, the fluid identities of Glenthorn and Christy, lady Geraldine's tricking of miss Tracey, Hardcastle's disinterest in theory, and lord Craiglethorpe's documentation of 'Irishness' lend themselves to further analysis.
[92] Edgeworth, Maria: *The Life and Letters of Maria Edgeworth*, 2 vols., ed. by Augustus J.C. Hare, London 1894, p. 202, vol. 2.
[93] Killeen, Jarlath: *Irish Gothic Fiction*, in: *The Oxford Handbook of Modern Irish Fiction*, ed. by Liam Harte, Oxford 2020, pp. 49–65, here: p. 52.

initial mental malaise but rather because of how it is conveyed, and how it is juxtaposed against his developing character whose "*understanding* has been cultivated".[94] As a result, the emotions of the new Glenthorn/Delamere are moderate when compared to his original ennui or the emotional intensity of characters associated with the Gothic/romance schema (Ellinor, Hardcastle).[95] The novel achieves an ostensible 'ideal' stage where it seamlessly blends the fictional and the factual, culminating in a comparatively concrete resolution through the empowerment of the Irish middle class and education. It formulates a truth about modernity's stories of transformations no other literary form seems to be capable of bringing about.

---

[94] Edgeworth: *Ennui*, p. 308 (emphasis added).
[95] For all the realist 'boxes' being 'ticked off' here, see Warhol: *Realism*.

CHRISTIAN WILKEN

Hubris as a Vocation. *Frankenstein* and the Century of Biology

1   Introduction

> "Nothing is so painful in the mind as a great and sudden change."[1]

As has by now been widely established, Mary Shelley's *Frankenstein* (1818) represents a milestone in the development of at least two different genres, united in their speculative nature. *Frankenstein* serves, on the one hand, as a distilled manifestation of the "male gothic" type in the nineteenth century,[2] as its focus on hubris and over-reaching is epitomised by its very subtitle, *The Modern Prometheus*. Victor Frankenstein, in his quest for epistemological and scientific greatness, differs from his mythological counterpart only in that his experiment does not even render a utilitarian and beneficial result for humanity. Where Prometheus is associated both with the mastery of fire and the genesis of mankind from clay, Shelley's protagonist acts out of sheer narcissism, one that is amplified by his inexperience and youth:

> No one can conceive the variety of feelings which bore me onwards, like a hurricane, in the first enthusiasm of success. Life and death appeared to me ideal bounds, which I should first break through, and pour a torrent of light into our dark world. A new species would bless me as its creator and source; many happy and excellent natures would owe their being to me. No father could claim the gratitude of his child so completely as I should deserve their's.[3]

On the other hand, Brian Aldiss's observation of *Frankenstein* as the genesis of Science-Fiction appears as viable as the novel's gothic constituents.[4] Victor's tale is one of epistemology outrunning ontology, scientific revolution escaping practical utilisation, and the prodigal scientist's hubris outpowering its scope for potential implications and consequences. Shelley's novel does tell the tale of a human

---

[1] Shelley, Mary: *The New Annotated Frankenstein*, ed. by Leslie S. Klinger, New York 2017, p. 144.
[2] Punter, David/Byron, Glennis: *The Gothic*, Oxford 2004, p. 278.
[3] Shelley: *Frankenstein*, p. 37.
[4] Aldiss, Brian: *Billion Year Spree: The History of Science Fiction*, London 1973, p. 7.

species that marks a departure from bygone ages of planetary evolution, but it is not the thwarted experiment that does not move beyond its initial result – the unnamed creature. Rather, Victor – the eponymous student of biology and medicine whose primordial world-view clashes so harshly with his empiricist educators at the University of Ingolstadt – himself, as this chapter will explore, symbolises a new specimen that would replace older types of discoverers and researchers like Anselm of Canterbury (1033–1109) or Isaac Newton (1643–1727), who had notably pursued knowledge only in an attempt to trace and grasp the creator's grandness.[5] Victor is the *homo post-secularis*, or 'buffered self', to introduce Charles Taylor's terminology, who has inherited the secularised world-view of the Enlightenment but is disconcerted by its apparent exhaustive causality, who is now the standard type and has removed themselves from the ubiquitous pull of the divine.[6] This chapter will also underscore the notion that *Frankenstein* could not have been written at any prior moment in time. That is to say: while its gothic constituents can be considered a widely depersonalised Faustian bargain, its motivation and event horizon are developed from the cultural, philosophical, and cultural hotbed of its time – one that is notably not too far removed from our own.

2   Epistemology and Hubris in a Secular World

While generally seen as a reversal of and revolt against the spirit of Enlightenment, the gothic often utilises the latter as a regulative norm. As Alfred Nordmann points out, Victor's quest to render the inanimate animate are notably "out of sync with rational theory and the modern discoveries of chemistry".[7] His thirst for scientific enquiry is one of a distinctly pre-modern time, as he himself is forced to observe when commencing his studies at the university of Ingolstadt:

---

[5] See also Iliffe, Rob: *Priest of Nature: The Religious Worlds of Isaac Newton*, Oxford 2017; Anselm of Canterbury: *Proslogion: With the Replies of Gaunilo and Anselm*, trans. by Thomas Williams, Indianapolis 2001. Whereas Newtonian physics granted a look at the cosmic powers at play that by no means ruled out the possible existence of a divine creator, Canterbury's ontological argument is still engaged with across contemporary schools of philosophy interested in cosmology and ontology. The two can be considered representative of the respective eras – middle-age epistemology and enlightened rationalism – negotiated in the novel and Victor's ill-fated quest.
[6] See also Taylor, Charles: *A Secular Age*, Cambridge, MA 2007.
[7] Nordmann, Alfred: *Nature as Uncanny Object: Horror and the Sublime in Science Fiction and Science*, in: *Science and Fiction: Between Nanoworlds and Wonderlands*, ed. by Joachim Schummer et al., Berlin 2007, pp. 155–173, here: p. 157.

If, instead of this remark, my father had taken the pains to explain to me, that the principles of Agrippa had been entirely exploded, and that a modern system of science had been introduced, which possessed much greater powers than the ancient, because the powers of the latter were chimerical, while those of the former were real and practical; under such circumstances, I should certainly have thrown Agrippa aside, and, with my imagination warmed as it was, should probably have applied myself to the more rational theory of chemistry which has resulted from modern discoveries. It is even possible, that the train of my ideas would never have received the fatal impulse that led to my ruin. But the cursory glance my father had taken of my volume by no means assured me that he was acquainted with its contents; and I continued to read with the greatest avidity.[8]

This is one of many occasions were paternal negligence prompts dire consequences, and the point should receive emphasis in any study on *Frankenstein*'s portrayal of hubris. Victor requires the surrogate fatherhood of his educators at Ingolstadt to learn that his fascination with playing God is out of sync with the inherently rational mindset of his time, only it is too late. This fatherly negligence and incapability are one of the many palimpsestic principles violently materialising in the novel. It is the reason why a juvenile Victor drifts away from the path of proper scientific conduct,[9] the reason why the creature grows from initially benign and curious to malevolent and murderous, and – by extension – also why Robert Walton, the arctic explorer and mediator for the reader to whom Victor details his story, embarks upon his quest for geographical discovery and male companionship. Less tangibly, but no less significantly, paternal absence also ties these male characters together: all three of them accept the existentialist axiom that existence precedes essence. In a world seemingly devoid of the divine presence of a loving creator, they deem it their own private prerogative and obligation to devise teleological purpose where they find none. This impulse to construct meaning in a seemingly indifferent universe may also stem from a distinctly modern anxiety about mortality, where the absence of eschatological hope compels individuals to seek forms of secular immortality, an idea reflected in the aspirations of Silicon Valley thinkers like Ray Kurzweil.[10] Nordmann goes on to expose Victor's motivations as primordial. Humanity, in Mary Shelley's time, has a varied and impactful toolbox of scientific instruments at hand – but its infatuation with elements inherently out of its reach proves dooming in *Frankenstein* and, as bespeaks the novel's significance more than two centuries later, a species capable of nuclear destruction, gene splicing, and the genesis of artificial intelligence. As Shelley reminds readers in her introduction to the 1831 edition, her vision of

---

[8] Shelley: *Frankenstein*, p. 21.
[9] His experiment is carried out in secret, not made available for falsification nor dissemination, and initially swept under the epistemological carpet.
[10] Kurzweil, Ray: *The Singularity Is Near: When Humans Transcend Biology*, New York 2005.

Victor is fundamentally that of "the pale student of unhallowed arts",[11] not the enlightened man of science whose wisdom and mental sharpness align with his consciousness of responsibility for his fellow humans. The latter Victor, too, discovers – yet again too late:

> In a fit of enthusiastic madness I created a rational creature, and was bound towards him, to assure, as far as was in my power, his happiness and well-being. This was my duty; but there was another still paramount to that. My duties towards my fellow-creatures had greater claims to my attention, because they included a greater proportion of happiness or misery.[12]

Victor, as does the modern scientist, navigates a small corridor between creation and destruction, bounded by the ethical responsibilities of his scientific pursuits. His blindness to these responsibilities speaks to a broader cultural anxiety about the consequences of transgressive knowledge, an anxiety that *Frankenstein* manifests through the breakdown of paternal structures and the collapse of moral order. Victor's failure to uphold his duties to his creation and his fellow humans is not just a personal flaw but a societal one, symbolizing the disconnect between the capability to create and the responsibility to manage those creations. Moreover, it bespeaks the spiritual disenchantment that would become such a vital emotive component of the burgeoning nineteenth century.

3 The Science of Disenchantment

Victor's tale revolves around hubris and the age-old desire to create life akin to a divine energy. He is representative of a species that has purloined the promethean toolbox of creation but failed to move ahead in terms of spiritual development. Victor notably cites his instructors at Ingolstadt in their plea for rational thought accompanied by sound scientific scope and expectation:

> The modern masters promise very little; they know that metals cannot be transmuted, and that the elixir of life is a chimera. But these philosophers, whose hands seem only made to dabble in dirt, and their eyes to pore over the microscope or crucible, have indeed performed miracles. They penetrate into the recesses of nature, and shew how she works in her hiding places. They ascend into the heavens; they have discovered how the blood circulates, and the nature of the air we breathe.

---

[11] Shelley, Mary: *Introduction to Frankenstein (1831)*, in: *The New Annotated Frankenstein*, ed. by Leslie S. Klinger, New York 2017, pp. 189–194, here: p. 192.
[12] Shelley: *Frankenstein*, pp. 181f.

They have acquired new and almost unlimited powers; they can command the thunders of heaven, mimic the earthquake, and even mock the invisible world with its own shadows.[13]

Not only does great power necessitate an elevated sense of responsibility, it also necessitates a realistic scope of expectation and epistemology. Scientific discoveries had moved beyond philosophical speculation to real-world applications. Several developments hover over the novel's setting, such as the discovery of how blood circulates (William Harvey's groundbreaking work in the early seventeenth century) and Newton's laws of motion (1682), which demystified celestial bodies from the late seventeenth century into the eighteenth century. The promise of new, almost god-like powers was emerging. Most crucially for modern representations, the notion of "commanding the thunders of heaven"[14] refers to the harnessing of electricity, particularly the groundbreaking experiments of figures like Benjamin Franklin (1706–1790), and how their work pushed boundaries previously reserved for the divine. Victor's comment that these modern scientists "mimic the earthquake"[15] alludes to the ability to harness nature's destructive power, as seen in early seismology and studies of geological phenomena.

The nineteenth century saw biology replace physics as the dominant scientific discipline, in part because of the broader implications for how humanity viewed life itself. Figures like Charles Darwin (1809–1882, evolution theory), Gregor Mendel (1822–1884, genetics), and later, Louis Pasteur (1822–1895, germ theory), fundamentally changed humanity's understanding of biological life. Darwin is foreshadowed in personified form by his own grandfather Erasmus in the novel, who even provided "the event on which this fiction is founded".[16] The deep anxieties reflected in Shelley's novel would carry forward into new discussions about evolution, heredity, and the manipulation of life. As Victor creates life without responsibility, the real world would soon encounter the possibility of manipulating life through selective breeding and genetic theory. The century of biology would culminate in the twentieth century with molecular biology, exemplified by the discovery of the structure of DNA by James Watson and Francis Crick in 1953, a kind of "elixir of life"[17] in its own right. This ushers in an era of potential biological 'creation,' bringing us back full circle to the Frankensteinian dilemmas – questions about the moral limits of creating, modifying, or extending life. This is partly why the novel has not lost its validity for inclusion in contemporary debates, as modern scientific inquiry merely amplifies the canvas of Shelley's tale. The more humanity removes itself from its modest starting point in relation to either nature

---

[13] Ibid., p. 30.
[14] Ibid.
[15] Ibid.
[16] Ibid., p. 1.
[17] Ibid., p. 30.

or the divine, the more *Frankenstein* is echoed in warnings about genetic engineering, the exploration of outer space, or the excavation of the mysteries of life.

According to Max Weber (1864–1920), the rationalisation of modern life – driven by science and bureaucracy – gradually stripped the world of its inherent mystery and spiritual meaning. What was once seen as divine, mystical, or magical was increasingly understood through the lens of scientific rationality.[18] This shift reduced the sense of wonder in the natural world, turning it into something calculable and manipulable. Maybe it is because of his mother's early passing, perhaps a rejection of a paternal force that does not provide the necessary epistemological guidelines, or for some other reason (insert speculations about Jungian shadow-work, gynophobia, or closeted sexuality here) that Victor pursues his experiments in the confines of his private home, without heeding the warnings against his primordial hubris, but the outcome connects to anxieties of the twentieth and twenty-first century seamlessly. Victor's relentless pursuit of knowledge and power through science embodies this Weberian disenchantment. He seeks to unlock nature's secrets, creating life in a manner that reflects not divine inspiration but technical expertise. In doing so, he exemplifies the modern scientific worldview that Weber critiqued: a world where mystery is eradicated, but so too is the sacredness of life. This is the tragic irony of *Frankenstein*: in mastering nature, Victor loses his connection to the ethical and spiritual dimensions that give life meaning.

As the century of biology progressed, Weber's concept of disenchantment became even more relevant. Darwin's theory of evolution, for instance, further secularised the understanding of life by removing any divine teleology from the process of creation. Instead of a world imbued with divine purpose, evolution presented a universe shaped by chance, competition, and natural selection, a vision that stripped life of its inherent sacredness. In this context, the biological sciences have not only empowered humanity but have also contributed to a deepening alienation from the natural world. With each scientific breakthrough, life becomes increasingly understood as a set of mechanical processes to be manipulated. The more we learn to control life, the more estranged we become from its intrinsic mysteries. Just as Victor loses sight of the ethical consequences of his creation, modern science risks losing the sense of awe and responsibility that should accompany such powers. Shelley's novel, then, is not just a Gothic critique of scientific hubris but also a profound meditation on the dangers of disenchantment.

Victor becomes an agent of disenchantment by his ill-advised understanding of vocation. Weber's concept of *Beruf* – commonly translated as 'vocation' or 'calling' – is closely tied to his broader ideas about rationalisation and disenchantment. In his *The Protestant Ethic and the Spirit of Capitalism* (1905), Weber examines how Protestant theology, particularly Calvinism, transformed the way

---

[18] Weber, Max: *The Protestant Ethic and the Spirit of Capitalism. 1905*, trans. by Talcott Parsons, New York 2005.

individuals relate to their work. Under Calvinism, everyday labour became a way to fulfil one's divine calling, imbuing work with spiritual significance.[19] This religious motivation led to the development of a disciplined work ethic that played a key role in the rise of modern capitalism.[20] For Weber, a vocation was not merely a profession, but a moral obligation. It provided a sense of divine calling and moral duty to individual labour, aligning with the Protestant idea of vocation, where diligence in one's work was seen as a reflection of God's will rather than a means of earning salvation.[21] However, with the increasing rationalisation of modern life – what Weber referred to as the "disenchantment of the world" – this sense of spiritual purpose in work gradually diminished.[22] As society became more secular and governed by bureaucratic structures, the idea of vocation shifted from a spiritual mission to a more practical, career-driven understanding.

Victor's scientific endeavours manifest as a form of misguided vocation. He views his work as a calling to transcend human limitations and unlock the mysteries of life, but his single-minded focus on this 'calling' ultimately leads to his downfall. Victor's vocation becomes warped into a hubristic obsession, devoid of ethical and spiritual reflection. This reflects Weber's concerns that modern vocational pursuits, stripped of their spiritual significance, might lead to disenchantment and moral erosion. Weber's notion of vocation also speaks to the ethical dimensions of modern labour, particularly in scientific and technological fields. As scientific advances continue to expand human control over nature, the question of how vocation can retain its ethical core becomes increasingly pertinent. If work is no longer connected to any higher sense of purpose or responsibility, it risks becoming a source of alienation, much like what happens to Victor in *Frankenstein*. But Weber's idea of disenchantment, the process by which science and religion – in notable harmony – clear the primordial state of human subjects at the hands of divine intervention, strikes an even more tangible effect in *Frankenstein* and its temporal location at the beginning of the nineteenth century.

Weber himself acknowledges rationalisation – the clearing up of 'primitive' or primordial wonder – as a process resembling earlier states of perception, crucially based upon one's personal and vocational perspective:

> There is, for example, rationalization of mystical contemplation, that is of an attitude which, viewed from other departments of life, is specifically irrational, just as much as there are rationalizations of economic life, of technique, of scientific research, of military training, of law and administration. Furthermore, each one of

---

[19] Weber: *The Protestant Ethic*, pp. 79f.
[20] Ibid., pp. 60f., 90–92.
[21] Ibid., pp. 80–82.
[22] Ibid., p. 105.

these fields may be rationalized in terms of very different ultimate values and ends, and what is rational from one point of view may well be irrational from another.[23]

In the case of *Frankenstein*, this connects directly to Victor's conundrum: having ventured into the realm of scientific inquiry and experimentation with a mindset altogether hubristic, the warnings about this very same hubris remain unanswered. While imbued with a strictly causative governing principle, the outcomes of his experiment are nothing short of groundbreaking. Where Prometheus and Jewish mythology imbue clay with the vital spark of life based upon unfathomable magical foundations, his creation exposes no ontological inferiority on account of it being the product of cutting-edge science. However, there are painful implications for both creator and creature because of the more nuanced, diminished scope of science and epistemology. Theological accounts of creation naturally merge existence and essence, but the painful lack of divine teleology becomes clear to Victor the moment the creature opens its yellow eyes and stares emptily at its creator.

> His limbs were in proportion, and I had selected his features as beautiful. Beautiful!—Great God! […] The different accidents of life are not so changeable as the feelings of human nature. I had worked hard for nearly two years, for the sole purpose of infusing life into an inanimate body. For this I had deprived myself of rest and health. I had desired it with an ardour that far exceeded moderation; but now that I had finished, the beauty of the dream vanished, and breathless horror and disgust filled my heart. Unable to endure the aspect of the being I had created, I rushed out of the room, and continued a long time traversing my bed-chamber, unable to compose my mind to sleep.[24]

Not only does this passage reverberate Schopenhauerian notions of a sort of "hedonic depression",[25] as Victor's relentless pursuit of knowledge and power mirrors this blind will, driving him to transcend natural boundaries. However, when he confronts the reality of his creation, he is struck by the horror of the consequences – echoing the German philosopher's assertion that the will often brings about suffering that cannot be reconciled with the creator's intentions. It also connects to the creature itself: gazing upon Victor, the creature finds itself thrown into a world outside of its immediate scope of comprehension, blending in with the other Schopenhauerian observation of life as inherently painful. Since Victor was misguided from the beginning in his hubristic motivation, but well advised by the science of his day, both creator and creature are appalled by the outcomes of his experimentation. A more utilitarian outlook that connects experimentation and innovation with pragmatic outcomes and room for application as to the greater good

---

[23] Ibid., pp. xxxviii–xxxix.
[24] Shelley: *Frankenstein*, p. 41.
[25] Fisher, Mark: *The Weird and the Eerie*, London 2016, p. 36. See also Schopenhauer, Arthur: *The World as Will and Representation*, Vol. 1, trans. by Judith Norman/Alistair Welchman/Christopher Janaway, Cambridge 2010.

of humanity would not have rendered the same soul-shattering result. Victor is a vocational scientist in his epistemological fervour, as well as in his magnificent capacity to persevere, but he is ill-equipped for employment in the proto-capitalist world of disenchantment and emphasised human agency. As Timothy Morton posits, the scene renegotiates creation myths wholesale as here, "God creates Man and is horrified by what he sees of himself in the mirror of human flesh".[26] This is one of the noteworthy upheavals that designate *Frankenstein* as emblematic of the post-Romantic, pre-Victorian era: man has now dabbled with nature to the point that the latter mirrors his ontological anxiety, siding with calamity over teleology.

4 The Hubris of the Buffered Self

Charles Taylor notes how Percy Bysshe Shelley (1792–1822), Mary Shelley's husband – who eloped with her at an early age and participated in the ghost story contest from which *Frankenstein* ultimately resulted – is emblematic of the late-Romantic period. This period differed crucially from that of earlier poets, such as William Wordsworth (1770–1850) and his focus on the sublime in nature, or Alexander Pope (1688–1744), who epitomised the Neoclassical emphasis on wit and moral satire in works like *The Rape of the Lock* (1712).[27] Late Romantic poets like Shelley explored radical ideas of political revolution under the influence of the French Revolution (1789–1799) and the following Regency Era (most commonly 1811–1820) and transcendent beauty, exemplified in poems such as *Prometheus Unbound* (1820).[28] The late Romantics cast away the earlier Romantic fascination for the Pastoral in favour of lamentations about the loss of beauty since the days of the Elgin Marbles and other ancient remnants.[29] For Taylor, Percy Shelley's poems are representative of a lack of universal order that was posited as inherent in nature during earlier periods: "[The poems] make us aware of something in nature for which there are as yet no established words. The poems are finding

---

[26] Morton, Timothy: *The Ecological Thought*, Cambridge, MA 2010, p. 111.
[27] Pope, Alexander: *The Rape of the Lock. 1712*, *The Poems of Alexander Pope*, ed. by Thomas Davis, London 2005.
[28] Shelley, Percy Bysshe: *Prometheus Unbound. 1820* (The Complete Poetry of Percy Bysshe Shelley 2), Baltimore 2000.
[29] Wordsworth's poetry often reflects an early Romantic focus on nature and personal reflection, whereas Pope's Neoclassical works emphasised structured form and social critique. Late Romantic poets contrast dramatically, favouring more experimental forms and revolutionary themes. This serves not only as a manifestation of Jacobin energy but aligns with Percy Shelley's particular fascination with the 'perfectibility of man', a subject certainly not insubstantial to the narrative of Frankenstein.

words for us".[30] A similar sentiment is explored in *Frankenstein*: whereas existence without purpose was unfathomable in earlier centuries, humanity's exploration of causative principles behind natural phenomena now hints at a void. If the creature can be brought to life from the recombination of various body parts – all merely selected for their 'beauty' – what are we to infer about humanity's role in creation and the noted withdrawnness or non-existence of its creator (the objective/subjective nature of beauty aside)? Victor had hoped to identify a cosmic principle, a foray into the realm of the divine and orderly world beyond Platonic notions, but all he discovers are emptiness and absence. Mark Fisher describes the concept of the eerie as something that "occurs either when there is something present where there should be nothing, or when there is nothing present where there should be something".[31] In this context, *Frankenstein* is still one of the eeriest reading experiences available to the twenty-first century reader, as it diegetically explores the ontological and metaphysical void behind biology. Victor posits that, through a secret principle that he is insistent to keep hidden from anyone reading his testimony (a secret proceeded merely hinted at by our mediator Walton[32]), he was able to imbue the corporeality of his creation with a soul, but even so, what does his reaction illustrate about the nature and value of the latter?

Taylor considers the advent of what he calls the "buffered self"[33] as a gradual, but irreversible milestone in the secularisation of the world. Whereas its counterpart, the "porous self" was comfortable with the sentiment of semi-permeable borderlines between the earthly and the divine – an omnipotent and ever-present god directly exercising his influence on the events of its subjects – the buffered self has a propensity to consider itself invulnerable to anything outside the consequential event horizon of its own endeavours.[34] Notably, Taylor regards this also as part of readers can derive enjoyment from horror fiction, tales of retribution and vengeance, and other subject material that revels in the suspension of disbelief our modern condition propels to the forefront of experience. Mark Edmundson argues that the Gothic genre, particularly in postmodern horror, engages with a cultural shift toward secularisation and the accompanying fear of existential emptiness. This mirrors Taylor's portrayal of the "buffered self,"[35] which, severed from the divine, finds its anxieties expressed through internalised horror. *Frankenstein* exemplifies the tension between rationalised modernity and the lingering dread of the supernatural or unexplainable. Victor seeks mastery over life through scientific means yet is haunted by the irrational and eerie forces his creation unleashes. The novel thus appeals to contemporary readers who, despite their buffered existence, still grapple with a desire for the transcendent and a confrontation with the void

---

[30] Taylor: *A Secular Age*, p. 353.
[31] Fisher: *The Weird*, p. 61.
[32] See also Shelley: *Frankenstein*, p. 42.
[33] Taylor: *A Secular Age*, p. 27.
[34] Ibid., p. 79.
[35] Ibid., p. 27.

left by secularisation.[36] The fact that we, as readers, can enjoy both the novel *Frankenstein* and its speculative ontological and ethical exploration (as well as many adaptations across the centuries), perhaps bespeaks our *own* inherently buffered perception.

> As a mode of experience, rather than as theory, this can be captured by saying that we feel ourselves vulnerable or "healable" (this is meant to be the favourable antonym to "vulnerable") to benevolence or malevolence which is more than human, which resides in the cosmos or even beyond it. This sense of vulnerability is one of the principal features which have gone with disenchantment. Any particular attribution of danger, e.g., to a witch, fits in that world into a generalized sense of vulnerability which this attribution specifies. This is what makes it credible. The enchanted world provides a framework in which these attributions make sense and can be fully believable. They are analogous in this way to an attribution of hostile intent to an armed person in one of those zones of urban lawlessness which exist in our world.[37]

What Taylor here describes is the rupturing of a paradigmatic, pre-dominant mode of existence that tailored an entire species' understanding of the world. Victor may not be the first, but he is one of the most prominently buffered characters in nineteenth century literature. His profound isolation, both emotional and intellectual, signals a shift from the porous to the buffered self, as he engages in an act of creation divorced from any divine or natural order, embodying the disenchanted modern subject who operates in a world void of transcendent meaning, the dreadful experience of existence without essence.

The eerie, as Fisher frames it, resides in the disjunction between expectation and reality, presence and absence. In Shelley's novel, the absence of divine purpose where one expects it gives rise to this eeriness. Victor's creature, a body animated but absent of any higher-order principle or cosmic teleology, exists where there should be nothing – an abomination in the traditional sense. But it is precisely this absence, this void at the heart of Victor's discovery, that points to the broader implications of modernity's secular disenchantment. The creature's very existence signifies the erosion of an older, theological cosmology in which all creation was imbued with purpose, subordinated to divine will. Now, creation itself is marred by human hubris, an experiment in science unmoored from any ontological framework that could provide meaning or value.

Taylor's buffered self, in this light, is emblematic of a larger existential shift that affects succeeding generations. Victor, representing this self-contained, autonomous individual, is entirely cut off from the transcendent forces that would have once provided guidance or a moral framework for his actions. The porous

---

[36] See also Edmundson, Mark: *Nightmare on Main Street: Angels, Sadomasochism, and the Culture of Gothic*, Cambridge, MA 1997, pp. 6–9.
[37] Taylor: *A Secular Age*, pp. 36f.

self, open to these external, sometimes supernatural forces, has been replaced by a figure who sees no higher principle than his own rationality and ambition. This break marks not just a moral failure, but an ontological one: in Frankenstein's hubris, he fails to grasp the horror of creating life without responsibility to any power beyond his own intellect. Worse, he has created life solely for the purpose of being revered as its god-like creator. This act represents a radical transformation in the conceptualisation of creation itself, no longer a divine or natural process, but a product of human will and scientific ambition. In severing creation from traditional moral and theological frameworks, *Frankenstein* essentially inaugurates a new paradigm, one that anticipates and extends to modern anxieties about artificial life and posthuman existence. It is no wonder that, if we entertain this analogy, he behaves at best as a deistic, negligent god, not the theological super-nanny his maligned creation would likely have needed to develop into a (para-)social subject.

In contrast to this hubristic experimentation, the porous self would have recoiled at the thought of such an act precisely because of its understanding of the interconnectedness between the human, the natural, and the divine. It would have feared the cosmic consequences of overreaching beyond the natural order. But Frankenstein, buffered and alone, fails to see beyond his own ability to create – a profound shift that Taylor identifies as critical to the modern, disenchanted world. His creation is no longer tied to the metaphysical principles that governed life in the enchanted world, but to the cold mechanics of scientific manipulation. What results is an eerie confrontation with a creation untethered from meaning or purpose. In an eerie corridor between life and non-life, presence and absence, the figure of the creature – who should not exist, but does – haunts Victor, and by extension, the reader. *Frankenstein*'s buffered self is a product of the Enlightenment's promise of autonomy and mastery over nature, but this promise, Shelley's text suggests, carries with it the seed of its own destruction. The buffered self, in its isolation from any external sources of meaning, inevitably confronts the void, the eerie absence of anything beyond itself.

5   Creation and Its Discontents

Victor's self-narrated, highly mediated tale is – among many, many other things – one of suspension. Not only the suspension of disbelief I have touched on earlier, but also the suspension of sound scientific principle, or the suspension of benevolent paternal agency. *Frankenstein*'s allegedly most critical suspension is that of female biology and, more productively, female agency. While the former culminates in that "dreary night of November",[38] the latter is cast over the narrative in less centred, but ubiquitous fashion. As Anne K. Mellor points out in her profound essay "*Frankenstein, Gender, and Mother Nature*",[39] Victor's anxiety about the female body and role of women in his, as well as in public, life, manifests as a dominating force at the heart of his ill-fated, hubristic quest. After providing life to his unequivocally gendered creation and meeting it in the lofty reclusion of the alps, Victor is initially prepared to empathise with and respond to its request. Setting out to repeat his experiment, this time to provide his spiritually malnourished Adam with his Eve, Victor is suddenly more appalled than ever before.

> She might become ten thousand times more malignant than her mate, and delight, for its own sake, in murder and wretchedness. He had sworn to quit the neighbourhood of man, and hide himself in deserts; but she had not; and she, who in all probability was to become a thinking and reasoning animal, might refuse to comply with a compact made before her creation.[40]

Victor's greatest anxiety here seems to revolve around the proposed agency of the female creature, and the prospect of her possessing a mind of her own imbues Victor with more fear than ever before. What's worse, "she also might turn with disgust from him to the superior beauty of man; she might quit him, and he be again alone, exasperated by the fresh provocation of being deserted by one of his own species".[41] Once again, it is Victor's distorted and inherently juvenile conception of beauty that sparks greater consequences. *Frankenstein* not only portrays the catastrophic outcome of action, but equally palpably the refusal to act. Apart from rejections of femininity, what could be the possible cause behind Victor's decision to destroy the female companion's body in an act that Mellor compares to rape.[42] She considers Victor's motivation as inextricably linked to his uncomfortable association with (female) sexuality, but – as with so many sub-themes – Shelley here seems to mirror the anxieties of her day and age, particularly those surrounding male scientific intervention in reproduction, the erosion of traditional gender roles, and the consequences of unchecked creation.[43]

---

[38] Shelley: *Frankenstein*, p. 41.
[39] Mellor, Anne K.: *Frankenstein, Gender, and Mother Nature*, in: *Frankenstein: Annotated for Scientists, Engineers, and Creators of All Kinds*, ed. by David H. Guston et al., Cambridge, MA 2017, pp. 239–246, here: p. 244.
[40] Shelley: *Frankenstein*, p. 139.
[41] Ibid.
[42] Mellor: *Frankenstein, Gender*, p. 243.
[43] See also Jacob, Margaret C.: *The Cultural Meaning of the Scientific Revolution*, Philadelphia 1990; Mellor: *Frankenstein, Gender*.

More than merely speculating about each of their individual agendas, Victor seems most afraid of the outcome of their combined planning. Shortly before tearing his second creature to pieces, his mind is overcome by a catastrophic vision of a possible future world.

> Even if they were to leave Europe, and inhabit the deserts of the new world, yet one of the first results of those sympathies for which the dæmon thirsted would be children, and a race of devils would be propagated upon the earth, who might make the very existence of the species of man a condition precarious and full of terror. Had I a right, for my own benefit, to inflict this curse upon everlasting generations?[44]

This passage points into three temporal directions, and it appears necessary to briefly explore each of them to testify *Frankenstein*'s superior fit into concepts of upheaval.

First, what plays out in front of Victor's speculative vision is a scenario that reverberates with sentiments explored in a text that is featured diegetically as well as spiritually in the narrative: John Milton's *Paradise Lost* (1667). Milton's text is not only among the reading materials the creature consumes in his self-education and psychogenesis, it also ties in with the Protestant sentiment that connects Weber, Taylor, the late-Romantic poets, and Mary Shelley herself. In *Paradise Lost*, the act of creation is fraught with moral consequence, mirroring Victor's fear of unleashing a lineage of "devils"[45] upon the earth, with the creature also likening his domicile away from humans as "Pandæmonium",[46] the physical manifestation of Satan's plummet and dwelling place of his castaway followers. But Milton's portrayal of Satan's rebellion and its repercussions naturally also resonates with Victor's internal struggle as he grapples with the implications of his own transgressive act of creation. This connection underscores the Protestant anxiety regarding free will and the burden of responsibility that accompanies it. Victor's contemplation of the "curse upon everlasting generations" echoes Milton's *Paradise Lost*, where Adam laments, "Did I request thee, Maker, from my clay / To mould me Man?".[47] The theme of original sin and its generational impact, as seen when Adam foresees the suffering of his descendants,[48] reinforces the notion that every act of creation carries the weight of potential damnation. In this passage, Adam, after receiving the gift of prophetic vision from Michael, foresees the suffering of his descendants (plagues, death, and moral decay among other toils), leading him to lament the consequences of his transgression. Thus, Victor's fears reflect not just personal concerns but a broader cultural trepidation surrounding the upheaval of traditional moral and spiritual boundaries in the face of unchecked

---

[44] Shelley: *Frankenstein*, p. 139.
[45] Ibid.
[46] Ibid., p. 86.
[47] Milton, John: *Paradise Lost* (Oxford World's Classics), Vol. 10, Oxford 2004, pp. 743f.
[48] Ibid., p. 490, pp. 479–497.

ambition. Unable to provide his creation with the appropriate society, Victor superimposes an ontological inferiority onto it that appears entirely unjustified, precisely in line with Enlightened concepts of humanity and resulting exclusive humanism.

Second, the passage connects to *Frankenstein*'s cultural and philosophical environment. The same way that the tail-end of the nineteenth century grappled with anxieties about degeneration (prominently in H.G. Wells' *The Time Machine*, 1895, and *The War of the Worlds*, 1901)[49] and reverse colonisation (Bram Stoker's *Dracula* from 1897[50] and various Sherlock Holmes stories come to mind), the centurial turn in which Mary Shelley's tale is set projected its own collective manifestations of unease onto the narrative. As Thomas Malthus articulated in his seminal *An Essay on the Principle of Population* (1798), the fear of overpopulation and the subsequent strain on resources resonates deeply within Victor Frankenstein's trepidations.[51] His dread of creating a progeny that could multiply and perpetuate suffering mirrors Malthusian concerns about societal collapse stemming from unchecked reproduction, thus linking Shelley's narrative to broader anxieties about the future of humanity and the consequences of scientific advancement. The fear of over-population took centre-stage in public discourse as recently as the early twenty-first century, and Victor's decision to not continue the hubristic progeny that brought so much anguish to himself and those dearest to him clearly connect to the sentiment of a species exhausting planetary reserves and resources. This tension is amplified when considering the rapid urbanisation brought about by the Industrial Revolution, which led to public health crises and a chaotic scramble for resources, reflecting a world struggling to manage its burgeoning population and reverberating with a then contemporary societal conundrum.

Third, and most importantly to the novel's discussion in this volume, Victor's refusal to act and create a female counterpart for his creature reflects a profound rejection of female creation and agency, aligning with societal norms that prioritise male authority over reproductive power. By choosing not to create a female creature, Victor not only reinforces traditional gender roles but also highlights his fear of the unknown, which can be interpreted as inherently xenophobic. This act of creation – or the refusal thereof – underscores a significant cultural and philosophical upheaval, as discussed by Taylor and Weber, illustrating how Victor embodies the anxieties surrounding gender and the potential consequences of unchecked scientific ambition, particularly Diane Long Hoeveler's analysis of Victor's erasure of female agency in his act of creation.[52] Furthermore, Victor's fear of producing a new race echoes societal concerns about the "other" and the alien, reflecting a

---

[49] Wells, H.G.: *The Time Machine*, London 1895; *The War of the Worlds*, London 1898.
[50] Stoker, Bram: *Dracula: The Original 1897 Edition*, New York 2008.
[51] Malthus, Thomas: *An Essay on the Principle of Population*, London 1798.
[52] Hoeveler, Diane Long: *Frankenstein, Feminism, and Literary Theory*, in: *The Cambridge Companion to Mary Shelley*, ed. by Esther Schor, Cambridge, UK 2003, pp. 45–61, here: p. 60.

xenophobic attitude towards difference and the unknown,[53] here aestheticised and exaggerated through the form of the monster (that which 'shows' the normative contingent). Thus, *Frankenstein* is an emblematic of a scientific environment that considers itself unfazed by its natural counterpart. Mellor observes that Victor is haunted not by divine retribution but by his transgression of humanity's inherent ecological interconnectedness.[54] *Frankenstein* is perhaps most relevant when perceived from this threshold, as only those that are naturally entangled with the natural world transcend the ontological and physical exhaustion that Victor, the creature, and all those in their immediate surrounding, suffer.

6   Conclusion: An Accumulation of Anguish

> "Your country's new, your friends are new
> Your house and even your eyes are new
> Your maid is new and your accent, too
> But your fear is as old as the world"[55]

Before succumbing to death at their own respective hands, both creator and creation cling to life. The latter argues that life, although "only an accumulation of anguish, is dear to me, and I will defend it".[56] Life in *Frankenstein* is inherently tied to an existentialist premise, where teleological purpose is of the individual's design and becomes both their prerogative and personal responsibility. What's more, its depiction points towards both the physicalism and biologism of its premise. The novel remains relevant in the crisis-laden turmoil of the twenty-first century on account of its epistemological foresight. New materialism and current ecocritical philosophy seek to clear up the nature/culture-dichotomy that is ubiquitous in the narrative. Not only is its mediation palimpsestic (a tale within a tale within a tale if we include the creature's monologue), its biological conundrum, too, revolves around entanglement with unknown and phantom forces. The creature's monologue, as well as Walton's framing, creates an unsettling narrative structure, where knowledge is incomplete, and perspective is always fragmented. The novel blurs the boundaries between the human and the non-human, the material and the immaterial, raising questions about the entanglement of organic and inorganic matter. This entanglement, so central to the biological and ontological conundrum

---

[53] See also Hollinger, Veronica: *Feminist Theory and Science Fiction*, in: *The Cambridge Companion to Science Fiction*, ed. by Edward James/Farah Mendlesohn, Cambridge, UK 1997, pp. 125–136.
[54] Mellor: *Frankenstein, Gender*, pp. 243f.
[55] David Bowie: *Love is Lost* (2013), ll. 5–8.
[56] Shelley: *Frankenstein*, p. 80.

in the narrative, mirrors current anxieties about the Anthropocene and the unforeseen consequences of human intervention in natural processes.

The novel's persistent relevance extends to contemporary debates in eco-critical thought and new materialism. Just as Frankenstein's experiment results in the unintended consequences of human ambition, today's technological and scientific advancements often come with a reckoning for our planet. The tale's meditation on life, nature, and creation anticipates the entanglement of organic and inorganic forces that eco-critical philosophy now seeks to articulate. As Morton explains, ecological thought involves "thinking big"[57] in ways that collapse the human/nature divide, a theme foreshadowed in the way Shelley's novel frames the destructive power of human intervention into nature's processes. *Frankenstein* here merely mirrors the biologist conundrum that transcends its mechanistic-materialist principle:

> We need to care about everything, and as I argued earlier, everything, aka the environment, has an uncanny, spectral quality just like Frankenstein's creature. It is as if the creature were a full-frontal, fully visible incarnation of environmentality itself. Caring for such a being involves accepting the super-natural, that is to say, what goes beyond our concepts of Nature, perhaps in an irreducible way. The monstrous is what we cannot predict.[58]

In this way, *Frankenstein* prefigures the contemporary Anthropocene debates, where human intervention – whether through genetic engineering, climate change, or resource depletion – raises urgent ethical questions about the limits of human power and the unforeseen consequences of our actions. New materialism, with its emphasis on the agency of matter and the dissolution of boundaries between life forms, renegotiates our perspective on the novel's depiction of the creature. The subversion of the nature/culture divide can be seen as an early critique of human exceptionalism, positioning *Frankenstein* as a key text in the philosophical discussions surrounding posthumanism and ecological crisis.

Frankenstein is emblematic of an age of upheaval, a century of biology, that reinterprets the foundational aspects of not only biological existence but adds in new layers of responsibility: to oneself, the earth's inhabitants, and the ecological framework constitutive to any meaningful rapport. Victor may have the toolbox of cutting-edge scientific inquiry and experimentation at his disposal, but his narrative reminds Anthropocene readers that they, too, have likely not moved far from the hubristic inclination to impose the omnipotence of the divine upon this canvas. As a novel of upheaval, it also demonstrates science-fiction's unique quality as not merely a speculative instrument, but a tangible influence on contemporary discourse and visions of future communication with the world-at-large. As this chapter has illustrated, *Frankenstein* can serve as emblematic of conversations about a

---

[57] Morton: *The Ecological Thought*, p. 99.
[58] Ibid., p. 156.

kind of upheaval that affects all perceivable substrata of our perception of reality, be they societal, scientific, or cultural. Victor's hubristic endeavour not only has repercussions for, but also originates in, processes that appear minuscule yet lead to macroscopic transformations, virtually heralding the dawn of a new kind of human being. As all-encompassing as the shift from *imago dei* (the image of God) to *imitatio dei* (imitating God) may appear, it begins and inflates from the most unnoticeable and unobservable mundane level in a way not at all unrelated to the experience of the twenty-first century individual, whose world undergoes such ubiquitous microscopic transformation.

Yvonne Al-Taie

Choreographien des Transitorischen. Tanzveranstaltungen als literarische Figurationen biographischer Umbrüche bei Goethe, Eichendorff und Keller

1   Einleitung

Der Tanz navigiert im 18. und 19. Jahrhundert als kulturelles Konzept zwischen zwei Polen menschlicher Grundbedürfnisse und gesellschaftlicher Interaktionsformen: Als geregelte, einstudierte, performativ in Gruppen oder paarweise ausgeführte und sozial an distinkte gesellschaftliche oder biographische Ereignisse gekoppelte Ausdrucksform affektiver Gestimmtheit ist der Tanz eine kulturelle Praxis, die sich in größere ritualisierte Praktikenkomplexe einfügt.[1] Diese sind entweder an kalendarische Fest- und Feiertage gebunden und folgen einem festen jahreszeitlichen Tanzkalender[2] oder sie begleiten festlich gerahmte biographische Übergänge wie Eheschließungen und sind Teil einer *rite de passage*.[3] Bei Hof ebenso wie in der bürgerlichen, aber auch der bäuerlichen Bevölkerung, dient der Tanz mit seinen unterschiedlichen Choreographien, seinen Konventionen und strukturierten Abfolgen von körperlicher Interaktion in räumlichen Figurationen der geregelten Zusammenkunft der Geschlechter durch normierte Spielräume von Distanz und Nähe. Der Tanz unterscheidet zwischen zulässigen oder untersagten körperlichen Berührungen und erfüllt die Funktion des geordneten, intersubjektiv ausgehandelten und konsensual akzeptierten Ausdrucks und Auslebens von Affekten der Fröhlichkeit, Heiterkeit, Zuneigung und der Anbahnung von Liebesbeziehungen. Die Ausgelassenheit des Tanzes wird durch die Regelhaftigkeit seiner Choreographie gezügelt und ins gesellschaftlich Akzeptierte eingehegt. Individuelle Freude und Vergnügen werden durch die geregelten Handlungsabläufe diszipliniert. Damit bilden Tänze nicht zuletzt das Spannungsverhältnis zwischen gesellschaftlichen Normen und individuellen Bedürfnissen in besonderer Weise ab.

---

[1] Zur kulturellen Praxis vgl. Reckwitz, Andreas: *Grundelemente einer Theorie sozialer Praktiken. Eine sozialtheoretische Perspektive*, in: Zeitschrift für Soziologie 32.4 (2003), S. 282–301.
[2] Vgl. zum Tanzkalender etwa des Weimarer Hofes Salmen, Walter: *Goethe und der Tanz. Tänze – Bälle – Redouten – Ballette im Leben und Werk*, Hildesheim u.a. 2006.
[3] Vgl. Gennep, Arnold van: *Übergangsriten*, aus dem Franz. v. Klaus Schomburg u. einem Nachw. v. Sylvia M. Schomburg-Scherff, Frankfurt a.M./New York 1999.

Ein anderes Konzept von Tanz kennt die ordnende Choreographie nicht und konzeptualisiert ihn stattdessen als Ausdruck entfesselter Ekstase und ungehemmter Sexualität außerhalb der gesellschaftlichen Ordnung. Exemplarisch stehen hierfür Hexen und Teufel, die geradezu topisch mit dem Hexensabbat in Verbindung gebracht werden. In der frühneuzeitlichen Hexenliteratur, die auch als juristischer und theologischer Leitfaden zur strafrechtlichen Verfolgung in Hexenprozessen diente, sind die enthemmten, häufig nackt ausgeführten und mit sexuellen Handlungen verbundenen Hexentänze ubiquitär.[4] Als Ort dieser Hexentänze werden Wälder oder Berge benannt, am prominentesten dürfte der Blocksberg oder Brocken im Harz sein,[5] der noch in Johann Wolfgang von Goethes (1749–1832) *Faust* als zentraler Schauplatz solch dämonisch-entfesselter Lustbarkeiten figuriert. Diese Orte stehen außerhalb zivilisatorischer Strukturen, wie etwa Dörfern und Städten, und entziehen sich als wilder, schwer bezwingbarer Naturraum dem Zugriff der sozialen Kontrolle. Kalendarisch – auch hier adaptiert Goethe das Modell – gilt die Walpurgisnacht als Höhepunkt ekstatischer Versammlungen, die bis heute in der volkstümlichen Populärkultur präsent ist.[6]

Literarisch sind beide Formen der Konzeptualisierung von Tanz vielfach bearbeitet worden. Im Folgenden wird die erste Form des Tanzes interessieren: Die Tanzveranstaltung als gesellschaftliches Ereignis, das in der Literatur seit der Goethezeit wiederholt als Konfiguration zur narrativ verdichteten Gestaltung der spannungsvollen Aushandlungsprozesse zwischen individuellen Bedürfnissen und gesellschaftlichen Erwartungen herangezogen wird. Narrativierte Tanzveranstaltungen weisen dabei häufig eine Art *mise-en-abyme*-Struktur auf, die als ein Moment komplexer sozialer Interaktion, gekoppelt an ein in der sozialen Praxis des Tanzes bereits angelegtes symbolisches Repertoire, die Konflikte der erzählten Handlung paradigmatisch verdichtet. Sozialgeschichtliche Voraussetzung dieser Erzählungen ist die Entwicklung des frühmodernen Subjekts ab dem 18. Jahrhundert und das damit einhergehende zunehmende (früh-)psychologische Bewusstsein von individuellen Wünschen und Bedürfnissen. Sich ausbildende erzähltechnische Verfahren und literarische Gattungen der Introspektion und eine neue Popularität literarischer Genres des Biographischen wie der Brief-, Bildungs- und Entwicklungsroman formen die Grundlage für das Erzählen individueller Entwicklungsprozesse in Konfrontation mit gesellschaftlichen Erwartungen, Urteilen und Begrenzungen, in die die nachfolgend untersuchten, erzählten Tanzveranstaltungen eingebettet sind.

---

[4] Vgl. Dülmen, Richard van: *Imaginationen des Teuflischen. Nächtliche Zusammenkünfte, Hexentänze, Teufelssabbate*, in: *Hexenwelten. Magie und Imagination vom 16. bis 20. Jahrhundert*, hg. v. Ders., Frankfurt a.M. 1987, S. 94–130.
[5] Vgl. ebd., S. 111.
[6] Vgl. ebd., S. 109.

Literarisch sind Tanzveranstaltungen häufig an die Erzählung biographischer Umbrüche in der Adoleszenz gekoppelt.[7] Damit, so möchte ich im Folgenden zu zeigen versuchen, partizipieren die erzählten Tanzveranstaltungen, die vordergründig dem Muster des geselligen Ereignisses folgen, immer auch am subversiven Potential gesellschaftlich nicht legitimierten erotischen Begehrens. Nachfolgend möchte ich die funktionale Position erzählter Tanzveranstaltungen in drei exemplarischen Erzähltexten unterschiedlicher literarischer Strömungen des 18. und 19. Jahrhunderts untersuchen und dabei die ihnen je eigenen Problemzusammenhänge biographischer Umbrüche, die sie gestalten, herausarbeiten. Heranziehen werde ich dazu Goethes *Die Leiden des jungen Werthers* (1774/1787) als das wohl bekannteste Werk des Sturm und Drang, Joseph von Eichendorffs (1788–1857) *Das Marmorbild* (1819/1826) als einer repräsentativen Erzählung der Romantik und schließlich Gottfried Kellers (1819–1890) *Romeo und Julia auf dem Dorfe* (1856) als einer Dorfgeschichte des Realismus.

2   Verwirrte Tanzfigurationen und gestörte gesellschaftliche Ordnung: Goethes *Die Leiden des jungen Werthers*

Goethes Briefroman *Die Leiden des jungen Werthers*,[8] erstmals veröffentlicht 1774, in zweiter Fassung 1787 erschienen, ist vielleicht das bedeutendste Werk des jungen Goethe, durch das er allgemeine Bekanntheit erlangte.[9] Zu dieser Bekanntheit trug auch eine mediale Skandalisierung des Romans durch die zahlreichen um Marktanteile konkurrierenden Journale der Aufklärung bei. Neben hymnischem Lob reihten sich auch radikale Verrisse und Parodien ein, wie Friedrich

---

[7] Neben den im Folgenden besprochenen Texten könnte man u.a. auch an Thomas Manns *Tonio Kröger*, aber auch an Arthur Schnitzlers *Traumnovelle*, in der es um eine Ehekrise geht, denken.
[8] Goethe, Johann Wolfgang: *Die Leiden des jungen Werthers*, in: Ders.: *Sämtliche Werke. Briefe, Tagebücher und Gespräche. Vierzig Bände*, hg. v. Friedmar Apel u.a., 1. Abt. Bd. 8: *Die Leiden des jungen Werthers, Die Wahlverwandtschaften, Kleine Prosa, Epen*, hg. v. Waltraud Wiethölter, Frankfurt a.M. 1994, S. 10–267.
[9] Der Roman erschien zur Leipziger Buchmesse im Herbst 1774 mit einer Auflagenhöhe von 1500 Exemplaren, die zweite Auflage von 1775 war bereits doppelt so hoch, hinzu kommen neun Raubdrucke bis 1777. Die Lektüren über Leihbibliotheken und Weitergaben im Freundeskreis mitgerechnet gehen Schätzungen von bis zu 90.000 Leser:innen der Erstauflage aus. Zu Goethes Lebzeiten gibt es 55 Auflagen des Romans. Zudem wurde er in mehrere Sprachen übersetzt, vgl. Martus, Steffen: *Johann Wolfgang Goethes* Die Leiden des jungen Werthers *als Medienskandal*, in: *Literaturskandale*, hg. v. Hans-Edwin Friedrich, Frankfurt a.M. u.a. 2009, S. 29–43, hier: S. 30f.

Nicolais *Die Freuden des jungen Werther* (1775)[10] oder die Rezension von Johann Melchior Goeze in den *Freywilligen Beyträgen zu den Hamburgischen Nachrichten aus dem Reiche der Gelehrsamkeit* vom 21. März 1775, in dem über die Erzählung „von dem Selbstmorde eines jungen Witzlings, den eine närrische und verbotene Liebe, und eine daher entsprungene Desparation zu dem Entschlusse gebracht haben, sich die Pistole vor den Kopf zu setzen"[11] gespottet wird. Der in Briefen erzählte Roman um die unglückliche Liebe des Protagonisten Werther zu der verlobten Lotte, die schließlich im Selbstmord endet, löste besonders unter jungen Leser:innen eine von Zeitgenoss:innen als ‚Werther-Fieber' bezeichnete, sich auch in körperlichen Symptomen manifestierende Begeisterung aus,[12] die auch in einzelne nachahmende Suizide mündete und die Zeitgenoss:innen dazu bewog, das Werk harsch zu verdammen.[13] Zugleich partizipierten an der *Werther*-Begeisterung nicht wenige Unternehmer:innen durch Vermarktung eines breiten Sortiments an *Werther*-Merchandise, das von Sammeltassen über Broschen, Medaillons und Stickereien bis hin zu Tapeten reichte.[14] Die erzähltechnische Besonderheit des Goethe'schen Briefromans, die zur emphatischen Identifikation einiger Leser:innen mit dem Protagonisten wesentlich beigetragen haben dürfte, besteht in der quasi monologischen Wiedergabe der Briefe Werthers, wodurch dessen Entwicklung und Wahrnehmungsperspektive über weite Strecken des Romans weder durch einen Herausgeber- oder Erzählerkommentar noch durch andere Figurenperspektiven korrigiert wird. Dies bewirkt eine Fokussierung auf einzelne erzählte Ereignisse, akzentuiert deren symbolisches Gewicht und erleichtert eine einfühlende Lektüre, die in die entsprechenden emotionalen Reaktionen einzelner Leser:innen mündete.

Eine zentrale Episode, in der sich die gesamte fatale Handlungskonstellation aufbaut und das tragische Ende bereits eine symbolische Vorausdeutung erfährt, ist eine Tanzszene auf einem Ball auf dem Lande, die relativ am Anfang der Brieferzählung steht und vollständig in dem auf den 16. Junius datierten Brief, dem längsten Brief des Romans, erzählt wird. Während die Briefe davor, beginnend mit dem ersten Brief vom 4. Mai, in rascher Folge datieren, markieren die Datierungen in der ersten Fassung des Romans zwischen dem 27. Mai und dem darauffolgenden Brief vom 16. Juni eine längere Unterbrechung der Korrespondenz.[15] Diese Unterbrechung wird gleich im ersten Satz verbalisiert und performa-

---

[10] Nicolai, Friedrich: *Freuden des jungen Werthers*, in: Ders.: *Sämtliche Werke, Briefe, Dokumente. Kritische Ausgabe mit Kommentar*, hg. v. Hans-Gert Roloff/Rainer Falk, Stuttgart 2015.
[11] Zit. n. Martus: *Johann Wolfgang Goethes* Die Leiden des jungen Werthers, S. 32.
[12] Vgl. ebd., S. 36.
[13] Vgl. ebd., S. 37–43.
[14] Vgl. ebd., S. 36.
[15] In der späteren Fassung von 1787 ist noch ein Brief vom 30. Mai dazwischengeschoben, der Malerei und Dichtung reflektiert.

tiv im graphisch durch den Gedankenstrich markierten Abbruch des Satzes eingeholt: „Warum ich dir nicht schreibe? –".[16] Der sich anbahnende bzw. im Vollzug befindliche Umbruch im Leben Werthers deutet sich damit bereits in dieser Korrespondenzpause oder -lücke an. Auch die Erzählweise markiert einen Umbruch. Werthers aufgewühlte Stimmung spiegelt sich in der Schreibweise des Briefes wider. Besonders der Briefanfang ist von zahlreichen Abbrüchen, Ellipsen, der Suche nach den angemessenen Worten und Unterbrechungen des Schreibprozesses geprägt. Mitgeteilt wird eine gehemmte Schreibszene:[17]

> Ein andermal – Nein nicht ein andermal, jetzt gleich will ich dir's erzählen. Thu' ich's jetzt nicht, so geschäh es niemals. Denn, unter uns, seit ich angefangen habe zu schreiben, war ich schon dreymal im Begriffe die Feder niederzulegen, mein Pferd satteln zu lassen und hinauszureiten [...] und gehe doch alle Augenblick an's Fenster, zu sehen, wie hoch die Sonne steht.– – –[18]

Der darauffolgende Absatz verrät, dass Werther nach diesen Zeilen den Brief unterbrochen hat, um tatsächlich auszureiten und die neue Bekanntschaft aufzusuchen. Erst am Abend nimmt er den Brief wieder auf und beginnt schließlich die chronologische Schilderung der Ereignisse, die sich auf einer Tanzveranstaltung auf dem Land zugetragen haben. Der Bericht setzt bereits mit der Anreise zum in ländlicher Umgebung gelegenen Tanzlokal ein. Werther bricht zunächst in Begleitung seiner Tanzpartnerin und deren Tante in einer Kutsche zum Tanzlokal auf, geplant ist ein Zwischenstopp, bei dem Charlotte S. zusteigen soll. Im Verlaufe dieser Kutschfahrt wird Werther bereits von den beiden Frauen gewarnt, er würde „ein schönes Frauenzimmer kennen lernen" und er solle „sich in Acht" nehmen, „sich nicht [zu] verlieben",[19] da die Werther zu diesem Zeitpunkt noch Unbekannte bereits verlobt sei. Werther nimmt diese Informationen gleichgültig zur Kenntnis. Die erste Begegnung mit Lotte erfolgt in ihrem Elternhaus, noch vor dem Tanz, im Zuge des Zwischenstopps, von wo man sie zur Tanzveranstaltung abholt. Werther beobachtet Lotte beim Austeilen von Brot an ihre jüngeren Geschwister, für die sie nach dem Tod ihrer Mutter sorgt. Dabei trägt sie ein „simples weißes Kleid, mit blaßrothen Schleifen an Arm und Brust".[20] Lotte erscheint in dieser Szene zugleich als fürsorgliche Mutter und als unverheiratete junge Frau. Auch die Literatur spielt im Rahmen dieser ersten Begegnung eine wichtige Rolle

---

[16] Goethe: *Die Leiden des jungen Werthers*, Fassung B, S. 37.
[17] Zu Begriff und Konzept der Schreibszene siehe Campe, Rüdiger: *Die Schreibszene, Schreiben*, in: *Paradoxien, Dissonanzen, Zusammenbrüche. Situationen offener Epistemologie*, hg. v. Hans Ulrich Gumbrecht/K. Ludwig Pfeiffer, Frankfurt a.M. 1991, S. 759–772, sowie daran anschließend Giuriato, Davide/Stingelin, Martin/Zanetti, Sandro: *Einleitung*, in: Diess.: *„Schreiben heißt: sich selber lesen". Schreibszenen als Selbstlektüren*, München 2008, S. 9–17.
[18] Goethe: *Die Leiden des jungen Werthers*, Fassung B, S. 37.
[19] Ebd., S. 39.
[20] Ebd., S. 41.

für die Vorstellung der Lotte-Figur. So führt Lotte auf der Fahrt zur Tanzveranstaltung mit der Tante ein Gespräch über Bücher, in dem sie durch ihr kritisches Urteil über einige zeitgenössische Werke Werthers Aufmerksamkeit erregt. Deren Titel werden, so inszeniert es der Text in einer Anmerkung, durch den fiktiven Herausgeber in der Veröffentlichung des Briefes zurückgehalten, „um niemand Gelegenheit zu einiger Beschwerde zu geben".[21] Goethe wählt damit eine Strategie, durch die sich insbesondere potentielle Leser:innen möglicher hier zu nennender Bücher nicht durch seinen Roman verprellt fühlen und andererseits die Identifikation mit bzw. die positive Besetzung der Figur dadurch gesteigert wird, dass die Leser:innen die Bücher inferieren können, die sie selbst negativ bewerten.

Im Zentrum des erzählten Briefes steht die mit großem Detailreichtum geschilderte Tanzveranstaltung selbst. Sie ist entlang der in den Ballordnungen des 18. Jahrhunderts geregelten Tanzabfolge orchestriert. Auftakt bildet das streng choreographierte, aus dem Barock überlieferte Menuett, das mehr ein Gruppen- als ein Paartanz ist. Es folgen Contretänze, ein englischer Gruppentanz, der Elemente des Paartanzes bereits stärker akzentuiert, ehe schließlich ‚deutsch', also Walzer, getanzt wird.[22] Der gegen Ende des 18. Jahrhunderts gerade erst populär werdende Walzer genießt einen zweifelhaften Ruf, da er durch den engen Körperkontakt der Tanzpartner als zu erotisch gilt.[23] So sieht die Konvention – wie Lotte Werther wissen lässt – vor, dass der Walzer stets mit dem eigenen Tanzpartner bzw. der eigenen Tanzpartnerin zu tanzen ist. Lotte ist es, die Werther auffordert, sich die Erlaubnis zum gemeinsamen Walzertanz beim jeweiligen Tanzpartner des Anderen auszubitten. Bei diesem Walzer erweisen sich Lotte und Werther als die Geschicktesten und Anmutigsten auf der Tanzfläche:

> Mit welchem Reize, mit welcher Flüchtigkeit bewegte sie sich! und da wir nun gar an's Walzen kamen und wie die Sphären um einander herumrollten, ging's freylich anfangs, weil's die wenigsten können, ein bißchen bunt durcheinander. Wir waren klug und ließen sie austoben, und als die ungeschicktesten den Plan geräumt hatten, fielen wir ein, und hielten mit noch einem Paare [...] aus. Nie ist's mir so leicht vom Flecke gegangen. Ich war kein Mensch mehr. Das liebenswürdigste Geschöpf in den Armen zu haben, und mit ihr herum zu fliegen wie Wetter, daß alles rings umher verging und –[24]

---

[21] Ebd., S. 43.
[22] Vgl. Busch-Salem, Gabriele/Salem, Walter: „Tanzen gehöret zum festlichen Tag" (J.W. Goethe). Tänze – Bälle – Redouten – Schlittenfahrten, in: Der Weimarer Musenhof. Dichtung, Musik und Tanz, Gartenkunst, Geselligkeit, Malerei, hg. v. Gabriele Busch-Salem/Walter Salem/Christoph Michel, Stuttgart/Weimar 1998, S. 113–142, hier: S. 125–127; Ring, Wejje: Tanz in der Literatur. Zum kulturgeschichtlichen und ästhetischen Wandel in der Sattelzeit (1750–1850) (Hermaea. Germanistische Forschungen. Neue Folge 157), Berlin/Boston 2022, S. 53–55.
[23] Vgl. Ring: Tanz in der Literatur, S. 55–58.
[24] Goethe: Die Leiden des jungen Werthers, Fassung B, S. 49.

Beim darauffolgenden ‚Englischen' Tanz, einem weiteren Contretanz, bilden Werther und Lotte wiederum ein Paar. In dieser Mischung aus Paar- und Gruppentanz vermag eine dritte Person zu intervenieren. Während des Tanzes kreuzt eine Dame Lotte, die „einen drohenden Finger" gegen Lotte hebt und „zweymal im Vorbeyfliegen mit Bedeutung" den Namen Albert ausspricht.[25] Während die Choreographie des Tanzes die Person von Lotte entfernt und ihr Werther wieder zuführt, erkundigt sich dieser nach dem genannten Albert. Die Antwort wird durch den choreographischen Wechsel aufgeschoben: „Sie war im Begriff zu antworten, als wir uns scheiden mußten um die große Achte zu machen, und mich dünkte einiges Nachdenken auf ihrer Stirn zu sehen, als wir so vor einander vorbeykreuzten".[26] Die Tanzfiguration wechselt zur Promenade und erlaubt Lotte die Antwort zu geben: „was soll ich's Ihnen läugnen, sagte sie, indem sie mir die Hand zur Promenade both, Albert ist ein braver Mensch, dem ich so gut als verlobt bin!"[27] Die jäh gestörte Harmonie zwischen Lotte und Werther greift in die Choreographie über und droht die Ordnung des Tanzes zu zerstören: „Genug, ich verwirrte mich, vergaß mich, und kam zwischen das unrechte Paar hinein, daß alles drunter und drüber ging, und Lottes ganze Gegenwart und Zerren und Ziehen nöthig war, um es schnell wieder in Ordnung zu bringen".[28] Werthers plötzliche Ungeschicktheit ist gleich in zweifacher Weise symbolisch: Das Wissen um Albert entfernt ihn von seiner Tanzpartnerin Lotte; dass er dabei zwischen ein anderes Paar gerät und „alles drunter und drüber ging", kündigt zugleich Werthers künftige Anwesenheit „zwischen" dem Paar Albert und Lotte an, die Lottes ganze Kraftanstrengung vonnöten machen wird, die Ordnung aufrechtzuerhalten und wieder herzustellen.

Kurz nach dieser Intervention löst sich die Tanzveranstaltung auf, als sich ein heraufziehendes Gewitter in heftigem Blitz und Donner zu entladen beginnt. Die kleine Unordnung, die zuvor in die Choreographie des Tanzes geraten ist, wird dieserart in eine allgemeine Unruhe überführt und im Wetterereignis gespiegelt, das zugleich agentieller Auslöser des gesellschaftlichen Durcheinanders und dessen symbolischer Spiegel ist. Die Schwüle, die Spannung, die erstmalig bei Werthers und Lottes erster Begegnung am Jagdhause erwähnt wird, erreicht in diesem Moment ihren Höhepunkt.

Im darauffolgenden, von Lotte angeleiteten Gesellschaftsspiel, versucht sie die durch das Gewitter verstörte Gesellschaft zu beruhigen. Im Stuhlkreis sitzend, dem Umlauf Lottes folgend, muss abgezählt werden und alle, die ihren Einsatz verpassen, erhalten von ihr eine Ohrfeige. Dabei neckt sie Werther mit der Zuteilung etwas heftigerer Schläge und erweist sich für die Gruppe zugleich als die souveräne und handlungsleitende Person.

---

[25] Ebd., S. 49.
[26] Ebd., S. 49 und 51.
[27] Ebd., S. 51.
[28] Ebd.

Der Brief endet schließlich mit der Schilderung der Zweisamkeit Lottes und Werthers nach dem Gewitter am Fenster und der berühmten Klopstock-Episode, die einen Bogen zurück zum Kennenlernen Werthers und Lottes während der Kutschfahrt schlägt, bei der Lotte Werther durch ihr sicheres literarisches Urteil beeindruckte.

> Wir traten an's Fenster. Es donnerte abseitwärts, und der herrliche Regen säuselte auf das Land, und der erquickendste Wohlgeruch stieg in aller Fülle einer warmen Luft zu uns auf. Sie stand auf ihren Ellenbogen gestützt; ihr Blick durchdrang die Gegend, sie sah gen Himmel und auf mich, ich sah ihr Auge thränenvoll, sie legte ihre Hand auf die meinige, und sagte – Klopstock! – Ich erinnerte mich sogleich der herrlichen Ode, die ihr in Gedanken lag, und versank in dem Strome der Empfindungen, den sie in dieser Losung über mich ausgoß. Ich ertrug's nicht, neigte mich auf ihre Hand und küßte sie unter den wonnevollsten Thränen.[29]

In dieser Abschlusssequenz, die sowohl die Tanzszene als auch den Brief vom 16. Juni beschließt, hat sich das Tanzpaar Lotte/Werther von der Gesellschaft separiert. Es steht am geöffneten Fenster, der Blick ist damit weg von den Räumen des Gasthauses und der sich darin aufhaltenden Gesellschaft und hinaus in die freie Landschaft gerichtet. Das synästhetische Zusammenspiel der sinnlichen Qualitäten der Witterung – olfaktorisch, thermisch, haptisch, optisch, flankiert durch Epitheta wie „herrlich" und „erquickend" – baut die Stimmung der Szene auf, die in der Blickführung („sie sah gen Himmel und auf mich, ich sah ihr Auge thränenvoll") und schließlich in den Tränen als einem zentralen Topos der Empfindsamkeit die intime, nonverbale Kommunikation der beiden Handlungsträger einfängt. Auch hier stehen die körperlichen Gesten der Interaktion im Vordergrund: „[S]ie legte ihre Hand auf die meinige", „[i]ch [...] neigte mich auf ihre Hand und küßte sie". Als einziges gesprochenes Wort tritt – durch zwei Gedankenstriche deutlich hervorgehoben – Lottes Ausruf „Klopstock!" zwischen diese innige, empfindsame Interaktion. Die elliptische Exklamatio genügt in ihrer intertextuellen Referenz, um ein geteiltes literarisches Wissen aufzurufen, das der verschwiegenen Verständigung dient.

Die Handlung nimmt bekanntlich kein gutes Ende: Werther verstrickt sich immer tiefer in die vergebliche Leidenschaft für Lotte, bis er schließlich mit einer Pistole aus dem Besitz Alberts, die er sich unter einem Vorwand von Lotte aushändigen lässt, Selbstmord begeht. Ein Leitmotiv bleibt dabei das Kleid mit den blassroten Schleifen, das Lotte am ersten Tanzabend getragen hat. Im weiteren Verlauf der Handlung erhält Werther eine dieser Schleifen in einem ihm von Albert zugesandten Geburtstagspaket. Und in einem Abschiedsbrief, den man unter seinen Papieren findet, vermerkt er unter anderem: „Diese blaßrothe Schleife, die du am Busen hattest, als ich dich zum erstenmale unter deinen Kindern fand. [...] Diese Schleife soll mit mir begraben werden; An meinem Geburtstage schenktest

---

[29] Ebd., S. 53 und 55.

du mir sie!"[30] Damit verweisen die letzten Sätze Werthers noch einmal zurück auf den ersten Tanzabend, der auf Ebene der *histoire* als auslösendes Handlungsmoment einer biographischen Umbruchsituation fungiert und auf Ebene des *discours* als *mise-en-abyme* erscheint, deren Choreographien als symbolisches Abbild der sich anbahnenden Verstrickungen und Konflikte figurieren. Mit Werthers Schicksal wird erzählt, wie ein junger Mann in der biographischen Umbruchphase der Adoleszenz durch eine fatale Liebe an der Entwicklung zum Mann mit beruflicher und ehelicher Verantwortung scheitert. Das Tanzrepertoire, das vom Menuett bis zum Walzer reicht, markiert dabei zugleich eine Phase gesellschaftlichen Wandels, in dem Flirt und erotische Nähe auch im öffentlichen Raum in neuer Weise geduldet werden. Bereits die Tanzveranstaltung mit ihren Konventionen stellt das Individuum vor Herausforderungen. Werther überschätzt die Möglichkeiten gesellschaftlich gelockerter Konventionen, die der Walzer suggeriert und scheitert nicht zufällig am Contretanz, einem gesellschaftlichen Gruppentanz, der ihm mehr Anpassung an allgemeine Normen abverlangt, als er in seinem individuellen Streben nach frei gewählten persönlichen Verbindungen zu leisten im Stande ist. Die Tanzszene deutet damit bereits die sich langsam öffnenden neuen Freiheiten für das Individuum an, die aber noch von den tradierten Normsystemen eingehegt werden und Versuche echter Normbrüche konsequent sanktionieren.

3   Der Maskenball als Spiegel intrapsychischer Konflikte: Joseph von Eichendorffs *Das Marmorbild*

Fragen der Adoleszenz und der Entwicklung des (männlichen) Individuums stehen auch im Zentrum vieler Erzähltexte der Romantik, für die Goethe bekanntlich als Vorbild und Wegbereiter galt. Exemplarisch soll im Folgenden Joseph von Eichendorffs Novelle *Das Marmorbild* herangezogen werden, 1819 erstmals in Friedrich de La Motte-Fouqués *Frauentaschenbuch für das Jahr 1819* veröffentlicht und 1826 gemeinsam mit *Aus dem Leben eines Taugenichts* in Buchform erschienen,[31] die ebenfalls eine Tanzszene ins Zentrum der Erzählung von einem adoleszenten Jüngling und dem Erwachen von Liebe und erotischem Begehren stellt. Die Novelle folgt dem in der Goethezeit beliebten Erzählmodell der ‚Initiationsgeschichte', deren Grundstruktur, so Michael Titzmann, durch eine anonyme

---

[30] Ebd., S. 263.
[31] Vgl. Polheim, Karl Konrad (Hg.): Bd V/2: *Erzählungen. Erster Teil. Kommentar*, in: Joseph von Eichendorff: *Sämtliche Werke. Historisch-kritische Ausgabe*, begr. v. Wilhelm Kosch/August Sauer, hg. v. Hermann Kunisch/Helmut Koopmann, Tübingen 2000, S. 32.

Erzählinstanz die Entwicklung eines Jünglings vom „Kindstatus" zum „Erwachsenenstatus" erzählt.[32] Die Handlung folgt dabei dem Verlassen eines Herkunftsraumes, einer Reise mit unbestimmtem Ziel, auf der neue Erfahrungen gesammelt werden und die schließlich in „Selbstverlust" oder „Selbstfindung" enden kann.[33] Dazwischen liege, so Titzmann, der semantische Raum der Transitionsphase.[34] Eichendorff wählt einen intern fokalisierenden, heterodiegetischen Erzähler, der selbst nicht Teil der erzählten Welt ist, jedoch die Leser:innen an den Gedanken und Gefühlen des Protagonisten teilnehmen lässt. Im Zentrum der Transitionsphase steht in Eichendorffs *Marmorbild* ein Maskenball, der, wie Carsten Lange darlegt, im Sinne einer *rite de passage* von Übergangsriten bestimmt ist.[35]

Diese Tanzszene situiert Eichendorff in der Mitte des Handlungsverlaufs. Florio, der Protagonist der Erzählung, der auf seiner in Ziel und Funktion unbestimmt bleibenden Reise Station in der italienischen Stadt Lucca macht, trifft dort gleich am ersten Abend neben dem fröhlichen und sympathischen Fortunato und dem düsteren Donati auf ein zunächst namenlos bleibendes junges Mädchen mit Blumenkranz im Haar und in der daran anschließenden Nacht, in der er aufgewühlt von dieser Begegnung durch die Felder vor der Stadt streift, auf eine vom Mond beschienene Venusstatue an einem Weiher. Im Lichte seines durch die abendliche Begegnung mit dem blumenbekränzten Mädchen erwachten sexuellen Begehrens kommt ihm „jenes Bild wie eine lang gesuchte, nun plötzlich erkannte Geliebte vor".[36] Mit diesen beiden Begegnungen ist bereits der Grundkonflikt zwischen der eher keuschen Liebe zu einem scheuen Mädchen und dem durch die Venus repräsentierten sexuellen Verlangen markiert, der Florios emotional labilen Zustand bestimmt. In diesem Zustand erhält er die Einladung zu einer Tanzveranstaltung auf einem Landhause vor den Toren der Stadt, mit dem kryptischen Hinweis „‚Macht Euch nur gefaßt,' [...], ‚Ihr werdet dort eine alte Bekannte treffen!'"[37] Die Szene, als Maskenball gestaltet, orchestriert das konfligierende, unmittelbare Aufeinandertreffen der beiden begehrten Frauengestalten in Form einer doppelt auftreten-

---

[32] Titzmann, Michael: *Semiotische Textanalyse und historische Anthropologie. Am Beispiel von Eichendorffs* Das Marmorbild, in: Ders.: *Anthropologie der Goethezeit. Studien zur Literatur und Wissensgeschichte* (Studien und Texte zur Sozialgeschichte der Literatur 119), hg. v. Wolfgang Lukas/Claus-Michael Ort, Berlin/Boston 2012, S. 289–329, hier: S. 292.
[33] Ebd.
[34] Vgl. ebd., S. 293.
[35] Vgl. Lange, Carsten: *Schleier, Schwelle, Zeremonie. Übergangsriten in Eichendorffs* Das Marmorbild, in: *Aurora* 68/69 (2008/2009), S. 157–174, hier: S. 165–171.
[36] Eichendorff, Joseph von: *Das Marmorbild*, in: Ders.: *Sämtliche Werke. Historisch-kritische Ausgabe*, begr. v. Wilhelm Kosch/August Sauer, hg. v. Hermann Kunisch/Helmut Koopmann, Bd. V/1: *Erzählungen. Erster Teil*, hg. v. Karl Konrad Polheim, Tübingen 1998, S. 29–82, hier: S. 45.
[37] Ebd., S. 56.

den Griechin, deren Gesicht hinter einer Larve verborgen bleibt. Mehrmals begegnet Florio der Griechin im Verlauf der Tanzveranstaltung: als sie ihm im flüchtigen Vorbeieilen eine Rose überreicht, im Gespräch mit anderen Maskierten im Garten singend auf einem Brunnenrand sitzend. Während eines Tanzes treten die beiden Griechinnen für Florio gleichzeitig sichtbar auf: „Der Tanz war endlich aus, die Musik hielt plötzlich inne, da glaubte Florio seine schöne Tänzerin am andern Ende des Saales *noch einmal* wieder zu sehen. Es war dieselbe Tracht, dieselben Farben des Gewandes, derselbe Haarschmuck".[38]

Die Interaktion zwischen Florio und der Griechin bleibt fast ausnahmslos nonverbal, weder zeigt die Griechin in der Interaktion mit Florio Eigeninitiative, wie Goethes Lotte, noch wird sie in ihren sozialen und gesellschaftlichen Beziehungen und Verhältnissen vorgestellt. Spricht sie doch einmal, so bleiben die Aussagen vage, kryptisch und vor allem allgemein; nie markieren sie die Individualität der Person. „Du kennst mich",[39] flüstert sie Florio beim Tanz einmal zu; im Garten, auf Florios Drängen hin, ihm ihren Namen zu sagen, wehrt sie ab mit den Worten „,Laßt das,' [...], ‚nehmt die Blumen des Lebens fröhlich, wie sie der Augenblick giebt, und forscht nicht nach den Wurzeln im Grunde, denn unten ist es freudlos und still'".[40] Ehe sie sich entfernt, lüftet sie ihren Schleier und gibt das bleiche und regungslose Antlitz eines Marmorbildes frei. Später am Abend, als man die Masken abgelegt hat und Florio in geselliger Runde das Mädchen mit dem Blütenkranz als Bianka vorgestellt wird, spricht sie leise lediglich den Satz „Ihr habt mich öfter gesehen",[41] was Florio wiederum mit dem doppelten Auftreten der Griechin in Verbindung bringt.

Das warnende Entschwinden der mutmaßlichen Venusfigur und die darauffolgende Begegnung mit Bianka am Abend des Tanzes nehmen den weiteren Verlauf der Novelle vorweg: Nachdem Florio noch einmal bei Nacht das Anwesen der Venus aufsucht, von der ebenso verführerischen wie unheimlichen Venusgestalt in den Bann gezogen wird und durch ein aus dem Garten heraufschallendes frommes Lied zu Bewusstsein gekommen der merkwürdigen Szene entflieht, begegnet er am nächsten Morgen beim Verlassen der Stadt Bianka in Begleitung Fortunatos und ihres Onkels Pietro. Florio wird nun erstmals Biankas Schönheit gewahr, gleichzeitig verkörpert sie nicht die erotische Verführerin, sondern wird mit religiös konnotierten Topoi der bescheidenen Jungfrau beschrieben, die ihn mit „freudiger Demuth" anschaute, „als verdiente sie solche Gnade nicht".[42] In ihrem Blick lag „die ganze klare Seele" und ihre Erscheinung wirkt auf Florio wie „ein heiteres Engelsbild auf dem tiefblauen Grunde des Morgenhimmels".[43] Florios gelungener adoleszenter Transitionsprozess kann mithin auch als eine Eingliederung in ein

---

[38] Ebd., S. 58 (Hervorhebung im Original).
[39] Ebd.
[40] Ebd., S. 62.
[41] Ebd., S. 64.
[42] Ebd., S. 82.
[43] Ebd.

christliches Lebensmodell und dessen Geschlechterordnung gedeutet werden. Mit der Andeutung einer Eheschließung zwischen Florio und Bianka endet dementsprechend die Erzählung.

Auch Eichendorff erzählt einen biographischen Umbruch vom adoleszenten Jüngling zum angehenden Ehemann. Der im Rahmen dieses Transformationsprozesses ausgetragene Konflikt ist jedoch kein sozialer, sondern ein psychischer zwischen den widerstreitenden Sehnsüchten des jungen Mannes. In der Tanzszene des Maskenballs zeigen sich diese konkurrierenden Wünsche in Form der doppelten Maske der Griechin als janusköpfiges Doppel der begehrten Weiblichkeit. Ihr doppeltes Auftreten spitzt die Verwirrung wie den Entscheidungsdruck zu, der in der Absage an die ebenso verführerische wie kalte und bedrohliche Erotik der Venus gelöst wird. Entsprechend bleiben insbesondere die Frauenfiguren stereotyp, sie stehen, wie Barbara Becker-Cantarino darlegt, für eine „Mythisierung des Geschlechtstriebs",[44] die sich aus unterschiedlichen literarischen Quellen speist und letztendlich einen „archaischen, misogynen Mythos vom Weiblichen"[45] reproduziert. Auch Titzmann bemerkt, dass zulässige Erotik in der Ehe „mit einer kulturell dominierten Frau"[46] gleichgesetzt wird. Maximilian Bergengruen hat darüber hinaus jüngst die Verweise auf Kindheitserinnerungen Florios aufgezeigt, die sowohl in Nebenfiguren als auch in Objekten wie dem Marmorbild externalisiert werden und teils psychologisierend im Sinne der Arbeiten Karl Philipp Moritz' zu lesen sind, darüber hinaus aber noch einen irreduziblen Überschuss produzieren, der das phantastische Moment der Erzählung ausmacht.[47] Die in Form eines Maskenballs erzählte Tanzszene in Eichendorffs *Marmorbild* produziert ebenfalls diesen phantastischen Überschuss und dient zugleich dazu, das – auch durch frühkindliche Eindrücke – verwirrte erotische Begehren zu thematisieren, um diesen Verunsicherungen des adoleszenten Jünglings unmittelbar ein gesellschaftlich legitimiertes Modell von Weiblichkeit und vom Zusammenleben der Geschlechter gegenüberzustellen. Dieses Modell vermag sich in der Erzählung erfolgreich durchzusetzen und markiert im Schlussbild mit dem Ausblick auf das Eheleben zwischen Florio und Bianka als dem *happy end* den gelungenen Abschluss des Transitionsprozesses. Vor diesem Hintergrund bildete die Tanzveranstaltung nicht

---

[44] Becker-Cantarino, Barbara: *„Der schöne Leib wird Stein"*. *Zur Funktion der poetischen Bilder als Geschlechterdiskurs in Eichendorffs* Marmorbild, in: *Das Sprach-Bild als textuelle Interaktion*, hg. v. Gerd Labroisse/Dick van Stekelenburg, Amsterdam 1999, S. 123–134, hier: S. 124.
[45] Ebd., S. 133.
[46] Titzmann: *Semiotische Textanalyse*, S. 305.
[47] Vgl. Bergengruen, Maximilian: *Vaterworte und „Ur-Bilder"*. *Zu Differenz und Identität von Kindheits- und Dingerinnerung in romantischen Venusberg-Dichtungen* (Der getreue Eckart, Der Runenberg, Das Marmorbild), in: *Ding und Bild in der europäischen Romantik* (Komparatistische Studien/Comparative Studies 70), hg. v. Jakob Christoph Heller/Erik Martin/Sebastian Schönbeck, Berlin/Boston 2021, S. 223–250, hier: S. 235–240.

nur einen Höhepunkt der Verwirrung und Verunsicherung Florios, indem er unmittelbar mit zwei Modellen von Weiblichkeit konfrontiert wurde, sondern durch Arrangement und Einladung zur Tanzveranstaltung durch Biankas Onkel bildet sie zugleich auch eine Form gesellschaftlicher Intervention, die dem adoleszenten Jüngling in einer biographischen Umbruchphase das gesellschaftlich legitimierte und affektiv regulierte Zusammenleben der Geschlechter aufzeigt, das in ein nachhaltig gelingendes Leben führen soll. Wirksam wird diese Intervention jedoch erst nach einer nochmaligen, als verstörend erlebten Annäherung an die verführerische Venus und das ihm in dieser Situation Orientierung bietende Lied Fortunatos. Nicht zufällig sind es schließlich auch Pietro und Fortunato, die Bianka begleiten, als Florio sich ihnen auf dem Weg aus der Stadt anschließt. Sie fungieren als Unterstützer, die den biographischen Transitionsprozess Florios begleiten und darauf einwirken, ihn in ein gesellschaftlich präferiertes und legitimiertes Lebensmodell einzugliedern. Zugleich begegnet ihm Bianka auf dem Tanz noch hinter der heidnischen Maske der schönen Griechin; in dieser Mimikry der erotischen Venus zeigt sich damit der Umweg, auf dem Bianka Florio folgen muss, um ihn mit Hilfe Pietros und Fortunatos für sich zu gewinnen und auf den Weg des christlichen Lebens- und Tugendmodells zu führen.

4 Teufelstanz und gesellschaftliche Marginalisierung: Gottfried Kellers *Romeo und Julia auf dem Dorfe*

In Kellers Novelle *Romeo und Julia auf dem Dorfe*,[48] die Teil des Novellenzyklus *Die Leute von Seldwyla* ist und in der Gattungstradition der um 1850 populär werdenden realistischen Dorfgeschichte steht,[49] ist die Tanzszene nicht am Anfang wie bei Goethe oder in der Mitte, wie bei Eichendorff, sondern am Ende der Erzählung und der erzählten Handlung situiert. Damit ist nicht nur ihre narrative, sondern auch ihre handlungslogische Position bestimmt. Der Tanz motiviert bei Keller weder Handlungsfolge, wie sie in Goethes *Die Leiden des jungen Werthers* erst durch den Ball auf dem Lande in Gang gesetzt wird, noch artikuliert sich in ihm symbolisch ein intrapsychischer Konflikt, wie bei Eichendorff; vielmehr gestaltet der Tanz ein Moment des imaginierten Ausbrechens aus determinierenden gesellschaftlichen Entwicklungen, die das Schicksal des jungen liebenden Paares

---

[48] Keller, Gottfried: *Romeo und Julia auf dem Dorfe*, in: Ders.: *Sämtliche Werke in sieben Bänden*, hg. v. Thomas Böning/Gerhard Kaiser/Dominik Müller, Bd. 4: *Die Leute von Seldwyla*, hg. v. Thomas Böning, Frankfurt a.M. 1989, S. 69–144.

[49] Gann, Thomas: *Im Paradiesgärtlein. Anarchie und „Heimatlosigkeit" in Gottfried Kellers* Romeo und Julia auf dem Dorfe, in: *Anarchismus in Vor- und Nachmärz* (Forum Vormärz Forschung 22), hg. v. Detlev Kopp/Sandra Markewitz, Bielefeld 2016, S. 205–232, hier: S. 206.

bereits bestimmt haben. Dieses gesellschaftlich determinierte Schicksal muss mithin aus der vorausgehenden Erzählung hergeleitet werden. Da Keller größere gesellschaftliche Zusammenhänge erzählt, umfasst die erzählte Handlung seiner Novelle im Vergleich zu den Erzählungen von Goethe und Eichendorff auch die mit Abstand weiteste biographische Zeitspanne. Erzählt wird die Geschichte der beiden Protagonist:innen Vrenchen und Sali von ihrer Kindheit bis zu ihrem gemeinschaftlichen Suizid im jungen Erwachsenenalter. Die beiden Kinder entstammen zwei Bauernfamilien eines schweizerischen Dorfes, die je einen Acker bewirtschaften. Zwischen den Äckern der Familien befindet sich ein brachliegender Acker, der wegen ungeklärter Erbschaftsverhältnisse nicht landwirtschaftlich genutzt wird. Dieser Acker gehörte rechtmäßig dem namenlos bleibenden „schwarzen Geiger",[50] dem man den Zugriff auf sein Erbe verweigert, weil ihm ein Taufschein fehlt und niemand bereit ist, für seine Herkunft zu bürgen. Dabei handelt es sich um eine im 19. Jahrhundert in der Schweiz durchaus gängige Praxis, nach der man Personen schnell das Heimatrecht aberkannte, etwa wenn sie längere Zeit abwesend waren.[51] Angestachelt von Spekulanten aus der Stadt versuchen die beiden Bauern Manz und Marti, die Väter von Vrenchen und Sali, sich das brachliegende Mittelstück zunächst sukzessive durch beständiges Ziehen einer zusätzlichen Ackerfurche anzueignen. Schließlich steht das verbleibende, schmale Ackerstück zum Verkauf. Dessen Erwerb durch Manz entfacht einen erbitterten Rechtsstreit zwischen den beiden Bauern, der beide in den wirtschaftlichen Ruin treibt, zur Zerrüttung ihrer Ehen führt und im Wegzug der Familien aus dem Dorf in die Stadt mündet. Mit diesem Plot ist der Novelle eine gesellschafts- und modernekritische Haltung eingeschrieben.[52] Die heranwachsenden Kinder sind Opfer dieser zunehmenden Verwahrlosung ihrer Familien. Hier übersteigt die Handlung die individuelle Geschichte der beiden Bauern und führt sozialgeschichtlich relevante Momente in die Erzählung ein, die sowohl kapitalistische Denkweisen der Moderne betreffen als auch die Prozesse der Ausgrenzung und Marginalisierung derer, die als „Heimatlose" das aus der bürgerlich-dörflichen Gemeinschaft ausgeschlossene „Lumpenproletariat" repräsentieren.[53]

Nach Jahren treffen Vrenchen und Sali als inzwischen Jugendliche bei einem Streit zwischen den Vätern wieder aufeinander; die sich zwischen ihnen entwickelnde Liebe hat sowohl aufgrund der Feindschaft zwischen den Familien als auch aufgrund ihrer finanziellen Mittellosigkeit keine Chance. Dass Sali bei einem

---

[50] Keller: *Romeo und Julia auf dem Dorfe*, S. 72.
[51] Vgl. Uerlings, Herbert: *„Diesen sind wir entflohen, aber wie entfliehen wir uns selbst?". „Zigeuner", Heimat und Heimatlosigkeit in Kellers* Romeo und Julia auf dem Dorfe, in: *Poetische Ordnungen. Zur Erzählprosa des deutschen Realismus*, hg. v. Ulrich Kittstein/Stefani Kugler, Würzburg 2007, S. 157–185, hier: S. 163.
[52] Vgl. ebd., S. 164–166.
[53] Vgl. ebd., S. 162–166, Zitat S. 165. Bei Keller wird die Bezeichnung „Lumpenhunde" verwendet (Keller: *Romeo und Julia auf dem Dorfe*, S. 71).

heimlichen Treffen auf dem alten, öden Acker Vrenchens Vater in einem Handgemenge schwer verletzt und ihm durch einen Steinschlag eine bleibende kognitive Beeinträchtigung zufügt, unterstreicht nur noch einmal die Unmöglichkeit einer Eheschließung. Gleichwohl an dem Ideal einer bürgerlichen Ehe festhaltend, hegt Vrenchen den Wunsch, nur ein einziges Mal mit Sali vergnügt auf der Kirchweih tanzen zu gehen, ganz so, als seien sie ein gewöhnliches, verlobtes Paar.

Die geplante Teilnahme an der Tanzveranstaltung im Wirtshaus zur Kirchweihe wird dem Paar jedoch durch die prüfend-spöttischen Blicke der Dorfgemeinschaft verleidet. Sali schlägt stattdessen einen entlegeneren Tanzort vor, „wo das arme Volk sich lustig macht, zu dem wir jetzt auch gehören, da werden sie uns nicht verachten; im Paradiesgärtchen wird jedesmal auch getanzt, wenn hier Kirchweih ist, da es in die Kirchengemeinde gehört".[54] Das Paradiesgärtlein wird als ein Tanzboden in schöner Lage beschrieben, der jedoch nur von dem ärmeren Volk aufgesucht wird, zu dem neben „ganz kleinen Bauern" auch Tagelöhner und „fahrendes Gesinde" gehören.[55] Der Zustand dieses nun als Wirtshaus genutzten, verlassenen Landsitzes deutet auf Verfall und Verwahrlosung hin: Die Engelsfiguren, die das Gesims dekorieren, waren ursprünglich vergoldet, die Gemäuer des Hauses waren „mit verwaschenen Freskomalereien bedeckt" und „überdies reichlich mit Weinreben übersponnen"; um das Haus „standen verwilderte Kastanienbäume, und knorrige starke Rosenbüsche, auf eigene Hand fortlebend".[56] Zwischen den „verlumpte[n] Leute[n]",[57] die sich dort drängen, tanzen Vrenchen und Sali den erotisch konnotierten Walzer.

Nach Ende der Tanzveranstaltung führt der schwarze Geiger „eine spaßhafte Zeremonie auf, welche eine Trauung vorstellen sollte", was die beiden „als einen Spaß" auffassen, der ihnen zugleich Unbehagen bereitet.[58] Sie folgen schließlich der Gruppe der „Heimatlosen"[59] durch die Felder und durch ihr Heimatdorf hindurch, das sie in einem wilden Tanz durchqueren:

> Als sie durch die stillen Gassen und an ihren verlorenen Vaterhäusern vorüber, ergriff sie eine schmerzhafte wilde Laune und sie tanzten mit den Andern um die Wette hinter dem Geiger her, küßten sich, lachten und weinten. Sie tanzten auch den Hügel hinauf, über welchen der Geiger sie führte, wo die drei Äcker lagen, und oben strich der schwarze Kerl die Geige noch einmal so wild, sprang und hüpfte wie ein Gespenst, und seine Gefährten blieben nicht zurück in der Ausgelassenheit, so daß es ein wahrer Blocksberg war auf der stillen Höhe[.][60]

---

[54] Keller: *Romeo und Julia auf dem Dorfe*, S. 132.
[55] Ebd.
[56] Ebd., S. 133.
[57] Ebd.
[58] Ebd., S. 139.
[59] Ebd., S. 72.
[60] Ebd., S. 140.

Der Tanz, dem schon im ‚Paradiesgärtlein' etwas verwildertes anhaftet, wobei durch die verwitterten und heruntergekommenen Insignien einer bürgerlichen Kultur und die Imitation der Praktiken der Tanzlustbarkeiten zur Kirchweihe, einschließlich des Walzertanzes, das Skript einer nach gesellschaftlichen Konventionen ablaufenden Tanzveranstaltung noch aufgerufen wird, kippt in diesem Zug der Vagabunden endgültig in den entfesselten, gesellschaftliche Normen durchbrechenden ‚Hexen- oder Teufelstanz'. Nicht nur der Topos des ‚Blocksbergs' wird hier explizit aufgerufen. Eine ganze Reihe von Motiven unterstreicht dieses Bild, so der „schwarze Geiger", der den Zug anführt, der „Bucklige", die „Ausgelassenheit" und das „tobende[ ] Hochzeitsgeleite", das „das Feld entlang gerast war" und nicht zuletzt das wilde Geigenspiel selbst.[61] Dazu passt auch, dass der schwarze Geiger an „volkstümliche Teufelsdarstellungen angelehnt ist",[62] so wie im Realismus generell „normabweichende Lebensentwürfe häufig unter dem motivischen Vorbehalt der ‚Teufelspaktgeschichte'"[63] verhandelt werden. Entsprechend mischen sich in diese Teufelstanzszenerie die Hinweise auf den moralischen Verfall der Familien Salis und Vrenchens: ihre verlassenen Elternhäuser und die drei Äcker, die für die Besitzgier und die unrechtmäßige Enteignung des schwarzen Geigers durch die Väter stehen.

In der Forschung ist auch eine Deutung der Gruppe der vom Erzähler als „Heimatlosen"[64] oder „Hudelvölkchen"[65] Bezeichneten als Repräsentanten einer gegenbürgerlichen Lebensform vorgeschlagen worden, die auf die libertär-anarchistischen Diskurse des frühen 19. Jahrhunderts verweist.[66] Diese Option des Ausbrechens aus den bürgerlich-gesellschaftlichen Strukturen und der Wahl einer anarchischen Lebensform jenseits gesellschaftlicher Konventionen wird von den Protagonist:innen jedoch ausgeschlossen:

> Das Gefühl, in der bürgerlichen Welt nur in einer ganz ehrlichen und gewissenhaften Ehe glücklich sein zu können, war in ihm ebenso lebendig wie in Vrenchen, und in beiden verlassenen Wesen war die letzte Flamme der Ehre, die in früheren Zeiten in ihren Häusern geglüht hatte und welche die sich sicher fühlenden Väter durch einen unscheinbaren Missgriff ausgeblasen und zerstört hatten, als sie, eben diese Ehre zu äufnen während durch Vermehrung ihres Eigentums, so gedankenlos sich das Gut eines Verschollenen aneigneten, ganz gefahrlos, wie sie meinten. [...] Sali und Vrenchen hatten aber noch die Ehre ihres Hauses gesehen in zarten Kinderjahren und erinnerten sich, wie wohlgepflegte Kinderchen sie gewesen und dass ihre Väter ausgesehen wie andere Männer, geachtet und sicher.[67]

---

[61] Ebd.
[62] Gann: *Im Paradiesgärtlein*, S. 224.
[63] Ebd., S. 223.
[64] Keller: *Romeo und Julia auf dem Dorfe*, S. 72.
[65] Ebd., S. 134.
[66] Vgl. Gann: *Im Paradiesgärtlein*.
[67] Keller: *Romeo und Julia auf dem Dorfe*, S. 136.

Auch Kellers Novelle endet – ähnlich wie Goethes *Werther* – mit einem Suizid. Allerdings nimmt sich hier anders als bei Goethe nicht einer der unglücklich liebenden Partner das Leben, weil die Geliebte an gesellschaftlichen Konventionen der bereits geschlossenen Verlobung festhält, sondern das einvernehmlich einander liebende Paar wählt den gemeinsamen Freitod, weil ihnen die äußeren gesellschaftlichen Umstände eine Eheschließung und ein Zusammenleben im Rahmen bürgerlicher Konventionen verunmöglichen. Im Motiv des entfesselten Teufelstanzes wird die Möglichkeit des Ausbrechens aus gesellschaftlichen Normen und Erwartungen ausgelotet und für einen Moment von Vrenchen und Sali ausgekostet. Mit der Imitation einer kleinbürgerlichen Tanzveranstaltung ist ihm zugleich das Sehnsuchtsmodell einer konventionell-dörflichen Lebensform eingeschrieben. Es ist diese Mimikry der dörflichen Kirchweihe, die die Tanzszene zwischen bürgerlicher Festveranstaltung und Hexensabbat oszillieren lässt, die das Dilemma des jungen Paares zum Ausdruck bringt. In dieser biographisch höchst prekären Umbruch- und Entscheidungsphase vermögen Vrenchen und Sali weder ihrer gegenseitigen Zuneigung und ihrem erotischen Begehren zu entsagen noch sich für eine anarchistische Lebensform außerhalb der Gesellschaft zu entscheiden und sehen so den Tod als einzigen Ausweg.

5 Fazit

Tanzveranstaltungen fungieren in den Erzähltexten des ausgehenden 18. und des frühen 19. Jahrhunderts als eine narrative Konfiguration zur Verhandlung adoleszenter Transitionsphasen im Kontext von Paarbeziehung, Eheschließung und Sexualität. Die Problemkonstellationen, die dabei verhandelt werden, variieren in den unterschiedlichen literarischen Strömungen und Epochen dabei deutlich. Während Goethe in realistischer Erzählweise den Konflikt zwischen gesellschaftlichen Konventionen und individueller Leidenschaft verhandelt, spielen in Eichendorffs Novelle gesellschaftliche Rollen- und Erwartungsmuster quasi keine Rolle. Zumindest sind sie ihrem konfliktauslösenden Potential entledigt und werden in der Bestätigung der zuvor durch Biankas Onkel Pietro auf der Tanzveranstaltung arrangierten Verbindung zwischen Bianka und Florio affirmativ bestätigt. Der Konflikt ist bei Eichendorff in die Psyche des Protagonisten verlagert. Auslöser sind, anders als bei Goethe, keine gesellschaftlichen Barrieren, sondern widerstreitende mentale Bedürfnisse. Entsprechend ist die Tanzszene bei Eichendorff als das phantastische Setting eines Maskenballs gestaltet, das die Empfindungen des Protagonisten in den schwirrenden Sinnesreizen einfängt und spiegelt. Eingebunden in dieses symbolisch-phantastische Arrangement sind auch die Frauenfiguren. Als Maskierte, als Marmorbild und als marienähnliches jungfräuliches Mädchen auftretend, stellen sie anders als Lotte in Goethes *Werther* keine individuellen weiblichen Persönlichkeiten mit eigener Biographie, eigenen Lebensentscheidungen und eigenständigem Handeln dar. Vielmehr sind Eichendorffs Frauenfiguren – kaum sprechend und wenn, dann nur in sinnbildlich-allgemeinen Worten, hinter Masken und Schleiern verborgen – lediglich Repräsentationen unterschiedlichen Begehrens der männlichen Psyche und stereotyper Weiblichkeitskonzepte.

Keller ist der einzige der untersuchten Autoren, der der Tanzszene der bürgerlichen Ballveranstaltung als antibürgerliches Pendant den ekstatischen Teufelstanz entgegenstellt. Dass mit den beiden paradigmatisch aufeinander bezogenen Tanzveranstaltungen – jene auf der Kirchweihe und jene im Paradiesgärtlein, die das bürgerliche Vorbild nur noch camouflageartig imitiert, in ihrem verwilderten Setting außerhalb des Dorfes aber bereits topologisch den Teufels- oder Hexentanz assoziiert – ein gesellschaftlicher Konflikt aufgezeigt wird, markiert ein protosoziologisches Bewusstsein in der Literatur des 19. Jahrhunderts und die Verschiebung der Aufmerksamkeit weg vom Individuum und seinem gelingenden oder misslingenden Sozialisationsprozess und hin zu den gesellschaftlichen Rahmenbedingungen, unter denen sich biographische Umbruchphasen vollziehen.

Nur in Eichendorffs *Marmorbild* gelingt die Wiedereingliederung in die Gesellschaft und schließt die Erzählung mit einem *happy end*. Der unterschiedliche Ausgang der Handlungen – tragisch bei Goethe und Keller, glücklich bei Eichendorff – korrespondiert in direkter Weise mit der Lokalisation des Konfliktes: Der intrapsychische Konflikt von Eichendorffs Protagonist vermag gerade mit Hilfe der ihn umgebenden Gesellschaft gelöst zu werden; sind die gesellschaftlichen Rahmenbedingungen jedoch zumindest – wie im Fall *Werthers* – (Teil-)Auslöser des Konflikts, so wird kein versöhnlicher Ausweg gefunden.

Tanzszenen – und das ließe sich noch weiter durch die Literaturgeschichte verfolgen, – etwa in Thomas Manns *Tonio Kröger* (1903) oder in Arthur Schnitzlers *Traumnovelle* (1925/26) – sind als literarische Figurationen adoleszenter biographischer Umbrüche, Chiffre sexuellen Begehrens und Verhandlung von Geschlechterverhältnissen gestaltet. Dabei sind sie auch Spiegel gesellschaftlicher und individueller Herausforderungen, in deren Spannungsfeld die Literatur einer Epoche biographische Umbrüche verortet. Die literarisch gestalteten Tanzszenen zwischen Sturm und Drang, Romantik und Realismus repräsentieren damit zugleich auch die sich im Epochenwandel vollziehenden Umbrüche, wie biographische Transitionsphasen in der Adoleszenz verhandelt, konzeptualisiert und problematisiert werden. Die literarische Gestaltung biographischer Umbrüche ist auf diese Weise zugleich Abbild gesellschaftlicher und mentalitätsgeschichtlicher Transformationsprozesse.

Jana Katharina Dahm

Progression – Regression – Stagnation. Über die räumliche Konzeption transformativer Prozesse in der Gegenwartsliteratur am Beispiel des Romanwerks Christoph Ransmayrs

1   Einleitung

„Alles wandelt sich, nichts vergeht: […] Es gibt im ganzen Weltkreis nichts Beständiges. Alles ist im Fluss, und jedes Bild wird gestaltet, während es vorübergeht".[1] Ein Satz des antiken Schriftstellers Ovid, dem es – wie er es bereits am Ende seiner über 2000 Jahre alten Metamorphosen angekündigt hat – weder an Gültigkeit noch an bleibender Rezeption mangelt. Kaum ein Werk der Literaturgeschichte wird häufiger genannt, wenn es um das Motiv der Verwandlung, der Transformation, der Metamorphose geht. Auch Peter Kuon setzt bei Ovids Metamorphosen an, wenn er eine geisteswissenschaftliche Annäherung an den Begriff der Metamorphose unternimmt, den er zwischen „Wandel, Veränderung, Entwicklung [und] Verwandlung"[2] zu verorten versucht. Er beendet seinen Beitrag mit dem Vorschlag, die „Literatur nicht [ausschließlich] als zeitliche Abläufe zu erzählen, sondern als unterschiedliche Räume, in denen das Fernste und das Nächste gleichzeitig nebeneinander und ineinander gegenwärtig ist […] Räume wie *Die letzte Welt*".[3]

Christoph Ransmayrs Erfolgsroman *Die letzte Welt* (1988) bildet als postmoderne Adaption der prominenten Verwandlungsschrift Ovids häufiger den Gegenstand literaturwissenschaftlicher Untersuchungen besagter Thematik. Die folgenden Ausführungen greifen aber zugleich auch den indirekten zweiten Vorschlag Kuons auf und ernennen die Kategorie des Raumes zum ausschlaggebenden Struk-

---

[1] Ovid: *Metamorphosen*, in: P. Ovidi Nasonis, *Metamorphoseon libri quindecim. Lateinisch/Deutsch*, hg. v. Michael von Albrecht, Stuttgart 2010, S. 904–906: „Omnia mutantur, nihil interit: […] nihil est toto, quod perstet, in orbe. Cuncta fluunt, omnisque vagans formatur imago" (Ovid XV, S. 165–178).
[2] Kuon, Peter: *Metamorphose als geisteswissenschaftlicher Begriff*, in: *Konzepte der Metamorphose in den Geisteswissenschaften*, hg. v. Herwig Gottwald/Holger Klein, Heidelberg 2005, S. 1.
[3] Ebd., S. 16.

turmerkmal. Die folgende Analyse betrachtet die räumliche Darstellung transformativer Prozesse in der Gegenwartsliteratur anhand dreier Romane Ransmayrs: *Die letzte Welt* (1988), *Morbus Kitahara* (1995) sowie das bisher kaum besprochene Werk *Der Fallmeister* (2021). Hierbei finden vor allem die raumtopologischen Überlegungen Jurij Michailowitsch Lotmans Anwendung, der disparate Teilräume benennt, um die Handlungsdynamik von Ereignissen zu beschreiben.

2   Raumkonzepte des Transformativen

Galt in der literaturwissenschaftlichen Forschung lange eher die Zeit und damit das Nacheinander der Bildlichkeit[4] als primäre Achse der Betrachtung, so wächst spätestens seit dem *spatial turn* in vielen Disziplinen das Interesse an der Dimension des Raumes. Literarische Räume sind dabei nicht nur als stumpfe Kopie bereits existierender Räume zu betrachten. Als „Kulturtechniken der Verräumlichung"[5] eröffnen sie die Möglichkeit einer alternativen Raumerfahrung im performativen Akt der Vorstellung, die so „auch wiederum realisierbar, also ‚Wirklichkeit' werden"[6] kann. Erst ab dem 20. Jahrhundert wird der Raum und seine mehrdimensionale Wechselbeziehung zu literarischen Texten dezidiert zum literaturwissenschaftlichen Betrachtungsgegenstand, wobei Lotman und Michel de Certeau als zentrale Referenzen literarischer Raumkonstitution benannt werden.[7]

Im Folgenden fungiert der literaturtopologische Ansatz Lotmans als Grundlage einer raumkonzeptionellen Analyse des Transformativen.[8] Lotman versteht unter

---

[4] Vgl. Dünne, Jörg/Mahler, Andreas: *Einleitung*, in: *Handbuch Literatur & Raum* (Handbücher zur kulturwissenschaftlichen Philologie 3), hg. v. Diess., Berlin/Boston 2015, S. 1–11, hier: S. 2.

[5] Dünne, Jörg: *Dynamisierungen, Bewegungen und Situationsbildung*, in: *Handbuch Literatur & Raum* (Handbücher zur kulturwissenschaftlichen Philologie 3), hg. v. Jörg Dünne/Andreas Mahler, Berlin/Boston 2015, S. 41–56, hier: S. 44.

[6] Dünne/Mahler: *Einleitung*, S. 4.

[7] Vgl. Neumann, Birgit: *Raum und Erzählung*, in: *Handbuch Literatur & Raum* (Handbücher zur kulturwissenschaftlichen Philologie 3), hg. v. Jörg Dünne/Andreas Mahler, Berlin/Boston 2015, S. 96–104, hier: S. 96.

[8] Ein ähnlicher Ansatz findet sich auch in meinem Artikel über die Raumkonstruktion des Bösen bei E.T.A. Hoffmann: Schmitz, Jana Katharina: *Ubi malum? Schauplätze des Bösen in E.T.A. Hoffmanns Das Fräulein von Scuderi*, in: *Figurationen des Bösen. Ein Kompendium*, hg. v. Werner Moskopp/Stefan Neuhaus, Würzburg 2023, S. 259–272.

Räumen grundsätzlich die Gesamtheit aller rational aufeinander bezogenen Objekte.[9] Den von kulturellen Prozessen gezeichneten Raum beschreibt er als „Semiosphäre",[10] der immer aus einem dominanten kulturbestimmenden Kern und einer einflussschwächeren Umgebung besteht. Da Literatur „durch das Verknüpfen verschiedener semiotischer Operationen [als] […] eigene […] Semiosphäre"[11] betrachtet werden kann, lässt sich seine Raumkonzeption auf literarische Texte übertragen: Seine Theorie beschreibt zwei entgegengesetzte Teilräume, die durch eine semipermeable Grenze voneinander getrennt sind. Diese Struktur kann in einem zweiten Schritt semantisch aufgeladen werden, sodass zwei abstrakte Gegenräume entstehen, die durch die proxemische Handlungsebene der Figuren miteinander in Beziehung treten. Bewegt sich eine Figur von einem Teilraum in den anderen, so spricht Lotman von einem Ereignis und infolgedessen von einer nicht vorhersehbaren Handlungsdynamik.

In der nachfolgenden Analyse soll der Begriff des Raumes im Sinne Lotmans als strukturell metaphorische Kategorie zur Analyse eines geisteswissenschaftlichen Gegenstandes und nicht als substanziell topografische Größe gefasst werden.[12]

Auch wenn es sich bei Raum und Zeit um zwei elementare Ansatzpunkte der Analyse handelt, zeigt sich im Konzept des Chronotopos von Michail Bachtin in besonders eingängiger Weise, dass die Beziehung dieser fundamentalen Grundkategorien durch einen untrennbaren wechselseitigen Zusammenhang charakterisiert ist:

> Im künstlerisch-literarischen Chronotopos verschmelzen räumliche und zeitliche Merkmale zu einem sinnvollen und konkreten Ganzen. Die Zeit verdichtet sich hierbei, sie zieht sich zusammen und wird auf künstlerische Weise sichtbar; der Raum gewinnt Intensität, er wird in die Bewegung der Zeit, des Sujets, der Geschichte hineingezogen. Die Merkmale der Zeit offenbaren sich im Raum, und der Raum wird von der Zeit mit Sinn erfüllt und dimensioniert.[13]

---

[9] In seinen Ausführungen bezieht sich Lotman auf die Definition von Aleksandr Danilovic Aleksandrov, vgl. Lotman, Jurij Michailowitsch: *Die Struktur literarischer Texte*, aus dem Russischen v. Rolf Dietrich Keil, München ⁴1993, S. 312.
[10] Lotman, Jurij Michailowitsch: *Die Innenwelt des Denkens. Eine semiotische Theorie der Kultur*, aus dem Russischen v. Gabriele Leupold u. Olga Radetzkaja, Berlin 2010, S. 165.
[11] Dünne: *Dynamisierungen*, S. 52.
[12] Eine ähnliche Begriffsverwendung wird von Rau, Susanne: *Räume. Konzepte, Wahrnehmungen, Nutzungen* (Historische Einführungen 14), Frankfurt a.M. 2013, S. 22, formuliert. Außerdem soll an dieser Stelle angemerkt werden, dass der Begriff des Raumes nur leicht von dem Begriff des Ortes abgegrenzt wird, indem der Ort als konkreter Raum begriffen wird, während es sich bei dem Raum um einen abstrakten Ort handelt.
[13] Bachtin, Michail M.: *Chronotopos*, aus dem Russischen v. Michael Dewey, Berlin 2008, S. 7.

Da es sich bei den ausgewählten Analysegegenständen um Texte handelt, die in ihrer besonderen Formung das Prädikat ‚chronotopisch' verdienen, wird neben den Hauptaspekten des Raumes und der Figuren auch der Aspekt der Zeit an ausgewählten Stellen miteinbezogen.

Der durch Lotmans Raumtheorie gegebene Fokus auf handlungsdynamische Ereignisse verspricht eine große Anschlussfähigkeit an die Untersuchung von Transformationsprozessen. Als Arbeitsdefinition werden hier folgende Begriffsannäherungen festgehalten, die am Ende der Analyse einer Überprüfung unterzogen werden: Das Transformative wird als eine potenziell in jedem Ereignis steckende Handlungsdynamik betrachtet, die die irreversible Änderung eines Zustandes zur Folge hat. Es teilt sich in die progressiven Prozesse, die am Lauf der Zeit ausgerichtet sind und die regressiven Prozesse, die dem Lauf der Zeit entgegengesetzt sind. Der Begriff der Metamorphose lässt sich durch die eingeschränkte Handlungsrichtung von der Transformation unterscheiden. Da es sich bei der Metamorphose lediglich um medio-passive Vorgänge handelt, wäre bei Transformationen im Allgemeinen auch die aktive Impulsgebung möglich und von Bedeutung. Der Begriff des Umbruchs wird wiederum nur schwach von dem der Transformation abgegrenzt, da er als Moment der stärksten Sichtbarkeit innerhalb eines Transformationsprozesses betrachtet wird.

3   Exemplarische Analysen am Romanwerk Christoph Ransmayrs

Der viel prämierte österreichische Autor gilt zu Recht als helles Licht der Gegenwartsliteratur.[14] Die Werke Ransmayrs in die Gegenwartsliteratur einzuordnen widerspricht, so könnte man argumentieren, allerdings schon im Ansatz ihrem Wesenskern, da die zeitliche Chronologie gleichsam in einem anachronistischen Schmelztiegel sprachlichen Könnens dekonstruiert wird. Der Lesende findet sich in einem dynamischen Labyrinth ständiger Grenzgänge wieder, das nicht nur von einem ständigen Spagat zwischen den Zeiten, sondern auch von bedeutungstragenden räumlichen Umbrüchen gezeichnet ist. So lässt sich Ransmayr zwar durchaus zur gegenwärtigen Postmoderne zählen,[15] jedoch nimmt genau diese Gegenwart bei ihm eine sekundäre Position ein, da die Handlungsfäden vielmehr alternative Vergangenheiten und dystopische Zukunftsillustrationen spinnen. Eine

---

[14] Vgl. Rouget, Timo: *Ransmayr, Christoph*, in: *Lexikon der Science Fiction-Literatur seit 1900. Mit einem Blick auf Osteuropa*, hg. v. Christoph F. Lorenz, Frankfurt a.M. 2017, S. 465–470, hier: S. 465.

[15] Eine ausführliche Diskussion der Zugehörigkeit Ransmayrs zur Gegenwartsliteratur findet sich bei Spitz, Markus Oliver: *Erfundene Welten-Modelle der Wirklichkeit. Zum Werk von Christoph Ransmayr* (Würzburger wissenschaftliche Schriften Reihe Literaturwissenschaft 524), Würzburg 2004.

zentrale Stellung bezieht in seinem gesamten Romanwerk hingegen der rote Faden des Wandels bzw. der Verwandlung, der sich als Motiv, durch die Symbolik, die Intertextualität, die Form[16] und die Raumstruktur ausdrückt. So begründet sich die Wahl des Analysekorpus für die Untersuchung transformativer Prozesse.

3.1 Die letzte Welt

Die letzte Welt[17] stellt Ransmayrs meist diskutiertes und rezipiertes Werk dar. Besonders der Aspekt der Metamorphose innerhalb dieses Romans hat im literaturwissenschaftlichen Diskurs bereits große Aufmerksamkeit erfahren.[18] Während in den schon vorhandenen Arbeiten eher die intertextuelle Beziehung zu Ovids Metamorphosen oder die zu Bäumen, Steinen oder Vögeln werdenden Körper im Zentrum des Interesses stehen, rückt die vorliegende Analyse den Hintergrund in den Vordergrund – den Raum.[19] Ransmayr öffnet das Tor zu der verfallenden, verwirrenden und sich stetig verwandelnden Stadt Tomi. Als Gegenbild zeigt sich die Stadt Rom als „Reich der Notwendigkeit und der Vernunft",[20] des Wohlstandes, der Kultur, der Ordnung und der Beständigkeit.

In Anwendung von Lotmans topologischer Raumtheorie werden Tomi und Rom als disparate Teilräume beschrieben, die das semantische Gegensatzpaar von Wandel und Beständigkeit bilden. Die Grenze, die diese beiden Räume voneinander trennt, ist das Meer[21] und eine damit verbundene 17-tägige Schiffsreise unter

---

[16] Der Aspekt der Form kommt besonders in dem hier nicht besprochenen Werk Ransmayr, Christoph: *Der fliegende Berg*, Frankfurt a.M. 2006, zum Ausdruck. Hier wird z.B. nicht der Blocksatz, sondern der Flattersatz verwendet, sodass sich der gedruckte Text bei einer Drehung um 90 Grad nach links aus einem starren Satzformat löst und durch den ästhetisierenden Bruch zu einer Gebirgssilhouette transformiert.

[17] Ransmayr, Christoph: *Die letzte Welt*, Nördlingen 1988.

[18] Vgl. Harzer, Friedmann: *Erzählte Verwandlung. Eine Poetik epischer Metamorphosen (Ovid, Kafka, Ransmayr)*, Tübingen 2000; Mosebach, Holger: *Endzeitvisionen im Erzählwerk Christoph Ransmayrs*, München 2003; Schmitz-Emans, Monika: *Poetiken der Verwandlung* (Literaturwissenschaftliche Studien zur Antike und Moderne 12), Innsbruck 2008; Zieglgänsberger, Sabrina: *Die Welt plausibel erzählen. Metamorphose und Entwicklung im literarischen Werk Christoph Ransmayrs* (Regensburger Beiträge zur deutschen Sprach-, Literatur-, und Kulturwissenschaft 104), Berlin 2020.

[19] Bezogen auf den Aspekt des Raumes ist der Sammelband *Mapping Ransmayr* zu nennen, allerdings weichen die dort vorgestellten Inhalte von dem hier formulierten Analysevorhaben stark ab, da eher der topografische Raum thematisiert wird, vgl. Leahy, Caitríona/Illetschko, Marcel (Hg.), *Mapping Ransmayr. Kartierungsversuche zum Werk von Christoph Ransmayr*, Göttingen 2021.

[20] Ransmayr: *Die letzte Welt*, S. 287.

[21] Vgl. ebd., S. 8.

elenden Umständen. Die Figuren, die den Grenzgang zwischen diesen beiden Räumen vollziehen, sind Cotta, der Protagonist des Buches, und Publius Ovidius Naso, dessen Reise und Leben in Rückblicken und immer wieder eingeschobenen Erzählungen Dritter zumeist widerwillig berichtet wird. Der Roman beginnt bereits mit dem Hauptereignis: Cotta hat, motiviert durch das Gerücht, der verbannte Dichter Naso sei in der „eisernen Stadt"[22] Tomi, Rom verlassen und begibt sich nun auf die Spuren des wortmächtigen Schriftstellers. Dieser Grenzgang wird wiederholt als „Orkan"[23] beschrieben, was nicht nur auf den hohen Seegang während der Fahrt anspielt, sondern auch auf die metaphysische Transformation von Raum und Zeit, die zwischen diesen zwei Orten liegt.

Tomi ist, bestehend aus „Ruinen, Höhlen und verwitterten Steinhäusern", ein an der Küste liegendes Sammelbecken für Gestrandete und für Verbannte, für Menschen „aus der Fremde aus dem Irgendwo".[24] Die hier viel verwendeten Materialien Eisen und Stein stehen allerdings nicht für Stabilität und Beständigkeit: das Eisen ist vom Rost zerfressen, der Stein ist bereits am Bröckeln und zerfällt entweder wieder zu Sand oder wird bereits Stück für Stück von den Naturgewalten zurückerobert.[25] Den Protagonisten erwartet deshalb bei seiner Ankunft alles andere als ein Ereignisreichtum: „Tomi war so öde, so alt und ohne Hoffnung […] und es erschien Cotta seltsam, daß an diesem vom Meer und vom Gebirge gleichermaßen bedrängten Ort […] überhaupt etwas geschehen konnte".[26] Auch wenn sich die zeitlichen Strukturen in diesem Ort bereits zu großen Teilen aufgelöst haben[27] und 2000 Jahre Geschichte in einen einzigen Moment des Erzählens gegossen werden,[28] so gibt es dennoch kleine Ereignisse, die von einer Bewegung in der Handlung zeugen. Zu den besonders deutungsstarken Begebenheiten zählen in diesem Zusammenhang die Karnevalsfeier, bei der sich die Dorfbewohner zeitlich begrenzt Kostüme und Charakterwandlungen zu eigen machen oder auch der Besuch des Filmvorführers Cyparis. Hierbei handelt es sich genau genommen um von Verwandlungen gezeichnete, aber nur flüchtige Grenzgänge: Die Filmvorführung des umherziehenden ‚Liliputaners' als metafiktionales und multimodales Erzählen entführt die zuschauenden Stadtbewohner in den Palast eines fernen Landstriches, weil „Cyparis ganze Schicksale [in die Maschine] einspannen und sie dann surrend in die bewegte Welt überführen konnte, ins Leben".[29] So wird der

---

[22] Ebd., S. 9.
[23] Ebd., S. 7f.
[24] Ebd., S. 256.
[25] Vgl. ebd., S. 10 und 270f.
[26] Ebd., S. 10f.
[27] Vgl. ebd., S. 26.
[28] Augustus, Ovid, das römische Reich, Dante, Karfreitagsprozessionen, Schiffe des 19. Jahrhunderts, der Soldat eines Weltkrieges, Bushaltestellen und Filmprojektoren – alles passt in eine Erzählung und in das Leben Cottas. Ransmayr erfindet die Wirklichkeit in einer anachronistischen Gleichzeitigkeit.
[29] Ransmayr: *Die letzte Welt*, S. 24.

gezeigte Film mehr und mehr mit der eigentlichen Wirklichkeit Tomis vermischt, sodass sich die wetterbedingte Kälte der Erzählung auf die Stadt überträgt. Paradebeispiel der temporären Metamorphose auf der Schwelle von Fiktion und Realität ist der Filmvorführer selbst, der sich für die Dauer des Filmes in einen Baum verwandelt:

> Manchmal schlief er während der Vorführung über solchen Sehnsüchten ein und träumte von Bäumen, Pappeln, Zypressen, träumte daß er Moos auf seiner harten, rissigen Haut trug. Dann sprangen ihm an den Füßen die Nägel auf, und aus seinen krummen Beinen krochen Wurzeln, die rasch stark wurden und zäh und ihn tiefer mit seinem Ort zu verbinden begannen. Schützend legten sich die Ringe der Jahre um sein Herz. Er wuchs.[30]

Hier äußert sich das Motiv des Wandels auf der Ebene körperlicher Transformation. Die Gedanken über den Ausbruch aus dem menschlichen Körper stoßen eine momenthafte Figuration des Verwandlungstraumes an. Die eindeutige Einordnung in Traum oder Realität bleibt offen.

Dass die Verwandlungen in der Erzählung jedoch immer realer[31] werden, zeichnet sich zunehmend an topografischen Hinweisen ab. So teilt Echo eine Erinnerung an eine Geschichte der Metamorphose mit Cotta, wodurch die Brandung und der in der Erzählung verkündete Untergang für den Zuhörenden physisch spürbar wird: „Beide standen sie knöcheltief im zurückströmenden Wasser".[32] Der von Gleichzeitigkeit geprägte Chronotopos visualisiert aber nicht nur die Gegenwart Tomis: Die Ruinenstadt Trachila, die in den Bergen oberhalb der eisernen Stadt liegt, zeigt schon in der Gegenwart die vom Untergang gezeichnete Zukunft Tomis:[33] „Er stand zwischen Ruinen. Trachila: Diese eingebrochenen Mauern aus Kalkstein [...] und die im Leeren stehengebliebenen Torbögen, durch die hindurch nur noch die Zeit verflog".[34] Trachila ist der Berg oder der Raum, der sich durch die Geschichte Nasos formt, in dem die erdachten Verwandlungen Wirklichkeit werden. Fragmente der Worte und Weisheiten des Dichters finden sich auf Fahnen, Wimpeln und Steinen der Ruinenstadt wieder, die im Rauschen der auf sie

---

[30] Ebd., S. 25.
[31] Realitätskriterium bildet jedoch ‚nur' die Perspektive des Protagonisten Cotta, man könnte somit auch argumentieren, dass Cotta – genauso wie der Autor Naso – mehr und mehr Teil der Erzählung wird und somit den Bezug zur Wirklichkeit verliert. So heißt es zum Schluss über Cotta: „Der war verrückt; der mußte verrückt geworden sein; in ein murmelndes Selbstgespräch versunken schritt er dahin", Ransmayr: *Die letzte Welt,* S. 286.
[32] Ransmayr: *Die letzte Welt*, S. 162.
[33] In der Forschungsliteratur wird oftmals von drei Schauplätzen der Erzählung gesprochen (Tomi, Rom und Trachila). Hier werden Tomi und Trachila jedoch bewusst zusammengefasst, weil sie im übertragenen Sinne als zwei Stadien derselben Wirklichkeit betrachtet werden können und somit gerade gemeinsam den ‚Raum des Wandels' darstellen.
[34] Ransmayr: *Die letzte Welt*, S. 14.

treffenden Naturgewalten zu einer ewig gelesenen und sich veräußernden Botschaft werden und dabei als Projektion einer zeitraffenden Zukunft figurieren. Anzeichen der transformierenden Kraft der Erzählung sind dabei nicht nur die Bauwerke, an denen die Veränderung unaufhörlich nagt, sondern auch der an Pyramus und Tisbe erinnernde Maulbeerbaum[35] oder die sich verwandelnden Figuren der Erzählung, wie z.B. der zu Stein werdende Battus[36] und die zum Vogel werdende Procne.[37]

„Die Idee von Nasos Werk ‚Metamorphoses', welches die immerwährende Wandelbarkeit der Welt proklamiert [und realisiert], widerspricht hierbei dem römischen Ideal von Vernunft, Größe und Ewigkeit".[38] Tomi und Trachila wird in ständigen Rückblenden das römische Reich zu Zeiten des Kaisers Augustus gegenübergestellt. Anstelle von „überwucherten Ruinen",[39] dem rostigen Eisen und der rauen Fauna einer am Berghang gelegenen Stadt, zeigt sich Rom mit einem neu aus Marmor erbauten Stadion,[40] prunkvollen Villen und kulturellen Zentren der hohen Gesellschaft „zwischen Begonien und Oleander".[41] Die Figuration unerschütterlicher Beständigkeit stellt ein Nashorn dar, das in den Gärten des Imperators lebt: Der Imperator beschaut das Wesen, „an dessen gewaltigem Körper der Lauf der Zeit keine Spuren zu hinterlassen schien; allein die Generationen von Fliegen, Ungeziefer und Vögeln, die das Nashorn auf seinem gepanzerten Rücken trug, alterten, starben und erneuerten sich, aber das Tier im Pfuhl [...] blieb sich in den Jahren gleich wie ein Stein".[42] Doch dieser stagnierende Zustand erfährt eine pejorative Konnotation durch einen starren Staatsapparat, der ein heterogenes Meinungsbild zensiert[43] und einen ebenso willkürlichen Rechtsapparat, der sich aus der fragwürdigen Deutung vager Handzeichen des Imperators speist.

> Der Mensch lebt als ameisenhaftes Massenwesen in einem anonymen, bürokratischen Staat, der zu seinen Bürgern jede Beziehung gekappt hat. Unter der Anhäufung von Macht und Reichtum verbirgt sich eine Erstarrung, die den künftigen Verfall nicht aufhalten kann. Die vielbewunderte rational organisierte mit ausgeklügelter Technik ausgestattete römische Zivilisation erscheint aus Ransmayrs Perspektive negativ.[44]

---

[35] Vgl. ebd., S. 15.
[36] Vgl. ebd., S. 214.
[37] Vgl. ebd., S. 284.
[38] Zieglgänsberger: *Die Welt plausibel erklären*, S. 138f.
[39] Ransmayr: *Die letzte Welt*, S. 11.
[40] Vgl. ebd., S. 59.
[41] Ebd., S. 11.
[42] Ebd., S. 128f.
[43] Vgl. ebd., S. 56.
[44] Grimm, Florian: *Reise in die Vergangenheit, Reise in die Fantasie. Tendenzen des postmodernen Geschichtsromans*, Frankfurt a.M. 2008, S. 193.

An der Reaktion auf die vermeintliche Schmachrede Nasos zur Neueröffnung des Stadions der sieben Zufluchten wird manifest, dass alles, was den Namen Veränderung oder Verwandlung trägt, keinen Platz in der ewigen Stadt hat. Doch diese räumliche Antithese verliert schon während der Erzählung ihre Trennschärfe: Cotta wird retrospektiv bewusst, dass auch das bewegungslose Formkorsett des römischen Staates die weltbestimmende Bewegung der Metamorphose nicht in Gänze aufhalten kann: „Als Naso tatsächlich fiel, nahm Cotta das Wasserzeichen der Vergänglichkeit selbst an den Steinen wahr. […] [I]hm [wurde] zum erstenmal die federleichte Bauweise der Welt bewußt, die Anfälligkeit der zu Sand verfliegenden Gebirge, die Flüchtigkeit der Meere […]. Keinem bleibt seine Gestalt".[45] So ist auch Rom und schlussendlich alles Lebende den Verfallsprozessen unterlegen.[46] Transformative Dynamiken als Grundmoment jeglichen Handelns sind als Katalysatoren allen Lebens kein optionaler Entschluss, sondern ein unabdingbarer Faktor, dem auch der Wille eines Imperators nichts entgegenzusetzen hat. Auch an „der größten und herrlichsten Stadt der Welt"[47] nagt die Destruktion.

3.3   Morbus Kitahara

Der Roman *Morbus Kitahara*[48] eröffnet die Welt einer dystopischen Realitätsalternative nach dem Zweiten Weltkrieg, in der drei Schicksale miteinander verbunden werden, die in drei Orten aufeinandertreffen und in differenter Art und Weise als Opfer und Täter eines nicht greifbaren Systems erscheinen. Um die räumliche Struktur des Transformativen genauer beschreiben zu können, werden hier der Ort Moor als Sinnbild für regressive Prozesse und die Stadt Brand als Symbol für progressive Prozesse als disparate Teilräume gewählt. Getrennt sind diese Räume durch ein unwegsames Gebirge, das den volkstümlichen Namen „eisernes Meer"[49] trägt. Die drei Figuren, die hier in unterschiedlicher Weise die Handlungsdynamik beeinflussen, sind Bering, der nach Identität suchende, missverstandene Erbe der Schmiede Moors; Lily, eine herkunftsbedingt aus der Gesellschaft ausgeschlossene, skrupellose Überlebenskünstlerin; und Ambras, ein von Kriegslager gezeichneter Mann, dem in der Nachkriegszeit als Zeichen der Machtumkehr die Funktion eines Verwalters zugeschrieben wird.[50] Eine bedeutungsschwere Schauplatzexpedition führt jedoch zunächst mit einer anderen, völlig zusammenhanglos erscheinenden Szene in das Werk ein:

---

[45] Ransmayr: *Die letzte Welt,* S. 111.
[46] Vgl. Zieglgänsberger: *Die Welt plausibel erklären,* S. 139.
[47] Ransmayr: *Die letzte Welt,* S. 162.
[48] Ransmayr, Christoph: *Morbus Kitahara,* Frankfurt a.M. 1995.
[49] Ebd., S. 229.
[50] Vgl. ebd., S. 73.

> Zwei Tote lagen schwarz im Januar Brasiliens. Ein Feuer, das seit Tagen durch die Wildnis einer Insel sprang und verkohlte Schneisen hinterließ, hatte die Leichen von einem Gewirr blühender Lianen befreit und ihnen auch die Kleider von ihren Wunden gebrannt: Es waren zwei Männer im Schatten eines Felsüberhanges. […] ein dritter Leichnam [blieb] von der Einäscherung verschont. Weitab von den Überresten der Männer lag eine Frau unter Luftwurzeln und schaukelnden Trieben. Ihr schmaler Körper war von Schnabelhieben zerhackt, ein Fraß schöner Vögel, war zernagt, ein Labyrinth der Käfer, Larven und Fliegen […]; ein Fest.[51]

Die drastische Szene, gezeichnet von der Ästhetisierung des Hässlichen, verweist bereits hier auf das moralische Minenfeld großer Fragen: Wer sind die Opfer, wer die Täter? Wer trägt die Schuld an dieser Tragödie? War es ein Unfall, ein Akt der Gerechtigkeit oder der Willkür? Schon hier spielt der Raum eine entscheidende Rolle, wenn der Tod zunächst neutral als natürlicher und räumlicher Transformationsprozess beschrieben wird, der Schuld- oder Machtfragen vorerst einmal völlig unangetastet lässt. Die leblosen Körper verlassen die Räume zivilisierten Lebens und werden in die Räume der Natur übernommen,[52] und diese topografische Veränderung wird entsprechend dokumentiert: „Der Landvermesser überflog die Verwüstung zweimal und schloß dann […] mit jenem Eintrag [...]: Deserto. Unbewohnt".[53] Diese erste Szene verweist aber nicht nur auf die Bedeutung des Raumes und große ungelöste Fragen: Nach den Entwirrungen des anachronistischen Erzählmodus gibt sich diese scheinbare Eröffnung als Epilog des Romans zu erkennen. Der Anfangspunkt wird zum Schlusspunkt, sodass die folgende Erzählung einer Rückblende gleicht und die Richtung aller Transformationsprozesse schon hier unveränderlich bestimmt scheint: zurück.[54] Darüber hinaus werden so Beginn und Ende zu einem rückwärtsgerichteten Kreislauf des Erzählens verbunden, angetrieben von der immerwährenden Wiederkehr geschichtlicher Entwicklungen und politischer Umbrüche.

Nach diesem erzählerischen Umweg führt der Roman direkt auf die Hauptbühne der Handlung: ein kleiner, trostloser Ort namens Moor. Kurz vor Waffenstillstand wurde das Dorf in einer „Bombennacht"[55] schwer getroffen und Bering zwischen Bränden und Bomben in einem Keller neben schimmelnden Weinfässern geboren. Scheint der Ort in dieser tragischen Nacht „in das Zeitalter der Vulkane zurückzufallen", so schnellt es doch ‚nur' „zurück in die Steinzeit", oder genauer ausgedrückt in das vorindustrielle Zeitalter.[56] Der Regress im Dorf Moor ist

---

[51] Ebd., S. 7.
[52] Vgl. Müller, Maik M.: *Postmoderne Topographien. Ernst Jüngers Eumeswil und Christoph Ransmayrs Morbus Kitahara* (Europäische Hochschulschriften deutsche Sprache und Literatur 1978), Frankfurt a.M. 2009, S. 85.
[53] Ransmayr: *Morbus Kitahara*, S. 8.
[54] Vgl. Müller: *Postmoderne Topographien,* S. 85f.
[55] Ransmayr: *Morbus Kitahara*, S. 9.
[56] Ebd., S. 9f.

jedoch keine passive Begleiterscheinung eines verschlafenen Nachtkriegsdorfes. Das ironisch als „Friedensplan"[57] beschriebene Vorhaben der Besatzungsmacht entpuppt sich als so „undurchsichtige wie willkürliche Politik"[58] der Rache, der Bestrafung und des Machtmissbrauchs: „Erziehung und Verwandlung: aus Kriegstreibern Sautreiber und Spargelstecher! [...] Hafer und Gerste zwischen den Ruinen der Industrie".[59] Sichtbar werden diese Prozesse zum Beispiel an der Demontage der Kraftwerke, dem Verbot von Motoren und Treibstoff oder an der Untersagung des Handels: „Unaufhaltsam glitt Moor durch die Jahre zurück".[60] Dazu wird eine ritualisierte Kultur des kollektiven Gedächtnisses[61] vorgeschrieben, die die theatrale Nachahmung vergangener, menschenunwürdiger Kriegssituationen erzwingt:

> Kostümiert als die Opfer jener geschlagenen Herrschaft, für die Moors Männer in den Untergang gezogen waren, mußten die Uferbewohner [...] vor imaginären Entlausungsstationen Schlange stehen, [...] und mußten vor den Grundmauern der zerstörten Baracken zu ebensolchen Zählappellen antreten, wie Elliot sie in seinem Album abgebildet sah.[62]

Als *pars pro toto* zeichnet sich der Rückschritt auch an der Schmiede Moors ab, die nach und nach den Vater an Kriegstraumata und Blindheit, die Mutter an eine an Besessenheit grenzende Marienfrömmigkeit und schließlich den einzig noch lebenden Sohn an eine mit Ambras und der Villa Flora verbundene Sehnsucht nach Fortschritt und Zukunft verliert. Außerdem werden aus der Schmiede Schritt für Schritt alle Geräte und Lager gestohlen oder verkauft, sodass die Werkstatt jegliche Funktion verliert. Die Villa Flora, das Haus des von allen gefürchteten Aufsehers Ambras, wird hingegen zur kleinen Enklave der Progression im Angesicht der Trostlosigkeit des erzwungenen Rückschritts. Dieser heterotopische Zwischenraum zwischen Moor und Brand weckt zumindest die leise Ahnung der bereichernden Möglichkeit kultureller Fülle und gesellschaftlichen Fortschritts. Da

---

[57] Ebd., S. 39.
[58] Zieglgänsberger: *Die Welt plausibel erklären*, S. 141.
[59] Ransmayr: *Morbus Kitahara*, S. 42. Aufgrund der Parallele zum 1944 entworfenen Morgenthau-Plan, der vorsah, Deutschland nach dem zweiten Weltkrieg auf einen vorindustriellen Entwicklungsstatus zurückzusetzen, um jeglicher Kriegstreiberei vorzubeugen, wird dieser Roman oft auch unter dem Aspekt der kontrafaktischen Geschichtsdarstellung behandelt.
[60] Ebd., S. 43.
[61] Man könnte diskutieren, inwiefern hier der Gedanke von Assmann, Jan: *Das kulturelle Gedächtnis. Schrift, Erinnerung und politische Identität in frühen Hochkulturen*, München [8]2018, realisiert oder pervertiert wird, da er darunter schon kulturelle Formen der Überlieferung und Vergegenwärtigung zur Erinnerung der Geschichte einer Gesellschaft versteht. Allerdings ist die Ausgestaltung und die Exklusivität der Vergangenheit ohne Zukunft das Fragwürdige, was Anstoß zur Diskussion der Grenzen einer solchen Gedächtniskultur gibt.
[62] Ransmayr: *Morbus Kitahara*, S. 45f.

Ambras die exekutive Gewalt in Moor repräsentiert und zugleich einige Sonderrechte genießt, wird die Villa Flora regelmäßig von Lily mit Schmuggelware aus Brand beliefert. So leben die Menschen in Moor nicht nur in der Gewissheit, dass ihr Heimatort dem Stillstand und dem Rückschritt unterlegen ist, ihnen ist auch klar, dass dies eine Ausnahme darstellt: „Und die Helden dieser Songs lebten in einem Irgendwo, in dem nicht nur alles besser, sondern auch alles in Bewegung war und in dem die Zeit nicht stillstand und nicht rückwärts lief wie in Moor".[63] Die Natur kann sich so allerdings vom Menschen erholen,[64] was der Begrenztheit der menschlichen Existenz die Unbegrenztheit der Naturgeschichte entgegenstellt.[65]

Als entgegengesetzter Teilraum taucht im Lauf der Erzählung, zunächst als Erwähnung, dann als konkreter Handlungsort, die Stadt Brand auf. „In Moor standen Ruinen. In Brand Kaufhäuser. [...] Irgendwo in dieser Finsternis, hoch oben im Steinernen Meer, lag Moor, abgeschlagen, tief in der Vergangenheit, während Brand sich im elektrischen Glühen einer schönen Zukunft sonnte".[66] Hier scheint die Erinnerungskultur im Angesicht des beendeten Weltkrieges lediglich auf die flüchtigen Bilder der öffentlichen Bildschirme der Stadt beschränkt zu sein, die Filmsequenzen der Kapitulation Japans zeigen. Dieser Ort macht nicht den Eindruck einer Nachkriegsstadt, hier scheint keine Sühne nötig zu sein, „hier protzten Fassaden, die mit hochpoliertem Urgestein wie für die Ewigkeit verkleidet waren".[67] Bering nimmt die „Flammensträuße[...] eines Feuerwerks"[68] wahr, „Lichtdurchschossene Türme und Paläste [...], ins Endlose gespannte Leuchtspuren nächtlicher Straßen und Alleen, funkenbestickte Landebahnen",[69] einen ganzen Fuhrpark,[70] den Bahnhof und Festzelte. Dabei wird dem gleichermaßen beeindruckten wie verständnislosen Protagonisten das Ausmaß der Diskrepanz zwischen dem dunklen Bergdorf und dem hell erleuchteten Tiefland erst bewusst.

Körperlicher Ausdruck für den Mangel an Gegenwart und Zukunft ist Berings titelgebende Krankheit „Morbus Kitahara",[71] infolge derer schwarze Löcher das Sichtfeld des Betroffenen durchziehen. Nach einer Untersuchung im Lazarett von Brand wird Bering erklärt, es handle sich um die psychosomatische Folge des krampfhaften Festhaltens an traumatisierenden Erlebnissen.[72] Der Rat, den Blick auf etwas anderes außerhalb des Vergangenen zu richten, scheint unmöglich für

---

[63] Ebd., S. 148.
[64] Vgl. ebd., S. 399.
[65] Vgl. Zieglgänsberger: *Die Welt plausibel erklären*, S. 148.
[66] Ransmayr: *Morbus Kitahara,* S. 335.
[67] Ebd., S. 333.
[68] Ebd., S. 320.
[69] Ebd., S. 315.
[70] Vgl. ebd., S. 321.
[71] Ebd., S. 329.
[72] Vgl. ebd., S. 350.

den Protagonisten, der als Bürger von Moor eben dort festgehalten wird. Trotz allem scheint aber auch in Brand nicht die erfüllende Zukunft zu liegen.

Fragt man nach der räumlichen Dynamik zwischen Brand und Moor, so ist die als Grenze fungierende Bergkette von besonderer Bedeutung. Ähnlich wie auch schon in *Die letzte Welt* handelt es sich bei dem steinernen Meer nicht um einen zweidimensionalen Limes, sondern um einen handlungsreichen Raum des Übergangs. Er zeichnet sich durch unwegsames Gelände, schmale Pfade sowie steile Berghänge aus und bildet zugleich eine alternative Route wie auch einen Zufluchtsort für Figuren, die sich außerhalb der geltenden Rechtslage bewegen. Dabei ist das Motiv der Verwandlung schon in ihre Vegetation hineingeschrieben:

> Beladen wie ein Häuflein Überlebender [...] zogen die Reisenden nach Brand über den Grund eines verdampften Meeres, dessen Seegraswiesen, Muschelbänke, Korallenriffe und Abgründe in einem Weltalter jenseits aller Menschenzeit [...] im Verlauf von Äonen in die Gipfel und Eisfelder eines Gebirges verwandelt worden waren.[73]

Zunächst wird die Grenzgängerin Lily, die Ware aus Brand nach Moor schmuggelt und diesen Pass immer wieder durchquert, zum Ausblick in die andere Welt. Schließlich folgt Bering Lily über diesen Weg nach Brand. Das Ereignis des Grenzgangs bedeutet für Bering, dass er sich mit seiner individuellen Vergangenheit, nämlich seinem mittlerweile invaliden Vater auseinandersetzen muss. Darüber hinaus wird er mit einer für ihn unbekannten und unkontrollierbaren Freiheit konfrontiert, die dazu führt, dass das Verhältnis zu Lily bricht und Menschen sterben.[74] Gleichsam ist es aber auch dieses Ereignis, das eine neue Handlungskette in Gang setzt, die schließlich dazu führt, dass die drei Protagonisten nach Brasilien auswandern und den Versuch unternehmen, der schicksalhaften Verkettung von Moor, Vergangenheit und Schuld zu entkommen. Schon der Name des neuen Wohnortes ‚Pantano', der portugiesische Ausdruck für ‚Moor', kündigt allerdings an, dass dieses Vorhaben – zumindest für Bering und Ambras – scheitern wird.

So wird das alles umgreifende Motiv der Transformation auch in diesem Werk zu einer dominierenden, ereignisbedingenden Kategorie für Raum, Zeit sowie Figuren und demonstriert die drastischen Auswirkungen eines Krieges auf allen Ebenen. Die gewählten disparaten Teilräume verdeutlichen in ihrer Dualität den eigentlichen Zusammenhang: Eine Gesellschaft bedarf des Blickes zurück und des Blickes nach vorne, denn wo progressive Transformation begrenzt ist oder wird, ist auch das Leben begrenzt; wo die Erinnerung fehlt, ist Entwicklung möglicherweise fehlgeleitet.

---

[73] Ebd., S. 304.
[74] Vgl. ebd., S. 287–328.

3.3 Der Fallmeister

Der Fallmeister[75] eröffnet eine von der naturgewaltigen Macht des Wassers durchzogene Dystopie, die ihre außerzeitliche Gegenwart zwischen mittelalterlichen Fürstenmonarchien und digitalen Zukunftstechnologien platziert. Aufgewachsen im Haus des empathielosen Vaters, dem von der Vergangenheit besessenen Fallmeister des Wasserfalls am ‚Weißen Fluß', sucht der als Hydrotechniker arbeitende Ich-Erzähler nach Antworten auf schuldbeladene Fragen der Vergangenheit, seinem Platz in der Gegenwart sowie einer die Zukunft bestimmenden Liebe und wird dabei schlussendlich selbst zum Mitverschuldenden einer familiären Tragödie.

Der Roman stellt das Fallmeisterhaus der fiktiven Grafschaft Bandon als zentralen Handlungsort vor, der als Konservationszentrum der Vergangenheit beschrieben werden kann, während alle anderen Orte in ihrer je unterschiedlichen Ausgestaltung unter dem Begriff der ‚zukunftsorientierten Gegenwart' subsummiert werden können. Schon an der Wahl der disparaten Teilräume zeigt sich, dass in diesem Werk temporale und lokale Ebenen so eng miteinander verschränkt sind, dass man von einem Chronotopos sprechen kann. Das alles durchdringende und bestimmende Element, welches von der Erzählung in zentrifugalen Bahnen umkreist wird, ist das Wasser, sodass bei der Raumanalyse besonders auf die Beschreibung von Flüssen geachtet wird.[76]

Über die Region Bandon ist zu lesen, dass sie von einem „vierzig Meter hohen Wasserfall"[77] geprägt ist. Dieser kann durch ein spezielles, vom Fallmeisterhaus koordiniertes Kanalsystem von kleineren Schiffen passiert werden. In jüngster Zeit hat allerdings eine solche Durchquerung zum Tod von fünf Menschen geführt, was der Ort als tragischen Unfall deklariert, der Protagonist jedoch als bewussten Mordanschlag seines Vaters versteht. Zeichnete sich die Umgebung des ‚Weißen Flusses' einmal durch eine vielsprachige Gemeinschaft aus, so befindet man sich jetzt, ähnlich wie der gesamte europäische Kontinent, in einem „Zeitalter der Trennungen und Grenzen",[78] in dem der aus der Geschichte bereits bekannte Flickenteppich selbstherrlicher Fürstenmonarchien wieder das Nationalstaatensystem abgelöst hat. „Der Weiße Fluß [zieht zwar] einer Zukunft entgegen",[79] aber das Bevorstehende ist Vergangenheit. Besonders eindrücklich zeigt sich diese Färbung an der für diesen Raum zentralen Figur des Fallmeisters. Der Protagonist resümiert:

---

[75] Ransmayr, Christoph: *Der Fallmeister*, Frankfurt a.M. 2021.
[76] Vgl. ebd., S. 49.
[77] Ebd., S. 8.
[78] Ebd., S. 9.
[79] Ebd.

[Mein Vater war] bis in die Abgründe seines Daseins ein Mann der Vergangenheit […]. Spätestens seit […] seiner Ernennung zum Fallmeister in der Grafschaft Bandon […] schien seine Lebenszeit ihre Fließrichtung umgekehrt zu haben und nicht in eine bedrohliche Zukunft zu verlaufen, sondern aus dem Nebel dieser Zukunft zurück in eine Vergangenheit, in der alles vertraut, alles absehbar, alles lenkbar erschien.[80]

Auch die mit biblischen Anspielungen durchzogenen Schöpfungsmomente, in denen der Fallmeister mit seinem Sohn zunächst Tiere und dann einen „Adam"[81] aus dem Lehm des Flussbettes formt, sind schon vor ihrer Erschaffung zum Untergang, zur Entformung und zur destruktiven Transformation durch den ‚Weißen Fluss' bestimmt. Die mangelnden Chancen zur individuellen Entwicklung zeigen sich an diesem Ort zusätzlich durch die Limitation der Umsiedlung: „Aber wer an diesem Abschnitt des Weißen Flußes geboren war, galt als (*rein*) und durfte nicht bloß, sondern musste bleiben".[82] Die Menschen werden im Sog eines Flusses der Vergangenheit festgehalten. Der einzige Ausweg scheint eine Arbeitsstelle außerhalb, die wiederum dem Wasser gewidmet sein muss.

Diese Chance nutzt der namenlos bleibende Ich-Erzähler, verlässt damit den in der Vergangenheit behafteten Teilraum und arbeitet unter anderem am Tonle Sap in Kambodscha. Auch hier sind die Menschen in ihrer Gegenwart beschränkt durch „von der Vergangenheit besessene",[83] grausame Machthaber. Doch in die Landschaft hat sich ein Hoffnungsschimmer eingeschrieben:

> Ein Fluß, der zu seinen Quellen zurückzukehren scheint, am Ende aber doch und wie zur Vernunft gekommen dem Meer entgegenzieht, ließ mich […] immer wieder noch an andere, den Gesetzen der Physik und Logik scheinbar widersprechende Kehrtwendungen denken – an einen in die Wolken zurückrauschenden Gewitterregen, an Wege zurück an den Ursprung des organischen Lebens, in die Tiefsee, Wege zurück in die Kindheit … oder in ein verlorenes Paradies.[84]

Der Fluss, den die Einheimischen wie einen Gott verehren, wird zum Symbol der Hoffnung auf einen Umbruch des Systems und eine Aussicht auf Zukunft. Henrike Serfas sieht hierin zudem einen Appell zum individuellen Umbruch, der unabdingbar sei, um ganze Regime zu verändern: „Ransmayr verweist auf die Gefahren eines blind und taub machenden Regimes und seiner Allgegenwärtigkeit. Die Symbolik des Flusses gibt dabei Hoffnung".[85] Die Arbeit in der Ferne gibt dem Protagonisten Chancen zur individuellen Entwicklung, was sich zum einen an der

---

[80] Ebd., S. 11f.
[81] Ebd., S. 21.
[82] Ebd., S. 44 (Hervorhebung durch Kursivierung und Umklammerung im Original).
[83] Ebd., S. 76.
[84] Ebd., S. 77.
[85] Serfas, Henrike: *Aufklärung zwischen Kritik und Bedarf. Zum kritischen Potential von Christoph Ransmayrs journalistischem und literarischem Werk*, Bielefeld 2023, S. 226.

Sammlung zumindest flüchtiger Bekanntschaften zeigt, zum anderen aber auch an der Reflexion der Morde und des darauffolgenden vermeintlichen Selbstmords seines Vaters. Trotzdem wird er nie Teil dieser ‚Ferne' und der damit verbundenen zukunftsorientierten Gegenwart: Er baut keine bleibenden Beziehungen auf, wird nicht sesshaft und schwelgt in der als Zukunftstraum verkannten Erinnerung an die intime Beziehung zu seiner Schwester Mira. Schon der Vergleich dieses Verhältnisses mit der inzestuösen Geschwisterliebe der Pharaonen bekennt, dass auch der Erzähler dem rückwärtsgerichteten Sog der Zeit des ‚Großen Falls' nicht entkommen kann. So wird an dieser Analyse exemplarisch verdeutlicht, dass auch der zweite Teilraum eine in die Zukunft gerichtete Gegenwart kaum realisieren kann, sondern lediglich die Hoffnung darauf lebendig hält. Trotzdem verändert sich so schon die Perspektive des Protagonisten, denn bei seiner Rückkehr nach Bandon fühlt er sich dort fremd[86] und beschreibt eine nicht fassbare temporale Distanz zwischen seiner eigenen Lebenswelt und der des ‚Großen Falls': „Alle und alles, was mir in den glühenden Zeiten am Rio Xingu als eine zwar ferne, aber doch erreichbare Gegenwart erschienen war, erwies sich plötzlich als Vergangenheit".[87] Bei diesen disparaten Teilräumen fällt auf, dass ein Betreten der Teilräume in beide Richtungen möglich ist, allerdings handelt es sich nur um eine formale Rückkehr, da der Hydrotechniker es nicht schafft, an vergangene Erlebnisse mit einer gegenwärtigen Beziehung anzuknüpfen. Die Enttäuschung über den misslungenen Grenzübertritt zurück zum Vergangenen löst im Folgenden das tragische Ereignis des Geschwistermordes aus, da sich Mira und ihr Bruder in einem Raum der Gegenwart treffen, ihre Beziehung jedoch nur in der Vergangenheit Bestand hat. Die Grenze zwischen den Teilräumen, bestehend aus großen Entfernungen, staatlichen Verboten, Überwachungssystemen, neuen Beziehungen und zum Teil bürgerkriegsähnlichen Zuständen, dekonstruiert in diesem Roman das gesamte Raum-Zeit-System. So entsteht ein Labyrinth an verschränkten und unübersichtlichen Strukturen, geprägt von Mangel und Macht, was als Ausdruck für die kollektive Verlorenheit des Einzelnen in einer fortschreitend chaotischen Welt gedeutet werden kann.

Das Ankommen in der Gegenwart und das damit verbundene Entfliehen aus den Wirren der Zeit ist somit nur möglich, wenn man wie Jana, die Mutter des Protagonisten, die Handlung des Romans komplett verlässt und einen Lebensraum außerhalb der Hauptschauplätze und fernab der Macht des Wassers wählt. So wird die rückständige und zum Teil verwahrloste, aber idyllische, ruhige und vogelreiche[88] Insel Montalto, trotz eines vergifteten Sees, zum eigentlichen Hoffnungsschimmer des Neuanfangs und somit zur räumlichen Antithese des Großen Falls:

---

[86] Vgl. Ransmayr: *Der Fallmeister,* S. 50–52.
[87] Ebd., S. 54.
[88] Der Aufgriff des Vogelmotivs ist bei Ransmayr immer mit befreienden Umbrüchen und Neuanfängen verbunden, beispielsweise die Verwandlung Procnes in eine Nachtigall, vgl. Ransmayr: *Die letzte Welt,* S. 283–285, oder Berings Erschaffung der Krähe, vgl. Ransmayr: *Morbus Kitahara,* S. 148f.

„Auf dem Flachdach unter mir schien es, als ob er in der Gegenwart angekommen wäre, bei Jana".[89]

So zeigt sich am Werk *Der Fallmeister*, dass Transformationsprozesse gleichermaßen von räumlichen und zeitlichen Aspekten bedingt sind. Alle vom Menschen gemachten oder beschleunigten Transformationen, die zeitlichen oder räumlichen Grundsätzen widersprechen, werden dabei als destruktiv bewertet: „Versuchten Sterbliche den Lauf der Zeit dennoch umzukehren, um zu Asche zerfallene Glorie neu zu entflammen, und verletzten dabei die Gesetze der Zeit, verwandelten sie sich in Mörder".[90]

4 Fazit

Das einzig Beständige ist das Prinzip des Unbeständigen. Das Transformative ist ein unabdingbarer Faktor alles Lebendigen. Die ausgewählten literarischen Landschaften Ransmayrs können dabei als Kommentare dieser systembedingenden Dynamik betrachtet werden. In werksübergreifender Parallelität werden hier trostlose Räume konstruiert, die einem Mangel an Zukunft oder – anders formuliert – einem Mangel an progressiven Transformationsprozessen ausgesetzt werden und als Folge dessen an Stagnation und Rückschritt leiden. Was Serfas Fortschrittskritik nennt,[91] ist eigentlich genau das Gegenteil: *Die letzte Welt* übt Kritik am Menschen, der krampfhaft versucht, stehen zu bleiben und sich dem Fortschritt zu verwehren; *Morbus Kitahara* verurteilt den Menschen, der im Rückschritt den Fortschritt sieht; *Der Fallmeister* prangert den Menschen an, der wider die natürliche Richtung der Transformation handelt.

Sichtbare Momente des Umbruchs werden durch die Betrachtung des Raumes und den in ihm agierenden Figuren greifbar. Sie zeigen sich zudem deutlich an der Kategorie des Körpers als Spiegel von Identität und Lebensgeschichte, wie beispielhaft an der zur Nachtigall werdenden Procne oder an dem von der Augenkrankheit befallenen Bering zu erkennen ist. Anstoß oder Folge eines Ereignisses kann darüber hinaus eine Veränderung im gesellschaftlichen Stand oder im Berufsleben sein. Dies wird an Naso und Cotta deutlich, die im Romanverlauf die gesamte Fallhöhe des gesellschaftlichen Abstieges ausnutzen, bis sie sich jeglicher Kategorisierung im Einklang mit den Worten selbst ganz entziehen; oder an Bering, für den die Arbeit und das Leben bei Ambras einen beruflichen, gesellschaftlichen, wie identitären Umbruch bedeutet. Auch an der Figur des namenlosen Sohnes des Fallmeisters spielen die genannten Kategorien eine ausschlaggebende

---

[89] Ransmayr: *Der Fallmeister*, S. 217.
[90] Ebd., S. 122f.
[91] Vgl. Serfas: *Aufklärung*, S. 13f.

Rolle: Der Beruf des Hydrotechnikers ermöglicht erst die räumliche Veränderung und schafft somit Ereignisreichtum. Gleichzeitig begünstigt der spätere Stellenverlust und der damit einhergehende Standesverlust den tragischen Fall des Protagonisten.

Insgesamt regt das Werk Ransmayrs dazu an, die Bewertung transformativer Prozesse zu überdenken: Ist ein Umbruch, eine Veränderung immer positiv? Die dystopischen Welten alternativer Wirklichkeiten erwidern mit einem klaren ‚Nein' und begründen ihre Antwort grundsätzlich mit der maximalen Komplexität des Weltensystems, die sich in dem Aufbau der Romane widerspiegelt und ein eindeutiges Urteil über eine bestimmte Entwicklung unmöglich macht. Indem zeitliche und räumliche Koordinaten dekonstruiert und zu alternativen Räumen der Wirklichkeit erzählt werden, verbinden sich in der Literatur bildreiche Fiktion und konkrete Erfahrungsräume zu einem Konglomerat poetisierter Wirklichkeit. Dabei werden das Narrativ des Fortschritts sowie die Glorifizierung der Vergangenheit in Frage gestellt.

Der heuristische Mehrwert dieser Analyse ist vor allem der Kategorie des Raumes zuzuschreiben. Literarische Raumgestaltung ist erwiesenermaßen mehr als nur ein arbiträrer Hintergrund, sie ist viel eher ein semantisch aufgeladener Spiegel der dynamischen Handlung, ein Prisma figuraler Entwicklung. Das Konzept Lotmans ist dabei ein strukturgebendes Werkzeug, das gleichzeitig viele Freiheiten lässt. Wichtig ist hier die Ausgangssituation einer flexiblen und nicht statischen Raumdefinition. Überprüft man auf dieser Grundlage die vorangegangene Arbeitsdefinition, so lässt sich bestätigen: Das Transformative kann als ereignisbedingende Handlungsdynamik betrachtet werden, die irreversible Änderungen zur Folge hat. Durch die Teilhabe vielfältiger Faktoren erweisen sich progressive Prozesse in ihrer individuellen Gestalt folglich als maximal heterogen, lassen sich jedoch bezogen auf ihre zeitliche Handlungsrichtung in progressive und regressive Transformationen einteilen. Dabei sind immer wieder dezidierte Gegenbewegungen festzustellen: Aus drastischen und mit Unsicherheit verbundenen Transformationsprozessen resultiert der Wunsch nach Beständigkeit; eine zum Rückschritt oder zum Stillstand gezwungene Gesellschaft sieht die Erfüllung in jeder Art des mit der Zeit gehenden Fortschritts.

Der Begriff der Metamorphose lässt sich (anders als zu Beginn formuliert) vor allem durch seine literarische Prägung von der Transformation unterscheiden und wird so zur bildreichen und referenziell aufgeladenen Ausgestaltung des Transformativen. Weder bei dem Begriff des ‚Transformativen' noch bei dem der ‚Metamorphose' können aktive und passive Momente scharf voneinander abgegrenzt werden. Als ‚Umbruch' wird wie zuvor angenommen der Moment der stärksten Sichtbarkeit des Ereignisses innerhalb eines Transformationsprozesses verstanden. Hier spielt die sich zum Schwellenraum ausdehnende Grenze eine besondere Rolle, die im Falle eines Übertritts den ausgedehntesten Moment des Umbruchs markiert. Im Grunde bleiben transformative Prozesse ohne konkrete Anfangs- und

Schlusspunkte, lediglich ihre Sichtbarkeit in richtungsweisenden Augenblicken kann Gegenstand besonderer Aufmerksamkeit werden.

Transformation kann als nicht zu beschränkender Grundton der Welt begriffen werden, somit ist Beständigkeit nur in Begleitung des Wandels möglich. Die metafiktionale Literatur, die den transformierenden Akt der literarischen Neuschöpfung als Konjunktiv der Gegenwart schon selbst reflektiert, offenbart dieses Merkmal somit in doppelter Hinsicht. Ransmayrs Werk kann als wortmächtige Ausgestaltung des Transformativen betitelt werden. Er lässt Text zu Welt werden und Welt zu Text, ohne dass am Ende das eine von dem anderen noch zu trennen wäre.[92]

---

[92] Vgl. Kaiser, Peter: *Welt ist Text und Text wird Welt*, in: Ders.: *„...wilder als alles Vergängliche". Fünf Essays zu deutschsprachigen Werken der Gegenwartsliteratur*, Freiburg i.Br. 2011, S. 29–54, hier: S. 29.